四川轻化工大学高层次人才引进项目
"创造公共价值视域下的公共组织绩效管理系统研究"
（2016RCSK）的阶段性成果

政府绩效管理理论与实务

冉景亮◎著

中国社会科学出版社

图书在版编目（CIP）数据

政府绩效管理：理论与实务/冉景亮著．—北京：中国社会科学出版社，2018.12
ISBN 978-7-5203-3306-1

Ⅰ.①政⋯　Ⅱ.①冉⋯　Ⅲ.①国家行政机关—行政管理—研究—世界　Ⅳ.①D523.1

中国版本图书馆 CIP 数据核字（2018）第 225182 号

出 版 人	赵剑英	
责任编辑	卢小生	
责任校对	周晓东	
责任印制	王　超	

出　　版	中国社会科学出版社	
社　　址	北京鼓楼西大街甲 158 号	
邮　　编	100720	
网　　址	http：//www.csspw.cn	
发 行 部	010-84083685	
门 市 部	010-84029450	
经　　销	新华书店及其他书店	
印　　刷	北京明恒达印务有限公司	
装　　订	廊坊市广阳区广增装订厂	
版　　次	2018 年 12 月第 1 版	
印　　次	2018 年 12 月第 1 次印刷	
开　　本	710×1000　1/16	
印　　张	20	
插　　页	2	
字　　数	302 千字	
定　　价	80.00 元	

凡购买中国社会科学出版社图书，如有质量问题请与本社营销中心联系调换
电话：010-84083683
版权所有　侵权必究

序　言

　　自20世纪80年代以来，西方各国掀起了顾客导向和结果导向的"新公共管理"运动，政府绩效管理作为各国政府改革的核心内容步入了西方政府管理理论与实践舞台的中央。我国党和政府也将绩效管理作为提升国家治理体系和治理能力现代化的重大命题提出，积极倡导科学的发展观和政绩观，多次强调政府管理的实绩导向。

　　随着社会发展、环境变迁和科技进步，政府管理理论与实践都面临着复杂且不确定的外部环境，参与主体的构成更加多元，利益诉求差异化也越来越大，政府绩效管理的内涵也因此变得更加复杂。在这个"高度联通"的时代，如何更好地在政府组织内部做好绩效管理，绩效管理的理论研究者和实践者面临的挑战越来越大了。一般来说，应对复杂性的有效办法之一，就是构建一套科学系统的、充分体现战略性、平衡性、协同性和动态性的绩效管理体系，从而帮助政府绩效管理实践者将政府的战略转化为复杂的行政系统的系统行为，即要求政府在绩效管理实践中，通过明晰政府的使命、核心价值观、愿景和战略，并将其转化为政府组织、部门和个人的日常公共服务行为。但是，如何构建科学的绩效管理体系，如何开展绩效管理实践，需要借助什么管理工具，有哪些优秀实践可供借鉴，都是政府绩效管理理论研究者与实践者需要持续关注的问题。在这本《政府绩效管理：理论与实务》著作中，从绩效管理理论和实践两个方面比较系统地回应了这些问题。

　　该书在理论部分系统地介绍了绩效管理的核心知识体系。第一，通过追问政府绩效管理的几个核心问题来探索政府绩效管理的本质，具体内容包括政府绩效管理相关的重要概念、主要内容、基本逻辑和面临的挑战等。第二，介绍了绩效管理系统模型。该模型旨在实现"化战略为行动"的可视化和规范化，具体包括三个目的、四个环节和五项关键决策；然后以绩效计划、绩效监控、绩效评价和绩效反馈四个环节为主线，详细介绍政府绩效管理流程的基本内容。另外，重点介绍了目标管理、关键绩效指标、平衡计分卡等，为政府绩效管理实践者搭建绩效管理体系提供工具性平台。

该书将绩效管理实务分为国外和国内两部分，并分别做了介绍。外国政府绩效管理实践经验主要介绍美国、英国、日本和新加坡等国的政府绩效管理实践。该书对每个国家政府绩效管理实践介绍的视角都不同，为政府绩效管理实践者提供了不同的参考素材。我国的绩效管理实践介绍了三类探索。杭州市政府绩效管理实践走在我国地方政府探索的前面，属于综合性探索；海林市基于平衡计分卡开发的政府绩效管理系统，为借鉴某种绩效管理工具的探索提供借鉴；广东政府整体性政府绩效评价为第三方评价提供了参考。

总体上讲，本书坚持了简洁性、系统性、实践性等原则，力争做到概念清楚明确、理论系统完整、案例简明扼要，全书内容翔实、结构分明和重点突出。本书可作为政府绩效管理理论研究和管理实践的参考书目。

方振邦
中国人民大学公共组织绩效管理研究中心主任
中国人民大学公共管理学院教授、博士生导师

目　录

第一章　政府绩效管理本质追问 … 1

第一节　政府绩效管理的内涵 … 1
一　绩效与政府绩效 … 1
二　绩效管理与政府绩效管理 … 5
三　政府绩效管理的功能和机构 … 10
四　作为一个学科的存在 … 14

第二节　政府绩效管理的内容 … 18
一　绩效管理体系 … 18
二　项目绩效管理 … 23
三　财政绩效管理 … 27
四　政策绩效评价 … 34

第三节　政府绩效管理的逻辑 … 41
一　基本逻辑是什么 … 41
二　为谁创造价值 … 45
三　如何创造价值 … 50

第四节　政府绩效管理的挑战 … 51
一　树立战略性绩效管理理念 … 52
二　正确处理组织绩效与领导干部绩效的关系 … 52
三　建立高绩效工作系统 … 54
四　完善绩效评价体系 … 55

第二章 政府绩效管理系统 ……57

第一节 政府绩效管理系统模型 ……57
一 模型设计基础 ……57
二 典型绩效管理系统模型 ……59

第二节 政府绩效计划 ……72
一 政府绩效计划概述 ……72
二 政府绩效计划内容 ……75
三 政府绩效计划体系设计 ……90

第三节 政府绩效监控 ……96
一 政府绩效监控概述 ……96
二 政府绩效信息 ……99
三 政府绩效沟通 ……102
四 政府绩效辅导 ……107

第四节 政府绩效评价 ……110
一 政府绩效评价概述 ……110
二 政府绩效评价主体 ……112
三 政府绩效评价方法 ……116

第五节 政府绩效反馈 ……124
一 政府绩效反馈的概述 ……124
二 政府绩效反馈面谈 ……126
三 政府绩效申诉 ……128
四 政府绩效评价结果应用 ……131

第三章 绩效管理工具 ……134

第一节 目标管理 ……134
一 目标管理的概念 ……134
二 目标管理的实施 ……136
三 政府目标管理的实践 ……138

第二节 关键绩效指标 ……142

  一 关键绩效指标的概念 …………………………………… 142
  二 关键绩效指标的实施 …………………………………… 143
  三 政府关键绩效指标的实践 ……………………………… 146
 第三节 平衡计分卡 ………………………………………………… 150
  一 平衡计分卡概述 ………………………………………… 150
  二 平衡计分卡的实施 ……………………………………… 153
  三 政府平衡计分卡的实践 ………………………………… 165
 第四节 其他绩效管理工具 ………………………………………… 175
  一 标杆管理 ………………………………………………… 175
  二 欧盟通用评价框架 ……………………………………… 177
  三 目标与关键成果法 ……………………………………… 181

第四章 外国政府绩效管理实践 …………………………………… 183

 第一节 美国政府绩效管理实践 …………………………………… 183
  一 美国政府绩效管理概述 ………………………………… 183
  二 美国联邦政府绩效管理 ………………………………… 187
  三 美国地方政府绩效管理 ………………………………… 192
 第二节 英国政府绩效管理实践 …………………………………… 198
  一 英国政府绩效管理概述 ………………………………… 198
  二 英国中央政府绩效管理 ………………………………… 203
  三 英国地方政府绩效管理 ………………………………… 208
 第三节 其他国家政府绩效管理实践 ……………………………… 213
  一 日本政府政策评价 ……………………………………… 213
  二 新加坡政府绩效审计 …………………………………… 227

第五章 我国政府绩效管理实践 …………………………………… 231

 第一节 杭州市绩效管理实践 ……………………………………… 231
  一 杭州市政府绩效管理概述 ……………………………… 232
  二 杭州市政府绩效综合考评体系方案设计 ……………… 236
  三 目标管理 ………………………………………………… 242

四　社会评价 ………………………………………… 251
　　五　领导考评 ………………………………………… 257
　　六　创新目标绩效考核 ……………………………… 258
第二节　海林市绩效管理实践 …………………………… 260
　　一　总体概述 ………………………………………… 260
　　二　市委、市政府的战略地图与平衡计分卡 ……… 262
　　三　职能部门和乡镇级政府的战略地图与
　　　　平衡计分卡 ……………………………………… 266
第三节　广东省政府整体性评价 ………………………… 275
　　一　总体概述 ………………………………………… 276
　　二　评价指标体系及权重系数设计 ………………… 280
　　三　评价结果分析示例 ……………………………… 290

参考文献 ………………………………………………… 305

第一章 政府绩效管理本质追问

任何管理活动都应该以获取绩效为目的，任何不创造绩效的管理行为从本质上讲都是无效的管理行为。一个国家或地区公共管理行为的绩效高低，除受政治和体制因素影响之外，其绩效管理水平的高低则是重要的决定性因素。因此，绩效管理理论和实务始终是管理学界的热点话题。本章通过追问政府绩效管理理论与实践中的几个重要问题，来探寻政府绩效管理的本质，以便政府部门更有效地调动公共服务人员的积极性和创造潜力，进而达到较高的绩效水平。

第一节 政府绩效管理的内涵

20世纪80年代以来，西方公共管理领域兴起了政府绩效管理的热潮，并迅速在世界各国蔓延开来。对政府绩效管理内涵的准确理解，是政府绩效管理理论研究和管理实践的逻辑起点。因此，对绩效管理本质的追问，首先就是明确政府绩效管理"是什么"。

一 绩效与政府绩效

（一）什么是绩效

综观管理的各个管理学派、各种管理思潮，其最终目标都是为了取得满意的绩效；可以说整个管理科学发展的历史，就是一部以绩效为研究主题的生动历史。另外，管理的本质是实践；随着管理实践的不断拓展和深入，人们对绩效概念的认识也在不断变化和发展。管理大师彼得·德鲁克（Peter F. Drucker）认为："所有的组织都必须思考'绩效'为何物？这在以前简单明了，现在却不复如是了。战略制定越来越需要重新定义绩效了。"

对绩效（Performance）的最初认识，可以追溯到弗雷德里克·泰罗为首的科学管理先驱做的重要探索。在《科学管理原理》中，泰罗通过对工人完成工作任务来定义绩效。有"管理理论之母"之称的玛丽·福列特认为，应该将企业看成一种社会组织而非仅仅是一个经济或生产组织，这无疑对科学定义绩效提出了更高要求。此后，在不同的学科领域、不同的组织以及不同的社会发展阶段，众多学者和管理实践者都对绩效的含义进行了各种有益的探索。随着科技的进步和环境的变迁，人们对未来的认识越来越难了。

综合起来，可以将绩效的内涵归结为三类：第一类将绩效看成结果或产出，第二类将绩效看成一种管理行为，第三类将绩效看成行为和结果的统一体。因此，美国学者贝茨和霍尔顿（Bates and Holton）指出："绩效是一个多维构建，观察和测量的角度不同，其结果也会不同。"本书认为，应该从综合观来看绩效，既要关注过程或行为，又要强调结果导向。

在管理实践中，人们通常将绩效管理分为组织绩效、部门（群体或团队）绩效和个人绩效三个层次。组织绩效就是组织的整体绩效，指的是组织任务在数量、质量及效率等方面完成的情况。部门绩效是组织中以团队或群体为单位的绩效，是部门任务在数量、质量及效率等方面完成的情况。个人绩效是个体所表现出的、能够被评价的、与组织及部门目标相关的工作行为及其结果。①

绩效管理关注的焦点最初是员工个人绩效，但是，随着绩效管理实践而更加关注"化战略为行动"，绩效管理的重心转向了组织绩效，个人绩效更多地被看成组织绩效的落脚点。本书认为，绩效是指组织、部门和个人各个层面的工作任务完成的行为及其结果，是组织的使命、核心价值观、愿景及战略的重要表现形式。

（二）什么是政府绩效

随着全球化、信息化和智能化的发展，公共管理领域也需要面对

---

① 方振邦：《战略性绩效管理》，中国人民大学出版社2014年版，第3页。

复杂的外界环境，可以说这是一个不确定和确定并存的时代，传统的基于静态的管理理论在更加动态的外部环境中将受到更多的挑战。由于互联网和信息化，使信息不对称的矛盾变得更小，"绩效黑箱"也随之变得更加透明；随着大数据和云计算在公共管理和公共决策领域的应用增多，政府的供给侧结构性改革也将更可能与人民需求进行有效对接，从而使决策更加精准。这一发展趋势使政府绩效管理环境变得更加确定。但是，社会变化的节奏和速度越来越快，由于世界互联，造成不可控的因素越来越多，加上政府需要应对更加复杂和多元的工作任务，又使公共管理环境变得更不确定。总体来说，外部环境对政府绩效的影响越来越大了，我们再也不可能只关注政府系统内部管理，就能对政府绩效做出准确的定义了。

学者对政府绩效的认识，通常也分为三类：第一类观点从政府管理过程出发来定义政府绩效。比如，美国学者理查德·C. 罗科尔尼（Richard C. Kearney）认为，政府绩效是为实现预期结果而管理公共项目所取得的成绩，它是由效益、效率和公正等多个同等重要的标准引导和评估的。[1] 第二类观点从政府管理能力角度来定义政府绩效。第三类观点从综合视角来定义政府绩效，既关注政府管理的过程，又注重管理的结果，还关注政府管理的能力，即强调从多个方面来整体性地、全方位地定义政府绩效。[2]

在政府绩效管理实践中，通常将政府绩效（Government Performance）看成政府的组织绩效。但是，事实上，政府绩效的内涵十分复杂，对其进行准确理解非常困难。目前，政府绩效主要包括政府组织整体绩效、部门绩效、政策绩效、项目绩效、绩效预算、绩效审计、干部和员工绩效等，仅仅从一个方面对其进行理解无异于"盲人摸象"，因此，需要从各个方面对其进行全面理解。有时，人们在进行政府绩效相关沟通时，还必须率先对其所讲的政府绩效的准确含义进

---

[1] Richard C. Kearney and Evan Berman, *Public Sector Performance: Management, Motivation, and Measurement*, Colorado: Westview Press, 1999.

[2] 方振邦、葛蕾蕾：《政府绩效管理》，中国人民大学出版社2012年版，第4页。

行明确定义，否则就可能出现理解的差异。另外，由于政府工作涉及经济、政治、社会、文化、生态、国防等领域，这造成对政府绩效进行准确定义更加困难。因此，与企业绩效是一个多维构建相比，政府绩效可以说是一个复杂的多维构建，以至于学界和实践者目前对其内涵的准确理解仍没有达成共识。

我们必须面对复杂性，也永远不能向复杂性低头。我们对政府绩效的理解，需要透过动态性或变动性的表象，看到其不变的本质。虽然企业管理实践中对绩效定义更多地偏重其工具性，强调如何助力通过有效的管理行为实现"化战略为行动"。但是，在公共管理领域，由于对公共战略定义的复杂性，导致确定"化战略为行动"的标准更加困难。因此，对政府绩效的定义更多地偏向于其价值理性，从关注其初心和使命出发，反过来定义政府绩效，即需要探寻如何做到不忘初心和牢记使命，才是定义政府绩效内涵的正解。

美国哈佛大学马克·莫尔（Mark H. Moore）的研究为我们探索政府绩效的内涵提供了一个理论参考。在《创造公共价值：政府战略管理》一书中，他围绕"公共部门的领导者应该怎样根据所处的环境来思考和行动，从而创造公共价值"这一问题，构建了公共战略模型。该模型构建了创造公共价值的三个维度：一是使命管理，即确保组织目标符合公共价值的基本要求；二是政治管理，即确保公共价值与政治合法性一致；三是运营管理，即通过有效的运营管理促进战略目标的实现。[①] 在《公共价值：理论与实务》一书中，马克·莫尔又从授权环境（The Authorizing Environment）、公共价值产出（Public Value Outcomes）和运营能力（Operational Capacity）三个维度来定义公共战略三角模型。[②] 莫尔为如何使创造公共价值不只是停留在思想层面的口号，而是通过切实的管理行为寓于政府日常运行之中，提出了他的解决方案。

[①] 陈振明：《战略管理的实施与公共价值的创造——评穆尔的〈创造公共价值：政府战略管理〉》，《东南学术》2006 年第 2 期。

[②] John Benington, Mark H. Moore, *Public Value*: *Theory and Practice*, Palgrave Macmillan, 2011: 5.

基于以上分析，本书将政府绩效定义为：在使命指引下，根据政府战略部署，各级政府组织在履行公共服务职能过程中表现出的行为及其结果。虽然本书从整体上去认识政府绩效，但同时也强调，对整体认识必须建立在对其具体内容进行系统分析的基础上，才能对政府绩效的内涵有更加精准和系统的理解。

二　绩效管理与政府绩效管理

（一）什么是绩效管理

绩效管理本身代表着一种管理思想和管理观念，是对绩效相关问题系统思考的集中体现，良好的绩效产出是整个组织系统高效运行的结果。正如吉姆·柯林斯在《基业长青》和《从优秀到卓越》中所讲的：一个组织的绩效管理系统就像一个巨大的轮子，它必须推动组织从静止的状态慢慢地转动起来，最终实现组织快速自动运转。通常，应该将组织、绩效和管理关联起来理解；组织是管理活动及其绩效的载体，绩效是组织实施管理的目的，而管理是组织借以创造绩效的行为。总之，组织管理必须超越技术主义的羁绊，才有利于实现绩效"飞轮"的自动运转。

绩效管理是很多管理者爱之深也恨之切的管理概念。纵观百年管理思想史，从泰罗的《科学管理原理》来看，各种管理流派的研究和探索，无不指向绩效的提升。可以说，管理学发展的历史就是绩效管理探索的历史。早在1903年美国杜邦火药公司就开始使用投资报酬率法对企业整体绩效进行衡量，并将其发展成为一个评价各个部门绩效的手段；这种方法推动了企业管理对组织绩效特别是经济绩效展开了积极评价。20世纪50年代，彼得·德鲁克提出了目标管理的思想，推动了绩效管理向系统流程发展，同时也将工作成果作为评价管理工作绩效的最重要的标准。50年代以后，激励理论、领导理论、权变理论、战略管理理论等研究成果的涌现，使个人绩效和组织绩效共同构成了多层次、多维度和动态性的完整体系，并逐渐地与组织战略联动起来。20世纪70年代后期，学者在总结绩效评价局限性的基础上，进一步丰富了绩效的内涵并提出了绩效管理（Performance Management，PM）的概念，在80年代后期和90年代，绩效管理工具的开发和完善促进绩效管理实现了系统化和规范化。

由于管理实践面临环境的差异性，导致管理实践者和研究者对绩效管理的定义仍没有取得共识。理查德·威廉姆斯在《组织绩效管理》中将绩效管理的观点归纳为管理组织绩效系统、管理员工绩效系统和综合管理组织与员工绩效系统三种。具体来讲，很多学者都对绩效管理进行了界定。赫尔曼·阿吉斯认为，绩效管理是对个人绩效和团队绩效识别、测量和发展并根据组织战略进行绩效改进的持续的过程。[①] 雷蒙德·A.诺伊等认为，绩效管理是指管理者确保雇员的工作活动以及工作产出能够与组织目标保持一致的过程，是企业赢得竞争优势的中心环节。[②]

本书认为，绩效管理是指组织及其管理者在组织的使命、核心价值观的指引下，为达成愿景和战略目标而进行的绩效计划、绩效监控、绩效评价以及绩效反馈的循环过程，其目的是确保组织成员的工作行为和工作结果与组织期望的目标保持一致，通过持续提升个人、部门以及组织的绩效水平，最终实现组织的战略目标。[③] 绩效管理在概念上应反映绩效管理的本质要义，即在组织使命和核心价值观的指引下的化战略为行动的管理体系和管理行为，而不应仅仅理解为计划、监控、评价与改进的技术性管理流程，更不能简单地将绩效管理看成绩效评价（Performance Appraisal，PA）。

明确的责任体系是高绩效系统建立的基础，明确绩效责任者是理解绩效管理的前提条件之一。通常，组织高层管理者、部门管理者和全体员工是绩效目标的直接责任者，人力资源部门及其管理者仅以参谋、教练、规则制定者、实施监督者以及结果使用者等身份出现。具体来讲，高层管理者既是绩效管理工作的发起者、组织者和推动者，也是组织绩效的直接承担者；部门管理者既是绩效管理的实施者和对

[①] 赫尔曼·阿吉斯：《绩效管理》，刘昕、柴茂昌、孙瑶译，中国人民大学出版社2013年版，第4页。

[②] 雷蒙德·A.诺伊、约翰·R.霍伦贝克、巴里·格哈特、帕特雷克·莱特：《人力资源管理：赢得竞争优势》，刘昕译，中国人民大学出版社2001年版，第343页。

[③] 方振邦、冉景亮：《绩效管理》，科学出版社2016年版，第4—5页。

下属工作实践的指导者，也是部门绩效的直接承担者；员工个人既是绩效实践的参与者，也是个人绩效的自我管理者和直接承担者。绩效管理的责任体系的总体构成如图1-1所示。①

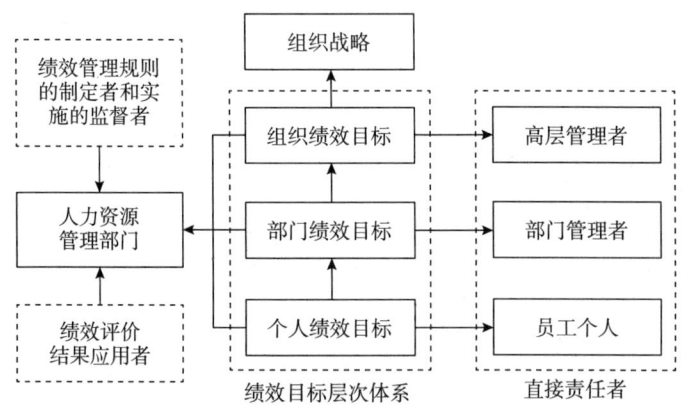

图1-1　绩效管理的责任体系的总体构成

（二）什么是政府绩效管理

政府绩效管理是在借鉴企业绩效管理理论和实践经验的基础上，结合政府自身组织特点和价值取向而产生的政府管理创新。也可以说，政府绩效管理虽然在技术上是将企业的绩效管理理论和方法与政府公共管理实践相结合所产生的一种新的管理理念，但是，政府绩效管理的理论基础也是基于公共管理理论而发展起来的。包国宪等以公共管理发展范式为基础，总结出了前古典国家构建、传统公共行政、新公共管理、新公共治理和以公共价值为基础的绩效治理五种绩效管理范式，并从理论基础、概念内涵、分析单元、领导行为、领导机制、领导结果、价值取向和系统定位等维度对五种范式进行了比较分析，具体如表1-1所示。②

---

①　方振邦：《战略性绩效管理》，中国人民大学出版社2014年版，第13—14页。
②　包国宪、[美]道格拉斯·摩根：《政府绩效管理学——以公共价值为基础的政府绩效治理理论与方法》，高等教育出版社2015年版，第2—3页。

表1-1　　　　　　　　政府绩效管理的范式及其特征

特征	前古典国家构建	传统公共行政	新公共管理	新公共治理	以公共价值为基础的绩效治理
理论基础	政体理论	政治学、公共政策和组织理论	公共选择理论和科学管理理论	制度、网络和代理理论	公共价值管理理论
概念内涵	国家构建	组织效率	外包、竞争和私有化	多元和多元化	共识和一致性
分析单元（研究对象）	合法性	效率	经济、效率、效益	治理能力	以公共价值为基础的绩效
领导行为	国家构架和治理	产出管理	引导变革	基于利益冲突的解决	协商和谈判
领导机制	政治领导	技术官僚	市场机制	社会协调	协同领导
领导结果	国家的制度和秩序	层级	包含顾客满意的效率	行为一致性	问题本质和解决方案的一致性
价值取向	可变的	价值未知	清晰的价值取向	有限的清晰价值冲突	高度的价值冲突
系统定位	单中心	单中心内部聚焦	多中心内部聚焦	多中心外部聚焦	多中心外部聚焦

通常来讲，政府绩效管理几种范式的演进是一个持续进化和相互叠加的过程，其内涵发展变化不会因为下一种范式的出现，之前各种范式的特征就自动消失，而是可能出现多种范式长期并存的现象。政府绩效管理涉及领域和决策信息基础纷繁复杂，并且各种利益博弈也难以厘清，常常造成绩效管理与政治、政府战略规划、绩效管理政策的系统全面实施等问题的关系常常难有清晰准确的答案。对政府绩效管理概念的理解，仅仅侧重于应用、侧重于技术性问题，常常难以收到持续的效果。因此，本书认为，应该在创造公共价值范式下，才能更系统全面地洞悉政府绩效管理的本质。

一个好的定义，需要对本领域的重要理论模型、系统框架、目标目的等重要内容予以正面回应，通过概念的掌握有助于为研究者或实践者确立政府绩效管理的整体性轮廓，并为形成正确的思考框架和寻找有效的行动方案确定最根本的依据。由于政府绩效的复杂性，具体涉及外部需求和内部体制机制、刚性制度和柔性管理、经济社会文化生态等刚性因素与政治文化伦理等柔性因素、数量与质量等方面矛盾体，从而导致要给政府绩效管理下一个明确的定义非常困难。

在借鉴前人研究成果的基础上，本书认为，政府绩效管理是指一级政府及其部门在其使命和核心价值观的指引下，根据上级政府的要求和本级政府的战略规划而进行的绩效计划、绩效监控、绩效评价以及绩效反馈等系统管理过程，其目的是更好地履行公共责任，提供公共服务，通过有效的管理办法确保公共服务人员的工作行为和工作结果与所在组织的期望目标保持一致，最终推动辖区人民生活水平的持续改善。作为一种系统性的理论和管理实践的创新，政府绩效管理具有以下四个典型的特点。

第一，突出公共价值导向。政府及其部门应该坚持外部导向，将其使命和核心价值观根植于人民的重要诉求和时代的需要，强调政府推动辖区实现全面、协调和可持续发展；不是仅仅强调政府内部的效率问题，而且要首先强调方向的正确性，其次才强调如何高效地完成。我国宪法规定，一切属于人民，只有坚持以人民为中心，把人民利益放在至高无上的地位，才有利于绩效管理实践者坚持"权为民所用、情为民所系、利为民所谋"的理念，从而创造出持续的绩效成果。本书认为，政府绩效的最终标准，都要统一到人民生活水平的持续改善上来，任何违背这一标准的管理制度和管理行为都应该进行调整。另外，政府绩效管理需要上升到党政"一把手"亲自主抓的战略高度，将绩效管理思想渗透到政府管理的方方面面，把绩效管理当作实现重大战略的核心抓手，通过建立强有力的组织保障来确保其正确导向。

第二，强调绩效管理是一个系统的管理流程。政府绩效产出很多是以无形服务的形式出现的，仅仅在最后强调正式的绩效评价而实施"秋后算账式"的考核模式，具有很大的弊端。政府绩效管理要求在坚持公共价值导向的前提下，按照"化战略为行动"的理念，通过绩效计划、监控、评价和反馈四个环节，形成封闭的控制环路，并通过在整个系统内各层级反复嵌套这个管理闭环，最终保障各级部门目标与政府目标保持一致，同时确保各级目标均坚持正确的价值导向。这个系统中，任何一个环节出现问题都会影响到政府整体绩效水平。有时甚至需要将完整流程看成一种管理思想和管理系统，以确保通过有效计划给予明确指引和确定评价标准，通过及时沟通和辅导确保过程有效，通过有效评价了解绩效现状和分析绩效差距、通过及时反馈和正确的结果应用确保管理的严肃性和持续性，最终确保本级政府绩效目标和战略目标顺利实现。

第三，强调公共服务人员绩效与组织绩效的协同。政府绩效管理，从本质上讲，属于组织绩效管理，涉及政府和政府部门多个层次的绩效管理。但是，政府绩效也需要公共服务人员来完成，特别是各级领导干部的个人绩效对政府绩效有重大影响；在某种程度上说，政府组织绩效与领导班子个人绩效是一体两面的关系，"一把手"领导的绩效与政府整体绩效应该保持一致性。另外，应该坚持全员绩效管理的理念，组织内所有公共服务人员都是政府绩效的责任者。全员绩效管理重点是确立政府和部门各级组织"一把手"绩效责任制，强化政府绩效的领导责任；只有领导干部"敢于担当责任，勇于直面矛盾"，才能解决绩效管理所面临的重大问题。在我国，地方政府绩效的第一责任人应该是作为领导班子班长的党委书记。因此，我国政府绩效的主体应该包含党群部门在内的所有公共部门，这样，才便于建立起政府绩效的责任制，从而实现从个人到组织的各个层面绩效管理系统协同。

第四，政府绩效管理重视运用科学的管理方法与技术。传统的行政、法律、经济和思想教育等手段的单独运用，或者是"以会议落实会议、以文件落实文件、以讲话落实讲话"的方式，都不利于政府绩效的持续提升。政府绩效管理理论与实践都需要借鉴企业绩效管理的管理工具、技术、方法和最佳实践，结合政府管理的实际，积极寻求和开发科学有效并适合政府管理实践的方法与技术，实现价值理性与工具理性的完美融合；通过创新有效的政府绩效管理机制，全面理顺政府与社会、上级政府与下级政府、决策机构与执行机构、领导与下属等的关系，致力于政府绩效管理实现科学化和规范化。

三　政府绩效管理的功能和机构

（一）政府绩效管理的功能

实现政府绩效的持续提升是公共管理的根本性目标之一，即政府应该如何高效率，低成本地为人民服务。政府绩效管理涉及政府管理的方方面面，从某种程度上讲，良好的绩效表现甚至是政府合法性的重要基石。随着西方政府改革或政府再造热潮的掀起，政府绩效管理也逐渐走入了公共管理舞台的中央。对于一级政府和政府部门来说，绩效管理具有重要的功能，主要体现在以下四个方面。

第一，有利于服务型政府的建设。党"全心全意为人民服务"的根本宗旨和习近平"以人民为中心"的思想，都对我国政府的初心和使命进行了具体描述。英国和美国掀起的顾客导向（Customer Orientation）和公民宪章运动（用服务承诺来推动公共服务质量的持续提升）也说明西方政府对公共服务的价值追求，新公共服务的兴起，甚至要求政府提供服务而不是"掌舵"。因此，服务型政府的建设在东西方国家中都是一个发展趋势。在政府绩效管理实践中，通过坚持以人民为中心、以公共需求为导向、以人民满意为目标、始终坚持结果导向、强调反馈和结果应用等，通过将公共权力放在阳光下运行，促进公共服务水平的持续提升。

第二，有利于责任政府的建立。"责任政府"是一个行政理念，强调权力和责任的统一，其核心特征应该是责任政治。人民通过委托—代理方式，授权给政府行使行政权力。西方很多发达国家都坚持人人平等的法治思想，通过直接民主组建政府；我国是社会主义国家，始终坚持人民当家做主，采取协商民主组建人民政府。无论以从何种方式组建政府，都是人民赋予行政权力，都需要承担相应的责任。英国的政治家和学者最先研究并概括本国的责任政府制度，进而提出了责任政府理论；但是，由于政体差异，各国的责任政府呈现出来的特点也不一样。我国强调各级领导干部和公共服务人员必须以人民生活水平持续提升为己任，敢于直面矛盾，敢于担当责任。大力推行绩效管理，有利于向公共服务人员保持持续压力，迫使其随时警醒"守土有责"，出现问题也能及时有效追责，最大限度地避免腐败堕落和独断专行，从而确保人民赋予的权力真正用来为人民谋幸福。

第三，有利于建立人民满意的政府。正如习近平所说，"时代是出卷人，我们是答卷人，人民是阅卷人"。事实上，政府过于强调管理和控制，而将权力凌驾于人民和社会之上的现象仍然屡见不鲜，建立人民满意政府之路仍然任重而道远。这要求政府坚持问题导向，直面人民关心的重大问题，永远战战兢兢，永远如履薄冰，通过有效行使人民赋予的权力，创造出人民满意的绩效成就。坚持将人民满意作为政府绩效的最高标准，有利于倒逼各级领导通过信息公开等方式防止重大风险，遏制腐败并有效降低运行成本，通过持续改善政府治理绩效来不断提升政府的信用水平。通过加强绩效管理致力于创造政通人和的良好局面，实现国家的长治久安，人民才可能真正地满意。

第四，有利于推动行政体制改革。针对外部环境变化，根据人民生活的需求水平不断提升和更加协调平衡，政府必须坚持改革开放，必须在正确价值导向下全面深化改革，对各种情况做出及时有效的应对。另外，为了破除帕金森定律①的魔咒，政府也应该采取有效的措施，解决政府先天存在的效率症结。党的十八届三中全会指出，深化党和国家机构改革是推进国家治理体系和治理能力现代化的一场深刻变革，在一些重要领域和关键环节取得重大进展，为党和国家事业取得历史性成就、发生历史性变革提供了有力保障。这要求各级政府充分借鉴最新的管理成果和经验，包括企业管理的理论与经验，建立有效的激励约束机制，优化和整合行政资源以及社会资源，再建立各级政府相互协同的管理体系。政府绩效管理通过有效的管理工具和管理手段，为行政体制改革奠定坚实基础和提供持续的动力。

（二）政府绩效管理的机构

政府绩效管理系统是一个连接政府战略和日常公共服务行为的、全面完整的管理体系，涉及公共管理的方方面面，与政府战略规划实现相关的关键领域一般都可以纳入政府绩效管理系统中。建立强有力

---

① 帕金森定律（Parkinson's Law）是帕金森为揭露和嘲讽英国政治社会制度中官僚主义组织结构的弊端而提出的一个概念，常作为官僚主义或官僚主义现象的一种别称。该现象也是一个时间概念，是指随着时间的推移，无论政府工作增加与否，甚至没有任何实质性工作，政府工作人员的数量总是按照基本恒定的速度增加；特别是在不称职的行政首长占据领导岗位时，机构臃肿和冗员过多更加突出，并导致整个公共管理系统恶性膨胀，从而陷入难以自拔的泥潭。

的组织保障是政府绩效管理的基本要求和必要措施。很多国家都根据国情组建了相应的政府绩效主管机构,比如美国联邦政府绩效管理的主管机构主要是联邦预算局和政府问责局。① 我国推行的编制法制化的改革方向,说明我国机构设置和职能必须得到顶层设计的有力支持。因此,我国也应该从理论的高度对政府绩效管理主管机构进行深入研究,并在实践中进行持续探索,从而为政府绩效管理有效开展提供强有力的组织保障。

我国中央政府绩效管理探索落后于地方政府实践,在组织机构设置上也在调整和探索之中。2008年年底,国务院明确由监察部牵头负责这项工作;2011年,中央政府决定由"政府绩效管理工作部际联席会议"②来推进政府绩效管理工作,监察部为牵头部门。王岐山任中央纪律检查委员会书记之后,鉴于政府绩效不属于该部门核心职能而建议将该职能调出监察部;随之政府绩效管理相关职能转入中央机构编制委员会办公室③监督检查司。各级领导干部的绩效一直都是组织部牵头考核。总体来讲,政府绩效管理与干部绩效管理的协同问题

---

① 联邦预算局(Bureau Ofthe Budget, BOB)1970年更名为联邦管理与预算局(Office of Management and Budget, OMB),联邦预算由该局完成,当时该局向财政部长报告工作;1939年,该局从财政部转移至总统行政办公室(Executive Office of the President, EOP),转而向总统报告工作。联邦会计总署(General Accounting Office, GAO)对国会负责(被戏称为"国会的看家狗"),以中立精神开展工作,负责调查、监督联邦政府的规划和支出,通常在审计报告中会给出提高资金使用的经济性和效率性的建议,2004年更名为政府问责局(U. S. Government Accountability Office, GAO),这反映美国政府问责局更加强调与政府的经济、效率和效果密切相关的审计使命。

② 政府绩效管理工作部际联席会议由监察部、中央组织部、中央编办、发展改革委、财政部、人力资源社会保障部(公务员局)、审计署、统计局、法制办9个部门组成,监察部为牵头部门,联席会议办公室设在监察部。联席会议主要有五项职能:一是研究提出加强政府绩效管理的相关政策和措施;二是组织协调和综合指导国务院各部门和各省(区、市)开展政府绩效管理工作;三是组织拟定政府绩效评估指标体系、程序和具体办法;四是组织推动和监督政府绩效管理各项工作的落实;五是研究与政府绩效管理工作有关的其他重大问题,向国务院提出建议。联席会第一次会议(2011年)审议通过了《关于政府绩效管理工作部际联席会议成员单位职责分工的意见》《2011年政府绩效管理工作要点》和《关于开展政府绩效管理试点工作的意见》。

③ 中央机构编制委员会办公室是中央机构编制委员会的常设办事机构,在中央机构编制委员会领导下负责全国行政管理体制和机构改革以及机构编制的日常管理工作,既是党中央的机构,又是国务院的机构。

仍然没有解决。

地方政府对绩效管理的重视程度不同或对绩效管理的理解有差异，从而组织机构的设置也有一定的差异。有的地方政府绩效管理机构设在组织部，有的地方将其设在监察部门，也有的地方将其设在政府办公室。不同的组织机构设置，在推动绩效管理实践中的执行力度不一样。比如青岛市为了加大科学发展考核力度，绩效考核办公室主任由市委书记和市长共同担任，副主任由常务副市长和组织部长共同担任，办公室设在组织部；杭州市政府绩效管理办公室则设在市政府办公室。一般来说，组织机构设置不一样，其执行绩效管理力度就不一样。

四　作为一个学科的存在

政府绩效管理是一个完整的学科体系[①]，在学科视域下来看政府绩效管理内涵，有利于更全面地理解政府绩效管理的理论，也便于更好地借助相关理论来指导绩效管理实践。作为一个年轻的学科，政府绩效管理涉及管理哲学、知识体系、艺术与技术、管理实务等方面的知识。

（一）从管理绩效到管理价值

从管理哲学层面理解政府绩效管理，可以是通过追问"我是谁，我从哪儿来，要到哪儿去"等哲学问题实现。前面对绩效管理内涵的阐释，可以说回答了政府绩效管理是什么的问题。从政府绩效管理的概念可以看出，其存在主要是作为一种实现组织战略的工具。很显然，三个问题从多个角度来理解，才能站在哲学的高度理解其内涵。

发展历程是诠释政府绩效管理的源泉。方振邦认为，整个管理学发展的历史就是绩效管理探索的历史；无论是各类组织中管理者的实践摸索，还是管理学界对管理工作的理论研究，都是围绕绩效展开的。另外，绩效管理工具的持续改进对绩效管理发展产生了重要的推动作用。[②]

仅坚持技术主义对政府绩效管理来说是远远不够的。政府绩效管理的首要职责仍是推动政府部门完成其使命和目标，即实现部门存在

[①] 卓越：《政府绩效管理概论》，清华大学出版社2007年版，第10页。
[②] 方振邦：《战略性绩效管理》，中国人民大学出版社2014年版，第6—9页。

的价值。各级政府存在的价值通常都是多元化的，涉及政治、经济、文化、社会、生态等众多领域，同时还要考虑时代所赋予的社会价值、信念和承诺。因此，仅仅在技术主义视域下来考量政府绩效管理是有局限性的。政府绩效管理应该是在创造公共价值的指引下，有效地管理同时激活组织和个人，即通过公共服务人员的绩效、能力、热忱和价值观，实现国家渴望的战略目标和价值观念以及社会的真实存在。[①] 基于此，政府绩效管理的哲学思考，应该延伸到各级政府所处的社会责任之中，从外部寻找自身的价值；可以说，在多元化的社会中，这将是政府绩效管理学科的首要任务。包国宪等也提出了基于公共价值的政府绩效管理学。[②]

我国政府绩效管理理论与实践都可能受我国管理哲学的影响。葛荣晋借鉴《道德经》的思想[③]，将我国管理哲学分为管理实践、管理科学、管理道德和管理艺术四个境界。他认为，"管理实践"境界是最低层次，"循法而治"的刚性管理为第二境界，"为政以德"的儒家治国为第三境界，"无为而治"的艺术境界为理想的管理模式。[④] 目前，政府绩效管理理论与实践更多地在管理实践和管理科学层次，这也是本书后面论述的重点，在此不再赘述。我国干部管理通常要求"德才兼备"，如果一定要有取舍，也是"以德为先"；在干部考核中，"德能勤绩廉"五个维度也是以德为首要标准。在组织层面，对"道德"层面的涉及还不够深入。持续的政府绩效，一定需要在组织

---

① [美] 彼得·德鲁克：《管理：使命、责任与实务（使命篇）》，王永贵译，机械工业出版社 2009 年版，第 18、36 页。
② 包国宪、[美] 道格拉斯·摩根：《政府绩效管理学——以公共价值为基础的政府绩效治理理论与方法》，高等教育出版社 2015 年版。
③ 老子的《道德经》第十七章："太上，不知有之；其次，亲而誉之；其次，畏之；其次，侮之。信不足焉，有不信焉。悠兮，其贵言。功成事遂，百姓皆谓'我自然'"。译文：最好的统治者，人民并不知道他的存在；其次的统治者，人民亲近他并且称赞他；再次的统治者，人民畏惧他；更次的统治者，人民轻蔑他。统治者的诚信不足，人民才不相信他，最好的统治者是多么悠闲。他很少发号施令，事情办成功了，老百姓说"我们本来就是这样的"。
④ 中国管理哲学的四个境界的详细论述请参见葛荣晋《中国管理哲学导论》，中国人民大学出版社 2007 年版，第 417—425 页。

层面有"道德"的要求，一定要尊重组织理性和人民的诉求，并通过构建机制和制度，搭建合理的监管体系与平台，来使组织的道德理性得以有效贯彻执行；否则，即使取得短期绩效，从长期来看，都是得不偿失的。而艺术层面就更难显性化，也无法简单地学习，常常需要管理者感悟与体会。但是，"全心全意为人民服务"的根本宗旨和"以人民为中心"的发展思想，无疑为政府绩效管理在道德层面和艺术层面的探索指明了方向。

（二）知识体系

任何一个学科都应该有其特定的知识体系和比较明确的边界。作为一个刚刚兴起的学科，政府绩效管理学科的知识体系也基本成型了。本书认为，一个学科的知识体系至少应该从知识来源和主要内容两个方面进行讨论。

（1）政府绩效管理的学科方位。公共管理学科体系也不够成熟，有学者认为，我国公共管理目前仍然存在着学科边界模糊、视野狭窄、基础不牢、知识体系不完整、理论研究落后于实践发展、针对性与应用性不强等问题。[1] 目前，公共管理一级学科目录中，主要设置了行政管理、劳动与社会保障、公共事业管理、土地资源管理以及教育经济管理5个二级学科，另外还有不同学校自主设立的二级学科，可以说公共管理涉及领域众多、体系庞杂。公共管理学科知识体系"大杂烩"的现状，致使整个学科知识体系内在逻辑缺失和认同缺失，进而导致学科仍然存在身份危机。[2] 公共管理一级学科之所以是一个松散的体系，其中一个原因就是公共部门战略管理学科身份仍然没有确立起来，虽然马克·莫尔（Mark H. Moore, 1995）在《创造公共价值：政府战略管理》一书中，为公共部门提供了一个超越技术理性的范式，但远未成熟。不过，公共部门战略管理学科缺位，对我国公共领域的影响确是致命的，甚至对宏观层面的一系列战略误判都有影

---

[1] 陈振明：《公共管理的学科定位与知识增长》，《行政论坛》2010年第4期。
[2] 张再生、白彬：《基于范式分析的公共管理学科身份危机与发展路径》，《国家行政学院学报》2015年第6期。

响。另外，就是公共部门战略管理与各二级学科的连接仍存在问题。事实上，所有学科领域的管理行为追求的最终目标都是实现绩效的持续提升。本书认为，从学科体系上看，可以将政府绩效管理看成公共管理一级学科的一个嵌入式的二级学科，有利于整个学科体系的系统建设，也为政府绩效管理的学科领域划定了边界，同时也确定了该学科知识的来源。公共组织绩效管理作为一个独立二级学科，与公共管理学科体系中各二级学科的逻辑关系如图 1-2 所示。另外，企业管理和人力资源管理学科的发展，也为政府绩效管理提供了重要的知识来源。

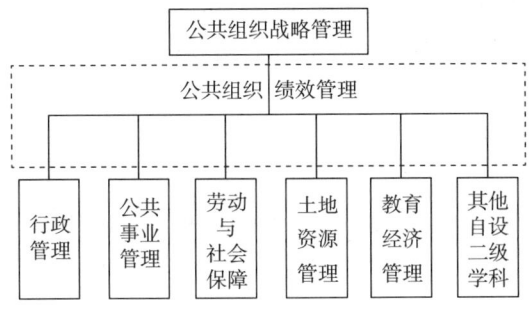

图 1-2　公共管理二级学科逻辑结构

（2）政府绩效管理的主要内容。任何一个独立的学科，都应有相对稳定的领域，相关领域的研究和实践不断积累，就沉淀为这个学科的基础知识。本章第二节将重点概述政府绩效管理的主要内容，以绘制该学科的基本轮廓图。

（三）艺术与实务

政府绩效管理是围绕政府绩效产出的各种问题所进行的系统思考。首先，需要从组织外部来寻找需要解决的问题，即锚定组织目标。其次，全力调动组织内部资源来创造绩效。管理问题都是收敛的，组织系统内的问题是管理研究的主要领域，主要通过建立激励、约束和惩罚机制，来实现组织和人的全面激活。不过，政府组织是一个巨型复杂系统，管理问题更多的是一个政治问题而不是技术问题，涉及领域也纷繁复杂。如何有效地激活政府系统，调动全社会人员的主观能动性，进而创造良好的绩效，需要将管理行为升华至哲学和思想理念境界，充分调动各种智慧和想象力。因此，推动政府产出高绩效，首先是一项艺术活动。

正如德鲁克所说，管理是一种实践，其本质不在于"知"，而在于"行"；其验证不在于"逻辑"，而在于"成果"，其唯一权威就是成就。德鲁克通过强调管理的实践性，突出管理能力需要通过实践和体验来习得，强调只有亲临实践，才更能有效地运用各种管理技术，感悟管理的真谛，从而实现从实务到艺术的升华，并创造良好的管理绩效。从学科层面来看德鲁克论述可知，政府绩效管理需要对管理实践不断地观察和全面总结，通过系统研究来积累科学知识，从而反过来更好地指导实践。因此，本书将重点放在管理系统、管理工具和管理实践案例上。

第二节 政府绩效管理的内容

政府绩效管理，作为一个学科体系，通常包括绩效管理体系、绩效预算、绩效审计、项目绩效、政策绩效等核心内容。对政府绩效管理内容进行明确的界定，既有利于管理理论的完善，也有利于管理实践聚焦主要领域。我国政府绩效管理仍然在系统化、规范化和法制化的路上，关注的领域和各个领域的相互协同还有待加强，本书重点讨论已经成熟的绩效管理体系部分的内容。

一 绩效管理体系

绩效管理体系建设是政府绩效管理的重点和核心内容部分，也是本书的论述重点。从理论和实践两个方面来看，这部分内容在公共管理和企业管理领域具有很多共性特征。

（一）管理层次

政府绩效管理的层次与政府组织结构相同。随着我国政府组织省管县和撤乡并镇等改革的逐渐推行（也有部分地方市直管乡镇和街道），总体来说，我国政府组织正逐渐向扁平化方向进化。本书探讨的政府绩效管理体系不是完整的政府绩效管理体系，而是论述一级政府内的绩效管理行为，因此，将政府绩效管理分为政府绩效管理、部门绩效管理和个人绩效管理三个层次。

在层次划分中所讲的"政府绩效管理"是狭义的政府绩效管理，特指一级政府按照上级政府的要求、本级政府的中长期规划或者"折子工程"等战略目标的要求，对辖区本级政府（含职能部门）的绩效管理进行统筹谋划，推动辖区实现全面、协同、可持续的发展。部门绩效是指一级政府所辖的各职能部门的绩效管理，指各职能部门根据本级政府和上级职能部门的要求，对本职能系统的绩效进行的管理活动。事实上，政府职能部门也是一个多层级的组织系统，还可以进行细分，不过，本书在层次划分上不做细分。另外，与政府组织管辖权一致，高层级政府的职能部门还有垂直对下级政府相关职能系统的绩效进行管理或指导的职责。因此，在管理实践中，政府绩效管理和部门绩效管理呈现出的实际状态是一个矩阵结构。

本书将公共服务人员个人绩效管理也看作政府绩效管理的一个层级，强调绩效管理责任必须落实到具体的人头，所有公共服务职责都必须保障有人来担当；也强调组织绩效必须与个人绩效协同，这样，才能化组织战略为个人日常管理或服务的具体行动。这里的个人绩效主要是指对公共服务人员在工作中所表现出的、能够被评价的、与组织和部门目标相关的工作行为及其结果进行的管理。事实上，由于公共服务人员的具体岗位有层级差异，也呈现出一个金字塔形的结构。层级越高的领导干部，担当越重的责任，所承担的绩效目标责任就越大。总之，各级人员都必须不忘初心，牢记使命，始终坚持全心全意为人民服务的根本宗旨，确保个人绩效产出与组织目标要求相一致。

脱离政府绩效和职能部门绩效单独看个人绩效管理是毫无意义的；仅仅关注政府绩效和职能部门绩效而忽视个人绩效，常常导致绩效管理系统空转，甚至可能导致官员政绩追求背离所在组织长期利益的基本要求。本书认为，通过政府绩效、部门绩效和个人绩效完整绩效管理体系的建设，有利于整个公共管理系统形成"运行顺畅、充满活力、令行禁止"的良好局面，从而促进政府绩效目标和战略目标的全面达成。

（二）管理程序

公共管理必须按照法定规章制度的相关规定执行。政府绩效管理遵循行政程序，有利于提高绩效管理规章制度的科学性和规范性以及管理行为或问题解决方案的有效性和及时性；有利于提高政府绩效管理的组织理性，并坚持正确的价值取向；也有利于最大限度地限制领导干部个人私利对公共利益的侵蚀。但是，如果程序过于复杂，也会束缚公共服务人员的手脚，进而造成整个组织的僵化。因此，本书认为，政府绩效管理的程序应该以创造公共价值和满足人民需求为导向，尽量做到程序简单化、规范化、科学化和系统化，并保持适当的弹性，以便于根据实际情况的变化进行及时的、持续的改进。

本书认为，政府绩效管理在管理程序上目前最需要做的是建立完整的管理流程，而不是仅仅重视"秋后算账"式的"绩效评价"一个环节。完整的绩效管理流程一般包括绩效计划、绩效监控、绩效评价和绩效反馈（含评价结果应用）等环节，通过完整流程的持续强化，有利于政府绩效管理的不断完善和持续改进。

（三）基本要素

在绩效实践中，绩效目标、绩效指标、绩效评价标准、行动方案、责任制等基本要素始终贯穿于整个绩效管理流程和绩效管理所有层次之中。对这些基本要素的全面掌握，是保障绩效管理体系的完整性、系统性、科学性和可操作性的通行做法。

1. 绩效目标

政府绩效目标是连接组织战略和绩效管理系统的纽带，通常来源于对组织战略的分解和细化，具体体现为绩效主体在绩效周期内需要完成的各项工作。政府绩效目标是绩效管理系统的关键要素，通常被当作制定绩效指标、绩效评价标准和行动方案的起点及基础。具体明确的绩效目标是实现组织纵向和横向协同的基础，也是实现组织、部门和个人协调一致的纽带及关键。目前，对绩效目标的理解主要有两种：一种是将绩效目标理解为"绩效指标加上目标值"，比如，"GDP实现10%的增长"；另一种是仅仅聚焦需要完成的事项或工作，具体表现为一个动宾词组，比如，"提高人民幸福指数"。在我国政府绩效管理实践中，目标责任制是最基本的制度；但是，在实践中却出现目标责任自上而下"层层加码"的现象。从实践结果来看，下级常常被迫选择"层层注水"，反而导致真实绩效结果"层层减码"。因此，确保绩效目标的明晰、科学和合理，是绩效管理理论研究和管理实践都关注的话题。

2. 绩效指标

绩效指标是用来衡量绩效目标达成的标尺，即通过对绩效指标的具体评价来衡量绩效目标的实现程度。在确定绩效目标之后，一项非常关键的工作就是如何衡量这些目标是否达成。在绩效管理过程中，绩效指标扮演着双重角色：绩效指标在计划阶段常被当作"指挥棒"，主要对管理决策和个人行为产生指引作用；在评价阶段绩效指标被看作"温度计"或"晴雨表"，主要用于衡量实际绩效状况。绩效指标也需要直接面向绩效评价，因此，绩效指标也叫绩效评价指标或绩效考核指标。指标作为衡量绩效目标的单位或方法，是指目标预期达到的指数、规格、标准，因此，在绩效管理实践中，要尽量数量化或等级化。绩效指标的制定还是一项具有较高技术含量的工作，指标设计的指导思想、设计方法、权重分配等都是需要重点关注的内容。

3. 绩效评价标准

绩效评价标准又被称为绩效标准，描述的是绩效指标需要完成到什么程度，反映组织对该绩效指标的绩效期望水平。在绩效管理实践中，人们对绩效标准的理解主要有两种：一种是将绩效标准理解为一个区间值，比如绩效目标"增加财政收入"的一个指标是"全口径财政收入增长率"，这个指标的绩效标准为"7%—8%"；另一种是将绩效标准理解为一个数值，即目标值，比如绩效目标"经济增长率"的指标就是"增长率"，绩效标准就是"6.7%"。通常可以分为基本标准和卓越标准：基本标准是绩效对象在相应绩效指标上应该达到的合格水平，是绩效指标合格的最低标准；卓越绩效标准是引导组织追求卓越绩效而设定的挑战性的绩效标准。在很多时候，很多公共服务人员也常常用最低绩效标准来逃避不断提升公共服务水平的责任，加上文化或伦理建设的局限，组织和个人在绩效标准上博弈常常导致公共服务实绩的不确定性。另外，绩效标准受外部环境的影响很大，一般只有在外部环境发生重大变化时才进行动态调整，否则应该保持标准的相对稳定性。

4. 行动方案

所有的目标、指标和目标值都不会自动完成，都需要专门的行动方案做支撑。在政府绩效管理实践中，行动方案既可以是独立的项目，也可以是日常行动方案。在制订行动方案时，需要注意长期计划和短期计划的平衡，同时也要注意日常活动和独立的战略性行动方案平衡。通常，所有重要指标都需要有专门的行动方案予以支持，比如北京市党委政府为了实现"提升空气质量"的绩效目标，具体的行动方案包括搬迁高污染企业、汽车限行等行动方案，而首钢整体搬迁则是实现该目标的重大项目之一。鉴于公共项目在现代绩效管理体系中越来越重要，本书认为，政府绩效管理领域应该有专门的研究。另外，各种行动方案还需要有关联预算、审计和责任制等内容。

5. 责任制

建立有效的责任制，强化绩效责任，是政府绩效管理系统有效运行的制度保障。首先，要强化责任意识。英国学者拉森和斯图尔特（Ranson and Stewart）在《公共管理》（*Management for the Public Domain*）中写道：对政府进行绩效评价是体现责任的基本要素，如果没有一个有效的工具来对责任做出判断，那么公共组织也就失去了合法性的权威基础。有效的责任制，应该改变传统责任制仅强调服从上级和照章办事的弊端，新型责任制更要坚持以人民为中心，强调通过担当绩效责任来提高人民对政府的信任，即要通过传统的模糊的政治责任转变为公共服务人员明确的对人民负责的新型责任机制。其次，要加强责任制的制度化建设。具体来说，一是建立有效的约束与激励机制。所有的绩效目标或绩效指标，都要保障有相应的责任者，从而建立以绩效"目标"和"结果"为导向的责任制。通过签订责任书明确各级组织的绩效责任，但是，要防止上级组织通过责任制层层规避本应承担的责任。二是强化绩效评价结果的应用。通过将绩效预算与绩效审计制度和绩效评价关联，促进公共部门建立更为广泛的责任制。

二 项目绩效管理

(一) 组织形式

项目制是一种政府运作的特定形式,是指在财政体制的常规分配渠道和规模之外,按照中央政府意图,以专项资金的形式自上而下地进行资源配置的一种制度安排。我国在进行分税制改革之后,随着"两个比重"[①]的逐步提高,各种财政资金开始以"专项"和"项目"的方式向下分配,而且越来越成为主要的财政支出手段。项目制从此以一种新的公共治理模式或新的国家治理体制登上了舞台[②],甚至有学者将项目制提升到了"项目治国"的高度。[③] 另外,随着财政体制改革和国家建设的不断推进,我国正逐渐走向"预算国家"[④],这种趋势必将进一步强化项目制在公共治理实践中的地位和作用。

实践中,项目制的推行效果并不像制度设计的初衷那样理想,并且出现了很多问题。根据学者的研究,归纳起来,主要问题大致包括:资源浪费严重,没有实现提升资源使用效率的目标;"寻租"盛行,没有实现减少资源分配不均目标;程序设计复杂,办事效率提升目标不够理想;上级政府的项目专项治理与下级政府综合协同困难;还催生了基层公共组织债务系统风险、公共利益部门化和部门利益个人化等问题。

项目制已经成为我国政府管理实践中的一种重要组织形式。事实上,在美国政府绩效管理实践中,项目绩效是整个政府绩效管理的基础。马克·霍哲认为,建立一个高绩效的政府绩效评价体系可以分为七个步骤:一是鉴别和界定需要评价的公共项目;二是根据组织使命和战略目标准确陈述评价目的,并明确界定所期望达到的结果;三是选择合适的评价指标和确定相应的衡量标准;四是设置绩效结果(需要完成的目标)的具体标准;五是进行持续不断的绩效监控;六是及

---

① "两个比重"是指财政收入占 GDP 的比重和中央财政占全国财政收入的比重。
② 渠敬东:《项目制:一种新的国家治理体制》,《中国社会科学》2012 年第 5 期。
③ 周飞舟:《财政资金的专项化及其问题兼论"项目治国"》,《社会》2012 年第 1 期。
④ 王绍光、马骏:《走向"预算国家"——财政转型与国家建设》,《公共行政评论》2008 年第 1 期。

时（或定期）报告绩效结果（也可以是阶段性的成果）；七是使用绩效信息和评价结果。[①] 从马克·霍哲的研究可以看出，公共项目绩效管理在政府绩效管理体系中是首要步骤，对政府绩效的持续提升具有基础性作用。

（二）绩效改进

项目管理作为一门比较成熟的学科，其管理已经相对科学和规范。项目绩效管理的范式受项目管理的理论和实践影响非常大，因此，与传统绩效管理脱胎于人力资源管理存在一定的差异。早在 20 世纪 80 年代《布莱克维尔政治学百科全书》一书就指出，就新公共管理而言，传统的研究方法已被以经济学为基础的研究方法所取代。因此，尹贻林等借鉴了管理学和经济学两种范式，来探索项目管理绩效改善方法和路径，其改善方法体系如图 1-3 所示。

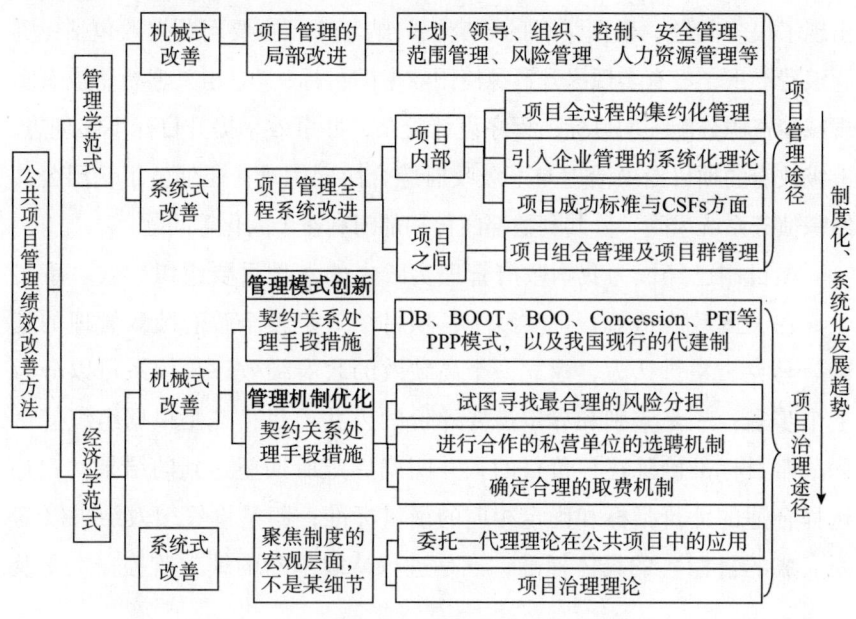

图 1-3　公共项目管理绩效的改善方法体系

资料来源：尹贻林、杜亚灵：《基于治理的公共项目管理绩效改善》，科学出版社 2010 年版，第 24 页。

---

① 马克·霍哲：《公共部门业绩评估与改善》，《中国行政管理》2000 年第 3 期。

虽然项目绩效管理研究已经取得了一定的进展，但是，目前仍然没有一种标本兼治的办法来助推公共项目绩效的持续改善，管理实践者需要根据具体情况来选择具体的改善方法或方法组合。公共项目绩效改进通常需要将持续提升项目价值作为明确的目标，以有利于项目绩效的持续改进。通常来讲，项目价值提升需要平衡各重要利益相关者的价值诉求，并通过形成一个价值共识，最终实现各方价值诉求的帕累托最优，提升项目价值如图1－4所示。

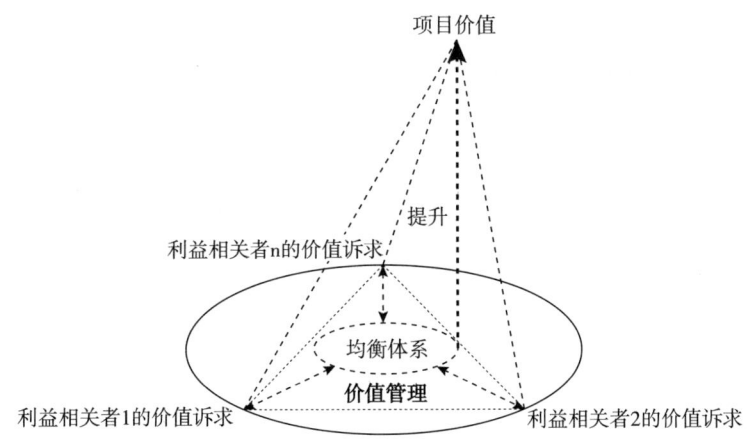

图1－4　提升项目价值

资料来源：根据尹贻林《工程造价》课程的PPT绘制。

但是，在各种利益相关者的博弈之中，必须确定公共利益优先的原则，才有利于公共项目始终以创造公共价值为目标，最终通过项目绩效的持续提升来助推公共战略目标的达成。另外，将项目绩效管理纳入政府绩效管理体系之中，更有利于实现公共项目的目标。

（三）绩效评价

公共项目绩效管理应该坚持完整的绩效管理流程，评价要素也包括绩效目标、指标和绩效标准等内容。但是，在进行项目评价体系的设计时，需要特别注意项目逻辑模型的基础性作用，这应该特别引起高度重视。

通常来讲，项目逻辑模型体现了项目评价的基本思想，也框定了评价体系的主体结构或基本维度；在项目逻辑模型的基础上，再设计评价指标体系和实施评价。项目逻辑模型有助于厘清项目过程及其结果的内在逻辑关系，通常作为项目结构、项目目标及其实现过程的一个可视化管理工具，有助于绩效评价工作更加高效地开展。

不同的项目目的都会导致评价体系设计思想的差异性；而不同的目的又要求设计出更有针对性的逻辑模型。本书介绍詹姆斯·C. 麦克戴维等开发的开放式系统模型，如图 1-5 所示。该模型对项目过程及其关键点都有比较全面的介绍，评价实践者可以根据实际情况的需要进行适当的改进或调整。该模型从需求出发并全面体现项目过程，有利于评价者对项目绩效进行整体性把握。在具体的评价实践中，评价者需要特别注意以下两点：一是从项目中观察而来的结果是不是由项目执行本身所引起；二是这些结果在多大程度上达成预期目标。另外，有利于匡正评价实践者坚守初心和使命，并保持正确的价值导向。比如，公共项目评价体系将项目逻辑模型聚焦在公共需求的满足上，有利于维护公共利益，最大限度创造公共价值。

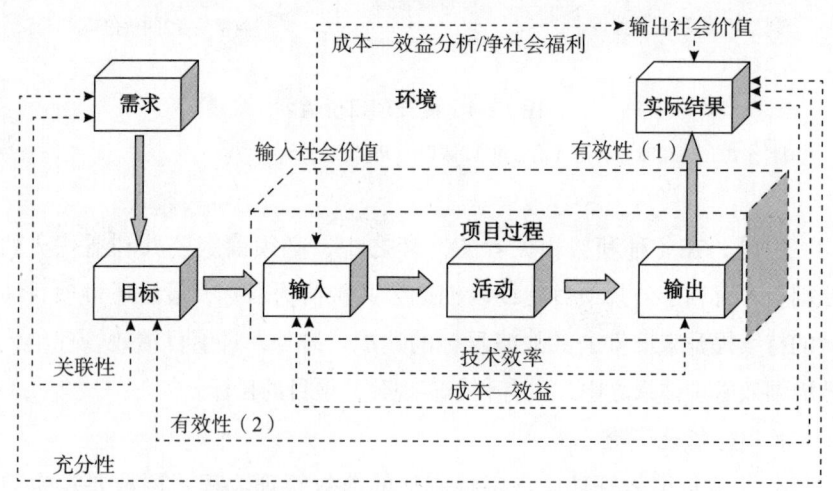

图 1-5　项目及项目评价关键点的开放式系统模型

资料来源：［美］詹姆斯·C. 麦克戴维、劳拉·R. L. 霍索恩：《项目评价与绩效测量：实践入门》，教育科学出版社 2011 年版，第 17 页。

公共项目评价实践中，项目评价体系应该根据评价目的进行具体设计。2002 年，美国总统委员会（President's Management Council）和联邦管理与预算局（Office of Management and Budget，OMB）联合开发了项目等级评价工具（Program Assessing Rating Tool，PART），以实现对公共项目绩效表现进行等级区分，从而采取更有针对性的管理措施。PART 是一套用来评价美国联邦政府项目绩效的调查问卷，具体包括项目目的与设计（Program Purpose and Design）、战略规划（Strategic Planning）、项目管理（Program Management）和项目结果与问责（Program Results and Accountability）四个维度的问题，通过这些问题将项目绩效与预算决策连接起来。

三　财政绩效管理

公共财政始终是有限的，而公共需求水平却在不断提升；所有的公共服务又必须有资金支持，因此财政资金供给与需求之间永远存在矛盾。用有限的资金办更多的事情，同时又致力于政府绩效的持续提升，是公共管理的重要目标之一。目前，绩效预算和绩效审计作为财政绩效的重要内容，已经成为政府绩效管理的重要组成部分。

（一）绩效预算

绩效预算是一个"过程"与"结果"相结合的预算模式。具体来讲，就是首先制订有关的事业计划和工程计划，然后依据政府职能和施政计划制订实施方案，并在成本效益分析的基础上确定实施方案所需费用来编制预算的一种方法。20 世纪 90 年代以来，世界范围内将预算改革的焦点集中在能够有效提高政府行政绩效的绩效预算上。

1. 发展历程

早在 1907 年，纽约市政研究局提供的"改进管理控制计划"就提出加强对已批准项目进行有效管理来提高资源使用效率，绩效预算理念至此开始萌芽。到 20 世纪 30 年代，田纳西河流域管理局和美国农业部采纳了绩效预算，在一定程度上提高了部门运作效率。到 1949 年，胡佛委员会完整地定义了绩效预算。至此，政府绩效预算改革方兴未艾，"效率和效果"等观念开始深入人心，但绩效预算改革并没有取得预期效果。从 20 世纪 60 年代中期开始，计划—项目—预算

（计划项目预算制，PPBS）、零基预算（ZBB）等范式逐渐取代了绩效预算。

20世纪90年代，随着政府绩效管理领域理论和实践发展，以美国、澳大利亚和新西兰为代表的OECD国家纷纷推行了以绩效为基础的新绩效预算。其核心是将政府预算与政府绩效管理体系有机结合，强调以政府的中长期战略规划和政府整体目标为导向，用绩效目标作为约束手段，在强化绩效责任的基础上赋予中低层管理者自由使用预算资金的权利，在预算制度中，实现了政策（目标和结果）与管理（产出和激励）的有机融合。从OECD国家推行新绩效预算的实践来看，新绩效预算在有效地促进政府改革、制止财政资金浪费、实现财政收支平衡等方面的效果是相当明显的。

我国实行的是"大政府"，公共财政在国家治理中处于基础和支柱地位，但是，财政收支之间的缺口及其结构性矛盾始终如一。进入21世纪以来，为了解决财政资金使用效率和效益低下问题，回应人民群众对"政府的钱花到哪里，效果怎么样"的追问，我国也开始了绩效预算改革。2003年，党的十六届三中全会要求"建立预算绩效评价体系"；2004年，广东省财政厅在全国率先成立绩效评价处，统筹与组织省级财政绩效评价工作；2011年，财政部的预算绩效管理被列入全国政府绩效管理试点范畴；2015年，国家新预算法实施，要求编制预算参考上一年度绩效评价结果。[①]

2. 主要内容

传统的预算仅规定政府支出额、收支平衡与支出分配的常规与程序，但预算作为新的公共支出管理手段，在追求政策产出的同时，也会因预算不当导致预算执行结果无法达到预期效果。但是，我国《预算法》仅仅规定，"各级预算应当遵循统筹兼顾、勤俭节约、量力而行、讲求绩效和收支平衡的原则"，同时还要求对各级政府、部门以及单位的预算执行情况进行绩效评价。除此之外，没有对绩效预算做

---

① 郑方辉、廖逸儿、卢扬帆：《财政绩效评价：理念、体系与实践》，《中国社会科学》2017年第4期。

出具体规定。虽然国务院、财政部等出台了一系列有关绩效预算的规章制度,各地方政府也出台了自己的绩效预算管理办法,但是,仍然缺乏系统性和权威性。① 具体来说,我国绩效预算至少需要关注以下三个方面:

(1) 需要走向法治化。将正式的预算控制约束制度化,解决非正式制度盛行的问题是实施绩效预算改革的前提条件。根据绩效预算改革比较成熟的国家或地区的实践经验,对绩效预算有明确的法律规范几乎是标配。比如,美国国会于 1993 年颁布的《政府绩效与结果法案》(GPRA) 对政府预算管理的评价由投入产出模型转变为目标结果模式,以便合理设定政府财政支出的绩效目标,并对绩效目标进行评价,以便提高预算机关及其工作人员的工作效率和责任心。新西兰通过 1989 年的《公共财政法案》把公共部门财务管理的重点由投入转向产出和结果;1994 年的《财政责任法案》又进一步细化了有关财政管理责任的原则。

(2) 需要明确改革方向。第一,凝聚改革共识。这需要在全社会推广绩效管理理念、推动各级政府对公共预算的基本问题上达成共识,确定公共责任在预算改革中的导向作用,如图 1 - 6 所示。具体来讲,要明晰如下内容:与投入导向型的传统预算制度不同,绩效预算以结果为导向,以绩效评价为关键,以分权为激励,以监督和责任为约束;即是强调按计划决定预算,按预算计算成本,按成本分析效益,最后根据效益来衡量其业绩,然后按业绩确定责任履行情况。绩效预算还需要与政府长期目标结合,重视长期绩效和短期绩效的平衡。我国目前主要执行年度预算模式,这对跨年项目或长期规划存在局限。第二,稳定推进改革。预算绩效管理改革是一项长期工作,要统筹考虑,逐步推进。《财政部关于推进预算绩效管理的指导意见》(财预〔2011〕416 号)明确指出,要积极试点,并稳步推进,"优先选择重点民生支出和社会公益性较强的项目"。第三,实现相关制度

---

① 蒋悟真、李其成、郭创拓:《绩效预算:基于善治的预算治理》,《当代财经》2017 年第 1 期。

的协同改革。从宏观上讲，绩效预算的实施离不开相关配套制度的保障以及与非正式制度的协同。虽然绩效预算治理已经是我国预算治理现代化的必由之路，但与绩效预算改革密切相关的中长期财政规划管理、权责发生制的政府财务报告制度以及绩效审计等制度还未建立健全。因此，绩效预算制度的完善并得以有效执行，还有很长的路要走。

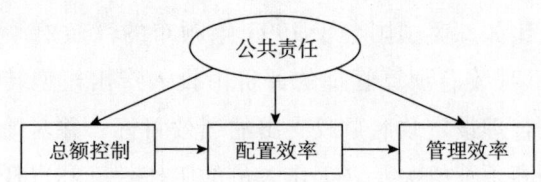

图1-6　公共预算的基本问题

资料来源：马俊：《中国公共预算改革：理性化与民主化》，中央编译出版社2005年版，第315页。

（3）强化体系建设。预算就是组织内部资源配置的货币化体现，是组织战略与日常运行的有效管理手段，做好绩效预算，是将政府战略转化为具体的公共服务行为的具体手段。绩效预算强调运用战略计划来引导资金配置，进行总额控制，因此，需要将绩效目标与预算控制总额联动起来，由传统的外部控制和内部控制向管理责任模式转型，引导政府资源配置绩效的持续提升。绩效预算体系建设还需要强化各预算单位对结果负责，重点强调通过预算实现的结果和产出；需要阳光透明，保障各利益相关者获得预算结果、成本等相关信息；并通过强化沟通和绩效改进，强化预算的有效执行，推动预期目标顺利实现。从操作层面讲，体系建设还需要特别注意以下两个方面的内容：第一，需要注意绩效管理体系的建设和完善，比如建立绩效目标体系和绩效指标体系，确定绩效评价标准等；第二，需要为那些跨区域、跨职能部门的重大战略提供充足的资金保障，从而确保所有重要的战略行动方案都有相应的预算支持。

(二) 绩效审计

通常来讲，政府绩效审计是国家审计机关对政府机构、公共投资项目和公共资源的经济性、效率性、效果性及资金使用效益进行审计评价的活动。绩效审计的发展程度已经成为衡量一个国家的政府审计是否走向现代化的标志之一。

1. 发展历程

20世纪70年代以来，绩效审计在西方发达国家不断得到重视与发展，其理论研究也达到了较高的水平，取得了一系列成果。1977年，最高审计机关国际组织在《利马宣言》正式提出绩效审计，即对政府工作的绩效、效果、经济性和效率进行的审计。可以说，绩效审计在西方发达国家不断得到重视与发展，绩效审计已逐步成为国家审计的主要发展趋势。

（1）美国绩效审计的发展历程。1972年，美国会计总署发布《政府的机构、计划项目、活动和职责的审计准则》（以下简称《政府审计准则》）黄皮书，标志着绩效审计作为公共管理活动的一个行之有效的工具正式登上历史舞台。1994年修订的《政府审计准则》规定，绩效审计就是客观地、系统地检查证据，通过对政府组织、项目、活动和功能进行独立的评价，以便为改善公共责任，并为采用纠正措施的有关各方进行决策以及实施监督提供信息。2003年新修订的《政府审计准则》规定，基于客观的评价标准以及提供一个预期的焦点或在一些最佳实践中或交叉问题上合成信息的评价，为了对一个项目的绩效和管理做出独立的评价，绩效审计需要做一种客观的、系统的证据检查，为项目更好地运作、实施监督所采取纠正措施的有关各方进行决策和改善公共责任性提供信息。绩效审计围绕着一系列的目标进行，包括评价项目的效果性目标；经济性和效率性目标；内部控制目标；与法律或其他条款符合的目标；提供预期分析、引导或简要信息的目标等。经过持续改革，美国的政府绩效审计在实践中出现了顾客导向审计模式。

（2）英国绩效审计的发展历程。1979年，在雷纳评审和建立部长管理信息系统的基础上，英国政府开始了政府改革；并于1982年5

月颁布了《财务管理改革方案》（Financial Management Initiative，FMI），该方案的主要内容包括明确和量化考核指标、改革行政管理体制、分解职能、划分责任和成本中心等。1983年出台的《英国国家审计法》规定审计长可以对政府部门和其他相关组织使用公共资源的经济性、效率性和效果性进行检查后，英国审计署为开展绩效审计，相继颁布了《绩效审计专业原则规范》《绩效审计手册》《绩效审计指南》《绩效审计抽样指南》等准则和指引，对绩效审计的专业胜任能力、公正性、严密性、客观性、独立性、增值性、坚定性及责任性做出了规定，并对开展绩效审计如何进行审计准备、怎样实施审计和进行跟踪检查、如何进行绩效审计的质量控制提出了指导性的意见。

（3）我国绩效审计的发展历程。相比而言，我国对绩效审计的理论研究尚处于初步探索阶段。我国自1983年建立社会主义审计制度以来，政府审计工作取得了重大成就，对于促进财政财务收支的合法合规、打击贪污腐败、抑制奢侈浪费、明确政府责任、促进国民经济稳定健康发展等都起到了积极的作用。政府绩效审计作为政府审计发展的高级阶段，这要求将我国政府审计工作的重点转到政府绩效审计中来；2005年，绩效审计在探索中继续发展，并在多个领域取得突破，比较典型的有大庆油田审计项目、武钢效益审计项目、三峡库区移民资金效益审计等；《审计署2008年至2012年审计工作发展规划》指出，要全面推进绩效审计，规定所有的审计项目到2012年都开展绩效审计。近年来，政府绩效审计越发受到党中央和国务院的重视，受此影响，政府绩效审计也确实发挥了很好的作用，但是，在实务工作过程中，我们也还面临很多的问题和困难。

2. 主要内容

虽然我国绩效审计已经取得了一定的进展，但是，仍然存在诸多问题。具体来说，我国绩效审计至少需要关注以下两个方面的内容。

（1）加强法制化建设。绩效审计工作的持续有效开展，必须依赖于法律法规的保驾护航，应该以《中华人民共和国宪法》为基础，完善我国绩效审计相关的法律法规体系。首先，《中华人民共和国审计法》是我国政府绩效审计规章制度的依据，但在必要的情况下，也需要对《中华人民共和国审计法》进行必要修订，使绩效审计工作有法可依。其次，加强制度建设。制定符合我国国情的政府绩效审计准则，使具体的审计工作有详细的指导性文件；并将绩效审计与预算制度建设联动起来，以预算管理体制为基础完善审计体制。

（2）建立健全评价体系。科学的评价体系是绩效审计实践的核心内容。第一，要强化政府的责任意识，通过建立健全政府责任的监督机制，发挥审计部门的监督职能。第二，加强管理流程建设。绩效审计流程包括审计计划、审计准备、审计实施、结果反馈等环节。在计划环节需要明确审计目标和审计责任；准备阶段的主要工作包括审前调查、编制审计实施方案、制订审计通知书等；实施阶段可以分为三个步骤，即收集审计证据、分析评估审计证据并得出审计结论、找出需要改进的地方并初步形成审计建议；反馈阶段要求审计人员在审计证据分析评价的基础上，形成审计结论，按照审计准则的要求编写绩效审计报告，并向相应的机构做出正式的反馈。第三，由于现阶段我国的政府绩效审计刚刚起步，需要建立健全政府绩效审计评价指标体系、科学地设计评价标准、审计结果反馈制度。第四，完善审计体制机制建设。理顺审计部门报告工作的制度，在不改变现有制度设计的情况下做如下改革：审计结果向人大常委会报告，来回应人民的监督；地方审计机关对上一级审计机关负责并报告审计结果，以防止可能出现的行政干扰、"过滤"审计结果的现象发生。

（三）财政绩效

诚如亚当·斯密所言："财政乃庶政之母，有政必有财，财为政之资。"公共财政在公共管理实践中处于基础性地位，为公共服务行为提供资金保障。20世纪70年代，西方国家发生的经济危机使公共财政收入锐减，而政府管理职能扩张带来庞大的政府规模，由此导致财政支出扩大、官僚主义和效率低下等矛盾日益突出。公共财政基于成本—效益或社会费用—效益分析的方法，重点关注财政资金的投入产出的平衡问题；在管理手段上，通过逐渐强化绩效预算和绩效审计来实现相关管理目标。

相关制度规范的不断完善。2011年，财政部出台了《财政支出绩效评价管理暂行办法》；2015年，财政部又出台了《中央部门预算绩效目标管理办法》和《中央对地方专项转移支付绩效目标管理暂行办法》，强调"绩效目标是部门预算安排的重要依据"；并将绩效目标分为中期目标和年度目标，具体细化成产出、效益和满意度三方面的绩效指标。各地方政府也根据这些政策出台了相应的规章制度，比如，广东省制定了《省级部门预算项目支出绩效目标管理规程》，明确了绩效目标申报、审核、下达、调整确认、结果应用等内容。

从管理实践来看，本书认为，作为政府绩效管理的重要组成部分，对财政绩效进行有针对性的管理，将绩效预算和绩效审计制度进行有效整合，并在评价维度上逐渐由传统3E理念向结果导向、人民满意导向为基础的多维评价体系转型，为实现政府绩效水平的整体性提升提供保障机制。但是，财政绩效管理具有强烈的政治因素，只有直面重大的财政矛盾，包括央地财权与事权划分不合理、地方政府乱收乱支、专项转移支付比例过大等问题，将财政绩效置于政府绩效管理系统中，全面深化理论研究和实践探索，才有利于找出真答案，练就真功夫。

四 政策绩效评价

中国行政管理学会课题组认为，公共政策绩效评价作为政府绩效评价体系最重要的内容之一，是指基于结果导向，运用科学的方法、规范的流程、相对统一的指标及标准，对政府公共政策的投入产出进行综合性测量与分析的活动。[①] 基于我国特殊的行政管理体制，更应该重视公共政策绩效评价。

（一）发展历程

1. 国外实践

20世纪90年代以来，一些发达国家相继开展了公共政策绩效评

[①] 贾凌民：《政府公共政策绩效评估研究》，《中国行政管理》2013年第3期。

价工作[①]，其中，日本的政策评价、韩国的制度评价、美国的政策规定绩效分析、法国的公共政策评价具有较强的代表性。

（1）日本的政策评价。政策评价是日本行政改革的核心之一，也是日本政府绩效评价的主要内容。日本于20世纪90年代由地方政府率先引入政策评价制度；1997年12月，桥本龙太郎要求与公共事业有关的六省厅对全部公共事业进行评价，从而拉开了在中央政府实行政策评价的序幕，为在全国实施政策评价打下了基础。2001年1月，日本政府政策评价各府省联络会议通过了《关于政策评价的标准指针》，对政策评价的对象范畴、实施主体、评价视角和评价方式做出具体规定。2002年4月正式实施了《关于行政机关实施政策评价的法律（评价法）》，根据该法案，内阁和政府的各个部门都被要求在其权限范围内实行政策评价。该法案主要包括以下三个方面的内容：一是政府部门必须加强各项政策实施效果的自我评价，主要从必要性、效率性和有效性等方面展开评价；二是各部门要制订年度实施计划和中期计划，并以报告形式公开评价结果；三是总务省要对政府各部门政策进行综合评价，以确保政策评价的统一性和客观性。总务省和政府各部门是政策评价的实施主体，每年需要向国会提交年度政策评价报告书，并向社会公众发布。

（2）韩国的制度评价。由于政府绩效侧重于对政策和项目效率及效益的评价没有取得预期效果，金大中政府于1999年改革传统政府绩效评价制度，将制度评价发展成为绩效评价的重点。2001年，韩国通过了《政策评价框架法案》，对政策评价原则、评价主体、评价类型、评价程序、评价结果的使用和公开等内容做出了明确、详细的规定。2006年4月，韩国政府通过了《政府业务评价基本法》，确立了一体化的绩效评价制度，并将制度评价定义为："监督、分析、评价主要政策的实施及其效果、政府机构和代理机构执行政策的能力、公民对政府提供的公共服务的满意度。"制度评价的内容包括政策评价、

---

① 姚刚：《国外公共政策绩效评估研究与借鉴》，《深圳大学学报》（人文社会科学版）2012年第4期。

政策实施能力评价、服务对象对政府提供的服务和政策实施的满意度的调查三个方面的内容；制度评价的程序包括内部评价、提交讨论、评价后整改和评价结果使用四个环节。韩国政府的绩效评价工作由政府绩效评价委员会统筹开展，委员会由总理和一位民间专家共同主持，成员由相关部长和民间专家组成。政策评价主要在总理办公室的协助下由政策分析和评价委员会的成员来实施。

（3）美国的政策规定绩效分析。在美国《参议院政府事务委员会关于〈政府绩效及成果法案〉的报告》中明确指出：目前，国会的政策制定、支出政策执行以及总体政策因为缺少足够精确的项目目标和充足的项目绩效信息，受到了严重的制约。在《政府绩效与成果法案》实施十年之后，美国政府于2003年9月正式颁布了《政策规定绩效分析》文件，该文件作为政府绩效评价的一个配套文件，对实施公共政策绩效评价做了系统、全面的规定。另外，美国政府部门在废除或修改已有政策或者制定新政策时应做政策规定绩效分析，尤其要分析政策规定的经济效益。政策规定绩效分析主要包括政策规定的必要性分析、政策规定选择的评价和对公共政策绩效的分析三个方面的内容。评价方法采取以定量为主、定性为辅、定量与定性相结合；基本方法是成本效益分析，通过成本效益分析为决策者选择最大社会净收益的方案提供帮助。政策规定绩效分析的整个过程充分体现了公开透明的原则。

（4）法国的公共政策评价。法国的公共政策评价始于科技政策评价。1985年法国政府颁布法令，规定国家级的科技计划、项目未经政策评价不能启动。1989年5月，法国在政府研究与新技术部下成立了国家研究评价委员会，并通过法律规定了该机构的职能机构、人员组成、评价费用等内容。法国还赋予评价机构一定的特权，以保证公共政策评价的有效性；但是，评价人员都要接受资格认定，并承担评价法律责任。法国有多个机构承担公共政策评价，包括国会、中央和地方行政机关、国家审计法院和地方审计法庭，以及由公务员、民选议员和评价专家组成的大区评价委员会；还于2002年成立了全国评价委员会，负责领导跨部门的评价工作。法国中央部门和地方政府采取不同的评价方式。对中央部门进行公共政策评价，一般由国家级的评价机构组织和实施；对地方政府公共政策的评价，则根据地方人口多少分别采取设立集体评价机构、设评价处、设评价专员等方式进行。评价过程则大体分为前期论证、基础准备、资料收集、资料分析和综合汇总五个阶段。评价方法采取定性与定量相结合的方法，但主要是以定性评价为基础，以定量分析为手段。

2. 经验借鉴及我国实践

通过对发达国家公共政策绩效评价的梳理，可以发现，开展公共政策绩效评价带来的积极意义主要体现在以下几个方面：有利于检验政策的效果、效率、效益，有利于实现政策资源的有效配置，是进行政策调整、提出政策建议的重要依据；既有利于总结经验教训，及时纠正政策失误，也有利于提高决策的科学化和民主化水平，更有利于对公共政策参与人员起到重要的间接监督作用，增强相关人员的责任心，从而提高公共政策的有效性。

我国也开始了公共政策绩效评价，也取得了一定的成绩，比如财政部就推进了财政支出政策绩效评价工作、厦门市思明区对城市外来务工人员子女义务教育政策的绩效进行了评价。[①] 但是，我国公共政策绩效评价实践与实际需求还有较大的差距。我国是实行单一制的中央集权国家，公共政策在公共管理实践中的地位和作用与西方国家相比显得尤其重要，可以说公共政策的科学性和执行效果对政府绩效水平的持续提升具有至关重要的影响。但是，我国公共政策绩效评价仍然处于探索阶段，离成熟和完善还有较大距离。更有甚者，我国还大量存在"以会议落实会议、以文件落实文件"的官僚主义或形式主义，这对公共政策的实际绩效会造成更大的消极影响，导致上热下冷现象屡见不鲜。另外，我国正处于全面深化改革的"大破"和全面依法治国的"大立"相互交织转型时期，各项公共政策的所取得绩效更是应该一项一项地评价。

---

① 思明区案例详细介绍请参见陈天祥等《社会建设与政府绩效评估研究》，东方出版中心2010年版。

（二）价值导向

在管控导向的公共管理模式中，政府对公共政策进行绩效评价的内在需求不迫切。但是，在以人民为中心的服务型政府之中，公共治理成为主要范式，人民的满意度和获得感成为最终的标准；这要求凡是涉及群众切身利益的决策都要充分听取群众意见，对不符合人民利益的政策要建立决策问责和纠错机制。这种由传统"向上看"变为"向下看"的决策逻辑势必导致公共政策绩效评价的价值导向发生彻底改变。

是否创造公共价值既是检验公共政策绩效评价真实性的试金石，也是公共政策绩效评价的出发点与必然归宿。我国很多公共政策的制定和执行都是职能部门，由于部门本位主义导致很多部门利益凌驾于公共利益之上的现象时有发生。如果考察一下产业、教育、住房、医疗和社会保障等领域的政策，不难发现存在部门利益大于公共利益的现象。在全面深化改革的背景下，公共政策绩效评价要成为破除既得利益集团壁垒的有效工具，通过建立科学、规范、全面、可行的公共政策绩效评价机制和制度框架，为政府整体绩效的全面提升保驾护航，从而保障创造公共价值目标的实现。

（三）评价体系

公共政策绩效评价与传统的公共政策评价有一定的差别，虽然研究对象都是公共政策，但却是以绩效评价作为工具的活动过程。因此，公共政策绩效评价既要遵循公共政策本身的规律，也要运用绩效评价最新的研究成果。

1. 理论框架

公共政策是一个国家治国理政的主要手段之一，受一个国家的具体国情影响很大。因此，各国公共政策评价的侧重点都不一样。我国在建立公共政策评价体系时，需要建立起一套适合我国国情的评价理论，并且要用全世界都听得懂的语言来讲述。不讲理论或者理论讲不通，都会对公共政策绩效评价实践产生消极影响。

公共政策绩效评价呼唤理论构建。虽然国际上关于评价的定义、理论和范式等方面仍存在争论，但是，评价理论总体上讲在不断进化①，也逐渐走向共识。我国的公共政策绩效评价又需要特别关注中国场景和回应中国问题，特别应该注重我国公共政策应该符合我国公共组织的初心和使命，即为人民谋幸福或全心全意为人民服务。这为我国评价理论的形成和完善提供了价值指引，但也增加了难度。埃莉诺·奥斯特罗姆（Elinor Ostrom）提出的制度分析与发展框架（Institutional Analysis and Development framework，IAD框架），是一个包括行动情景、行动者、规则、共同体属性、生物物理/物质属性、互动、结果及其评价判断7个要素的复杂系统（见图1-7）。行动舞台（actionarena）是IAD框架的分析焦点，这一行动舞台主要由行动情景（action situation）和行动者（participants）构成。正如邓恩所讲，政策绩效是指"政策行为对目标群体需要、价值和机会的满足程度"。在这个框架中，政策绩效体现为政策与目标之间的互动过程及其结果，评价标准也据此制定。可以说，这个模型为理解如何用制度来解决公共政策所面临的问题与挑战，以及理解制度设计的逻辑，从而为设计适合我国场景的政策绩效评价理论提供理论参考。

在框架确定之后，评价体系设计者可以以此为基础，去分析需要考虑的要素以及这些要素之间可能的关系，从而帮助其诊断存在的问题并规范研究设计。另外，框架还为评价模型和具体路径设计提供了基本安排。通常需要用模型化的办法来简化人们对政策过程及其结果的认知，即通过模型实现在有限的参数和变量之前做出精确的假设，

---

① 美国政策评价专家古贝和林肯（Guba and Lincon）将政策评价理论分为四代：第一代评价理论盛行于19世纪末至20世纪30年代，以测量指定的变量为目的，也称为测量时代；第二代评价理论出现于20世纪30年代，主要是描述某些规定目标，定性指标开始使用，测量仅被当作评价的工具；第三代评价理论发端于1957年并延续至20世纪80年代，评价超越了技术性测量和对目标的描述，更多以判断者的身份出现，因此又称为判断时代。由于"价值中立"观念的失败，同时评价过于强调科学范式和对定量评价工具的过分依赖，从而造成对"人"有关的因素的忽视和定性评价的不足，因此，20世纪80年代发展起来的第四代评价理论，更加重视评价中对不同价值体系存在的差异进行协调，并视为评价工作的关键问题，这就打破了以往评估中管理主义倾向，将评价目标指引向人们共同心理的多维建构。详细论述请参见古贝、林肯《第四代评估》，秦霖、蒋燕玲译，中国人民大学出版社2008年版。

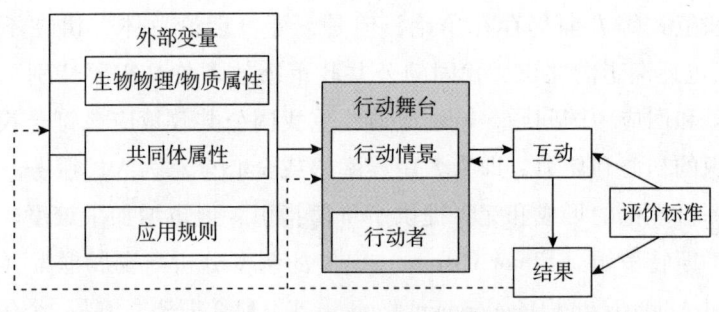

图 1-7 制度分析与发展的框架

资料来源：Ostrom, Elinor, *Understanding Institutional Diversity*, Princeton, NJ: Princeton University Press, 2005：15。

从而为评价的有效开展奠定基础。不同类型公共政策的模型通常需要专门设计，设计过程中通常都需要明确回应评价目标，即通过评价来判断政策干预的效果，因此，模型设计必须能够准确地反映出政策与效果存在因果关系的各项要素，好的研究设计就成为对"干预—效果"进行设计的基础。在设计政策干预效果时，还需要借鉴"间断—均衡"理论，注意政策干预之后真实效果，并对政策执行这个时间断点之后，由公共政策所引起的非连续和剧烈变化因素进行准确评价。

2. 指标体系

评价的目的通常是为了提高政策制定水平，改进公共政策的绩效。公共政策的制定和执行都是一个复杂的过程，并且影响因素众多。评价体系构建是公共政策绩效评价各环节中最重要的工作之一。评价体系包括评价模型及技术路径设计、评价指标体系、评价标准等。

评价指标体系设计是评价体系设计中技术含量最高，也是最为核心的部分。通常来讲，政府绩效评价的指标也为政策评价指标设计提供了借鉴，比如美国《政府绩效与结果法案》提出的投入指标、产出指标、结果指标、效率—成本—收益指标、能力指标、生产力指标等，可以为政策评价指标的具体设计提供参考。政策评价指标必须覆盖公共政策的主要维度。比如早期，萨茨曼认为，政策评价应该包括工作量、绩效、绩效的充分性、效率以及执行过程等维度[1]，后来邓恩提出，需要关注效果、效率、充足性、公平性、回应性和适当性等。[2] 我国也有学者在公共政策绩效评价指标设计上进行了研究，比如陈天祥等对社会建设领域的具体实践进行了探索，吴建南从投入、产出、中期效果和长期结果四个维度提炼出46个四级农业财政支出绩效指标。当然，没有任何一个指标体系是放之四海而皆准的，评价者通常需要根据具体情况进行专门设计。

第三节 政府绩效管理的逻辑

政府绩效管理是一个巨型复杂系统，对其内在逻辑进行探寻，在理论上说，有利于准确把握其内在规律，在实践中有利于更好地指引实践活动。在《经济与社会》中，马克斯·韦伯将人类理性形式分为价值理性和工具理性两种形式。但是，理性的发展走向了形式化和工具化的歧路，出现了工具理性对价值理性的排斥，工具理性进而征服了社会生活的一切领域。[3] 政府绩效管理，一方面作为最有力的管理工具被引入，另一方面又超越了工具理性，成了捍卫价值理性重要形式；可以说政府绩效管理是两种理性形式的充分融合。[4] 但是，人类的行为又是如此的非理性，在绩效管理实践中又需要实现组织理性与个人非理性要求契合，既发挥组织理性方向性和稳定性的优势，又激发个人非理性的创造性和原动力的特长。

一 基本逻辑是什么

（一）两种理性及其相互关系

政府绩效管理两种理性在管理理论和实践中表现出一种什么关系

---

[1] E. A. Suchman, *Evaluation Research*: *Principles and Practice in Public Service and Action Programs*, N. Y.: Ressell Sage Foudation, 1967: 61.
[2] ［美］威廉·邓恩：《公共政策分析导论》，谢明等译，中国人民大学出版社2002年版，第306页。
[3] 张康之：《公共行政：超越工具理性》，《浙江社会科学》2002年第7期。
[4] 卓越：《政府绩效管理概论》，清华大学出版社2007年版，第16页。

呢？这种关系又是如何指引绩效管理理论研究和管理实践发展的呢？回答这两个问题，对理解政府绩效管理内在逻辑非常重要。在政府绩效管理研究和实践中，人们不再追求绝对的工具理性或价值理性了，并且越来越倾向于价值理性与工具理性的有效契合。

了解价值理性和工具理性的内涵是明晰两种理性内在逻辑的基础。韦伯所说的价值理性，是指"通过有意识地对一个特定举止的无条件的固有价值的纯粹信仰，不管是否取得成就"。[1] 价值理性强调目的和价值追求作为理性的最高要求。价值理性在绩效管理实践中常常体现在组织的使命和核心价值观之中，体现组织存在的根本目的以及管理实践中应该坚持的根本价值准则。工具理性，通常是指通过某种工具或技术，为实现特定的功利性目标而追求效率和效果的最大化。工具理性常常以手段和技术的最优化作为最高要求。在以官僚制为代表的现代行政管理中，人变成了官僚体系的一个部分。官僚制的广泛推行，同时科学技术的迅猛发展，进一步加速了社会的工具理性化。

工具理性与价值理性通常不是根本对立的关系。在政府绩效管理实践中，首先，需要价值理性为工具理性提供方向的指引。比如，对公平、公正、民主、责任等价值的追求，强调公共服务导向等，都是政府绩效管理的价值理性。这些价值理性对管理工具和管理技术的使用具有重要的指引和规范作用。其次，离开效率和效果而单纯谈价值理性，就容易走向形式主义。可以说，任何试图避开谈效率和效果的管理行为同样不符合"理性"的要求。两种理性的逻辑关系，是一种相互融合的关系，即"你中有我、我中有你"；绝对的价值理性或绝对的工具理性在管理实践中几乎都是没有的。这两种理性的逻辑关系，与我国传统的太极图蕴含的思想有相通之处，如图1-8所示。管理作为科学，通常强调技术和工具的有效使用；而管理作为艺术，

---

[1] ［德］马克斯·韦伯：《经济与社会》（上卷），阎克文译，商务印书馆1998年版，第56页。

则强调对两种理性融合度的恰到好处的把握①，正可谓"极高明而道中庸"。

图1-8 政府绩效管理的两种理性及其逻辑关系

政府绩效管理既强调绩效目标和管理工具的实效性，又要考虑最终目标和价值需要赋予绩效管理实践的价值及意义。本书认为，价值理性和工具理性在政府绩效管理实践中，需要尽量精准地有效把握两种理性的尺度，即在什么时候要强调价值理性的有效指引，在什么时候要强调工具理性的效率和效果。

（二）两种理性的契合模型

鉴于马克·莫尔的研究，本书主张在创造公共价值视域下，来探讨政府绩效管理理论与管理实践。吴春波认为，企业管理实践应该一切以创造价值为核心，并提出了实现有效激励与约束的"价值创造—价值评价—价值分配"的基本模型②，并以华为管理实践为例，对该模型在管理实践中的应用做了详细的阐释。③ 新公共管理做的有益探索说明，企业管理实践中总结和提炼出来的规律，对政府管理实践也

---

① 在华为的管理实践中，坚持"灰度"管理哲学：不强调"非白即黑"对立思想，而强调"白黑融合"的和合思维，而不走极端。任正非曾经说过："在变革中，任何黑的、白的观点都是容易鼓动人心的，而我们恰恰不需要黑的或白的，我们需要的是灰色的观点，在黑白之间寻求平衡。"

② 吴春波：《一切以创造价值为核心》，《中外管理》2001年第5期。

③ 吴春波：《全力创造价值，科学评价价值，合理分配价值——〈基本法〉辅导报告之二》，《中国人力资源开发》2014年第6期。

有借鉴意义。

为了更好地反映政府绩效管理的基本规律，同时又更好地指导管理实践的有效开展，构建一个管理模型是一种最有效的方式之一。正如明茨伯格所说，好的管理理论应尽量做到最简化，要求"管理至简"。本书认为，这个模型应该在尊重管理规律和满足管理实践要求的基础上尽可能地简单。在借鉴战略管理和绩效管理研究成果和实践经验的基础上，本书提出价值理性和工具理性充分契合的模型。价值逻辑的起点是价值定位，具体包括价值定位、价值创造、价值评价和机制分配等环节；绩效管理实践逻辑则以基于战略导向的绩效计划为起点，具体包括绩效计划、绩效监控、绩效评价和绩效反馈等管理环节。两种逻辑都是一个封闭的环路，从而形成一个良性的进化机制；同时，两种逻辑也体现了价值理性和工具理性的融合，具体如图 1-9 所示。

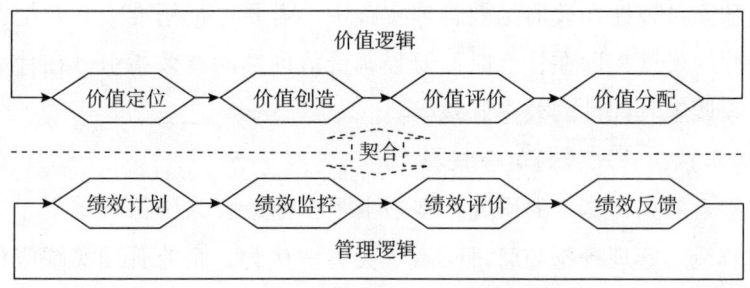

图 1-9　政府绩效管理两种理性的契合模型

价值逻辑作为一种重要的管理理念或管理思想，是组织价值理性的集中体现，同时通过价值链实现组织的价值理性的操作化，也包含工具理性的成分。另外，价值逻辑作为组织各类管理行为的基本逻辑，不仅仅为绩效管理提供指导，其研究领域超越了绩效管理的范畴。价值定位是价值逻辑的起点，也是关键环节。一个组织的根本价值或根本宗旨就在于解决什么样的社会问题，这个需要解决的问题就是组织存在的初心或使命，也是价值定位的逻辑起点。组织的初心和使命，就像指引组织所有成员前进方向的北极星，是人类需要解决重大问题。只有找准真问题，价值定位才具有坚实基础，进而通过真办法，并找到真答案。比如中国共产党致力于"为中国人民谋幸福，为中华民族谋复兴"，这个初心和使命成了激励中国共产党人不断前进的根本动力；也可以说，中国共产党"全心全意为人民服务"的根本宗旨是党各项事业的价值定位逻辑起点。社会主义核心价值观是党和政府为了实现根本宗旨必须遵从的价值准则，也属于价值理性的重要内容；这些准则也可能成为很多公共部门存在的初心和使命，比如公检法部门存在的初心和使命，就是要维护实现社会"公正"和"法治"。明确价值定位之后，就需要组织资源，全力创造价值，用适当的方法或技术科学评价价值，并合理分配价值，激发组织和个人，并约束不符合价值要求的行为，助推价值链实现持续进化，从而向着使命指引的方向不断前行。

管理逻辑作为一个可操作性的管理流程，通过在组织各个层面反复嵌套计划—监控—评价—反馈等管理环节，从而实现组织使命和核心价值观指引作用的操作化，同时将组织的愿景和战略化为组织各个层面的日常行动，主要体现工具理性的一面，但一刻也没有离开价值理性的指引。管理逻辑作为绩效管理体系的基本逻辑，各环节的内涵在本书第二章绩效管理系统模型中有详细论述，同时也是绩效管理实践的重点和核心内容。

二　为谁创造价值

（一）为人民创造价值

战略的本质在于选择。客户价值主张的选择则是企业战略管理的核心环节。有效选择的基础则是明确目标客户到底是谁，只有确定了目标客户，才能明确到底为谁创造价值。马克·莫尔基于创造公共价值构建政府战略理论，也说明了在公共管理领域，确定为谁创造价值同样是公共组织战略管理的核心。政府管理首先需要政府应该摆正"服务员"或"勤务员"的位置，通过坚持外部导向，明确服务对象，明确为谁创造价值。

我国各级政府的初心和使命，都要追溯到党"全心全意为人民服务"的根本宗旨上去。党的十八届五中全会提出"以人民为中心"发展的思想,使党的根本宗旨在新时代更加明晰;该思想充分彰显了坚持人民主体地位的民本思想,并成为指导我国经济社会建设的首要原则。"以人民为中心"的价值定位,也为各级政府创造公共价值指明了方向,即所有公共服务行为的根本目的都应该是为人民创造价值。在现代经济社会中,利益相关者众多,如果存在利益冲突而需要进行利益平衡,为人民创造价值也应该是最终的价值判断准则。以人民为中心的思想相比我国传统的民本思想具有本质的差异,即由官本位转向了民本位。这种战略重心的转移或者调整,对科层制的官僚组织提出了严峻的挑战。

根据钱德勒的"结构跟随战略"的观点,组织战略调整要求组织结果随之调整。[①] 对组织权力结构的全面深化改革,无疑是极其困难的,但是,通过现代技术手段,改变组织信息的传递渠道,使组织更加扁平化和透明化,要真正贯彻执行"以人民为中心"的思想也不是不可能的。基于此,政府组织结构也应该由传统科层制向"以人民为中心"的组织结果转变。在现代企业管理中,以顾客为中心或顾客至上已经成为管理的基本常识,创造顾客价值和使顾客满意已经成为众多成功企业的基本目标。成功的企业通常也基于这种现代管理理念,对其组织结构进行了调整,普遍采纳了以客户为中心的现代组织结构图。[②] 本书借鉴企业管理的相关理论和实践经验,提出公共组织传统官僚制组织结构与以人民为中心的新型组织结构的对比模型,如图1-10所示。

---

① 美国著名管理学家艾尔弗雷德·D.钱德勒(Alfred D. Chandler)的《战略与结构:美国工商企业成长的若干篇章》的基本假设是"结构跟随战略",提出组织设计应该根据战略的调整保持一个动态的调整框架。该书将战略定义为"企业长期基本目标的选择,以及为贯彻这些目标所必须采取的行动方针或资源分配";结构则被定义为"为管理一个企业所采用的组织设计"。战略与结构的关系类似经济基础与上层建筑的关系:战略重点决定着组织结构,战略重点的转移决定着组织结构的调整,组织结构制约着战略重点的实施。详细论述请参见艾尔弗雷德·D.钱德勒《战略与结构:美国工商企业成长的若干篇章》,孟昕译,云南人民出版社2002年版。

② [美]菲利普·科特勒、凯文·莱恩·凯勒:《营销管理》,卢泰宏等译,上海人民出版社2009年版,第142页。

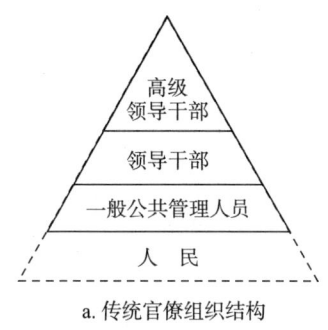 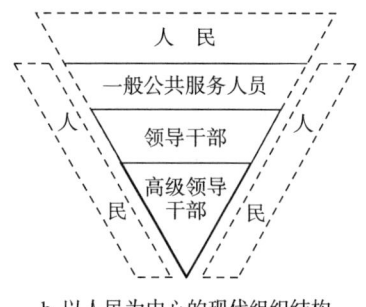

a. 传统官僚组织结构　　　b. 以人民为中心的现代组织结构

图 1-10　传统官僚组织结构与以人民为中心的新型组织结构比较

在传统官僚组织中，政府与人民的关系是管理与被管理的关系，一般公共管理人员行使直接管理职能，各级领导则高高在上；各级公共管理人员通常也是面向上级而背对人民。因此，下面的问题很难反馈上去，而上层领导关照人民的各种措施也很难不折不扣地执行下来。在以人民为中心的新型组织结构中，各级领导都心怀人民，领导层级越高，承担的责任就越大。高层领导要聚集人民的长期需求，有效平衡各类利益，并充分保障人民利益；一般公共服务人员则更侧重于人民的日常需求和近期利益诉求。新型组织要求各级公共服务人员都要倾听人民心声、了解人民疾苦、服务人民利益。新型组织结构要求各级领导干部都确立"以人民为中心"的思想，而不是以下级或上级为中心；这要求各级领导都强调公共服务的最终受益人（人民）买不买账、喜不喜欢，如果人民没有获得感、幸福感和满意度，政府提供的公共服务就失去了意义。

（二）组织与人的共生逻辑

在传统的官僚组织中，各级公共组织的关系是一种委托—代理关系。党和政府的产生方式，都是从基层通过层层委托产生代表，由此产生中央政府。这种委托关系确定了中央的合法性和权威性。各级政府领导则通过层层任命，最终形成了多个层级的官僚组织。在传统官僚组织中，下级对上级负责，只有最高领导人，才对普通百姓负责。这种科层式的官僚组织结构稳定，权责明晰；在社会环境发展演变相对稳定的环境中，这种组织结构运行成本较低，并且效率较高，采用这种组织结构不失为一种理性的选择。但是，随着全球化、信息化、网络化、智能化等趋势的日趋加强，政府管理需要面对越来越不确定的环境，从而使政府绩效管理的复杂性大大加强。政府管理越来越需要直面政府组织系统外部环境的变化，并使政府战略规划能够根据外界环境的变化而保持动态调整，从而使管理行为能敏捷应对人民需求变化。"以人民为中心"的现代政府组织，不仅要求政府组织结构根据战略变化进行组织调整，同时政府与公共服务人员及人民的管理关系也将随之进化，最终形成一种协同的生态系统或价值网。

政府组织是由公共服务人员组成的生命体，也需要根据"人民主体"保持持续进化。在计划经济时代，政府规划了一切。但是，在市场成为资源配置的基本方式，再加上环境的不确定性大大加强的情况下，政府战略也需要根据人民需求的变化而保持适当的弹性。另外，由于生产要素流动性越来越自由，地方政府要保持竞争力，不仅要考虑通过上级政府在资源分配上获得相对的竞争优势，更重要的是通过服务转型，通过为人民提供实实在在的服务来吸引各类资源的聚集，比如杭州在互联网经济中的异军突起、深圳在创新经济和总部经济中保持了较大的优势等，都为各地政府组织进化或转型提供了参考。但是可以说，过去各地取得的成就，更多的是通过在"破"的方面做文章，而未来几十年，政府要获得持续发展，需要在"立"的方面做更多的文章。政府组织要从科层制向更先进的组织模式转型，这是一个漫长的过程。随着组织进化的持续进化，以下三个发展趋势值得引起注意：

第一，虽然科层组织在很长的时间内仍然是最基本的政府组织形式，但是，政府组织同样应该保持持续的进化。组织进化之所以漫长，究其原因，主要是整个组织的思维惯性卡了壳。组织系统越复杂，体量越大，组织惯性就越大，变革阻力就越大，进化的进程也就越长。从企业经营管理经验来看，很多领军企业即使发现了战略机会，也没有把握住以至于功败垂成，组织没有及时进化从而导致偏离航向甚至触礁的案例比比皆是；究其根源，组织惯性导致尾大不掉是重要的原因之一。技术进步导致组织管理范式的进化，在政府管理领域也同样适用；只是政府组织系统更加复杂，利益博弈很是艰难，制约因素繁多，从而导致组织进化的动力可能不足。弗雷德里克·莱卢使用不同颜色来区分组织进化过程，认为青色组织是目前组织最高范式，这种组织形式是一种分布式组织结构。[1] 政府通过引入先进技术来推动组织范式由低级向高级逐渐进化，阻止信息熵增[2]，确保组织健康，从而获取较高的绩效表现。因为党和国家机构设置及职能配置同统筹推进"五位一体"总体布局、协调推进"四个全面"战略布局的要求还不完全适应；同实现国家治理体系和治理能力现代化的要求还不完全适应，党的十九届三中全会以"党和国家"的名义推进机构改革，这为我国政府组织的持续进化提供了政策保障和变革动力。

第二，政府组织与公共服务人员的关系更加强调赋能。现代公共组织普遍强调将权力关进笼子里，个人选择从事公共事业由原来的权力动机转化为公共服务动机驱动。另外，个人对组织的依附程度逐渐降低。但是，政府要实现为人民服务的使命，对高素质人才的依赖性却越来越强。基于此，上级政府对公共服务人员应该逐渐减少控制，并授予其根据人民需求进行自主决策和行动的空间，但是，同时应要求通过绩效信息的开放透明来保证权为民所用；通常来讲，法定权力、专家权力和信息权力的充分授予，明确的责权制度的建立，都有利于帮助公共服务人员建立公共服务的使命感，并充分调动其工作积

---

[1] 弗雷德里克·莱卢（Frederic Laloux）在《重塑组织：进化型组织的创建之道》中，用不同的颜色代表人类社会不同的意识发展阶段，包括强调权力和恐惧的红色意识、强调等级与稳定的琥珀色意识、强调竞争与效率的橙色意识、强调客户价值与共享价值观的绿色意识、代表着一种更加开放的人生观并更加关注内在的影响力与衡量标准的青色意识。每种意识都代表一种组织类型。青色组织表现出来的特质是善于从错误中学习（反脆弱），组织的存在是因为有一个更高的目的或使命，同时组织采取分布式决策来应对快速变化的内外部环境。青色组织之所以能够代表当前最为先进的一种组织范式，主要表现在它能够彻底激活组织与个体的潜能，这表现在三个方面的重大创新：身心的完整、自我管理、进化的使命。详细论述请参见弗雷德里克·莱卢《重塑组织：进化型组织的创建之道》，进化组织研习社译，东方出版社2017年版。

[2] 信息熵也可以说是系统有序化程度的一个度量。从信息传播角度来看，信息熵可以表示信息的价值，即衡量信息价值高低的标准。一个系统越是有序，信息熵就越低；反之，一个系统越是混乱，信息熵就越高。

极性。通过有效赋能，激发公共服务人员和政府组织的潜力。

第三，政府与人民的关系也将逐渐调整。我国政府管理正处于由"划桨"向"掌舵"转型时期。事实上，政府作为"掌舵人"也可能存在不足。在科层官僚组织中，政府经常忙于"掌舵"而忘记谁才是这艘船的主人。① 山东省委书记刘家义在讲话中就痛斥了有些政府部门的官本位作风。② 政府与人民的关系则是一种服务或合作的关系，而不是一种管理或控制的关系。虽然党的根本宗旨对政府的使命进行了明确的描述，法律也确认了人民的主人翁地位，但这种新型关系的完全确立，不是一蹴而就的。

总而言之，在公共服务过程中，各类利益相关者更多的是围绕如何更有效地服务人民而形成的合作关系。在绩效管理过程中，一般通过强调公共价值的定位、创造、评价和分配等过程，来促进公共价值系统的动态发展。通过建立各利益相关者共生的逻辑机制，更能促进各种利益的充分表达，并最终达成共识。

三 如何创造价值

以人民为中心或为人民创造价值，绝不应该仅仅是一种口号，更需要体现在政府管理的日常行动之中，成为所有公共服务行为的价值指引。这要求所有公共服务人员始终都不忘初心，牢记使命，始终将为人民创造价值作为最高价值准则。当前公共价值创造过程中，需要在坚持顶层设计的同时兼顾问题导向，或者说需要在顶层设计与问题导向中寻找一个平衡点，从而更加综合地看到公共价值创造的过程与结果。公共管理实践的本质是"活"，在于如何通过具体的管理活动切实创造公共价值。

---

① 新公共服务是关于公共行政在以公民为中心的治理系统中所扮演的角色的一套理论，详细情况请参见珍妮特·V. 登哈特、罗伯特·B. 登哈特《新公共服务：服务，而不是掌舵》，丁煌译，中国人民大学出版社 2010 年版。

② 有的部门不深入基层、不心系人民，坐在办公室想当然地炮制一些空对空的文件、提出一些指标，不管基层和企业能否办得了、对人民有什么好处、今天一督明天一查、"钦差大臣"满天飞，还要求地方党政领导及相关部门甚至主要领导汇报，安排线路看几个"盆景"，否则就是不重视，一不高兴就对你问责。完整讲话请参见《刘家义在山东省全面展开新旧动能转换重大工程动员大会上的讲话》，2018 年 2 月 22 日。

顶层设计保障指挥棒指引方向的正确性。通过坚持全心全意为人民服务的根本宗旨，强调各项工作"以人民为中心"，从而明确公共服务的根本目的。明晰各项工作的初心和使命，就锚定了各项工作的根本目标。同时，要通过为各级组织设定宏伟愿景，确定实现愿景的阶段性目标。最后，通过完整的计划体系，保障战略目标的顺利实施，同时建立完整的管理流程，确保计划的顺利实施。经过这样一个完整的管理过程，就为公共价值的创造提供了重要基础。

但是，管理实践不仅仅是制订方案，组织实施也非常重要。可以说，战略目标不是设计出来的，而是靠广大公共服务人员脚踏实地实干出来的。这就要求在公共管理实践中，坚持问题导向，通过切实解决人民关心的各种问题，来保障以人民为中心的理念落到实处。在VUCA时代［Volatility（易变性）、Uncertainty（不确定性）、Complexity（复杂性）和Ambiguity（模糊性）］，按照"方案制订—组织实施—结果评价"的线性思想来指导公共价值创造具有局限性，偶发事件的不断涌现使管理实践中坚持问题导向越来越重要。

顶层设计和问题导向落实在绩效管理实践中，通过绘制战略地图，为创造公共价值确定路线图和时间表，并通过完整的绩效管理过程，确保公共服务行为始终围绕初心和使命。同时，通过坚持结果导向的绩效评价，检验各项工作的具体效果。在整个管理过程中，还需要通过建立创造公共价值的价值链。从政府组织外部来看，关键是将公共需求定位为价值链的逻辑提点；从政府组织内部运行来看，则需要确保整个价值创造都以人民为中心，从而确保具体的公共服务行为具有正确的价值指引。总之，通过确保管理实践中坚持工具理性的同时，始终坚守价值理性，从而实现公共价值的有效创造。

第四节　政府绩效管理的挑战

绩效管理几乎是管理者和被管理者普遍都不欢迎的管理实践。对于管理者来说，不做绩效管理，员工责任感松懈可能导致绩效下降；

构建复杂的管理流程，有可能因为管理僵化而复杂导致绩效降低。如何才能建立起绩效持续提升机制，使组织与个人都处于激活状态，是绩效管理的研究者和实践者孜孜以求的目标。从目前情况来看，我国政府绩效管理实践中还存在诸多挑战，需要引起研究者和实践者高度重视。

一 树立战略性绩效管理理念

我国政府绩效管理实践中，过于强调绩效评价而轻视绩效管理是必须面对的重要的挑战之一。事实上，绩效评价仅仅是绩效管理的一个环节。忽视绩效计划、绩效监控、绩效反馈等环节，容易导致绩效评价与绩效管理其他环节脱钩，从而导致为评价而评价、评价流于形式。将绩效计划的重点内容锚定在地方政府重点发展的地方，有利于整个政府系统保持正确的发展方向；绩效计划还是资源配置的计划，失去战略导向的资源配置方案无法保障最终的效率和效果；如果出现资源错配，绩效管理实践会加速整个组织系统朝错误的方向发展，即使发现存在的问题，变更或修正成本也非常高昂。由于绩效监控的缺失可能导致错误的方向没有得到及时修正，或者执行不力的现象没有及时制止。如果仅仅强调事后的评价工作，采取"秋后算账"的方式，常常造成绩效考核的指挥棒作用减弱。另外，评价结果不力可能导致整个绩效管理系统空转。

整个绩效管理系统的设计和运行都要求围绕地方发展战略来开展。绩效管理是化战略为行动的有效工具，绩效管理的战略指引功能贯穿于整个管理流程之中。但是，我国公共管理领域战略管理的研究还相对滞后，政府战略管理与绩效管理的脱节现象非常普遍，这可能导致绩效管理失去正确的方向指引，从而导致建设政府高效协同组织成为空中楼阁，也可能导致政府战略由于没有有效的绩效体系支撑而出现空转的现象，即政府战略难以"落地"。

二 正确处理组织绩效与领导干部绩效的关系

正确处理领导干部个人绩效与政府部门组织绩效关系，对于政府绩效的持续提升具有重要的影响。通常来讲，一个组织的"一把手"对所在组织的绩效具有举足轻重的影响，可以说干部绩效与组织绩效的有效契合是政府绩效管理系统中打通"管事"和"理人"的关键所在。绩效管理的核心是"事"的完成。"事"通常来源于组织战略的分解,这通常是刚性的。但是,领导班子需要制定战略、指明方向,确定组织战略目标,并绘制出战略实现的时间表和路线图。同时,领导班子绩效与组织绩效是一致的,所有的组织绩效目标都需要领导班子成员承担。建立高绩效系统既是激发组织和领导干部的有效管理抓手之一,也是让组织系统内各层次人员保住自己职位,并做出贡献的管理手段。在政府绩效管理实践中,处理好两者的关系核心是政府确立明确的组织理性和干部树立正确的政绩观。

明确的组织理性既是政府建机制、建制度、建监管体系与平台的前提和基础,也是干部树立正确的政绩观的基础。各级政府明晰其初心和使命,厘清其应该遵循的核心价值观,对组织中长期发展目标和战略目标制定起规范和指引作用。领导干部也需要将政府的使命和核心价值观"内化于心、外化于行",为"定战略、搭班子和出结果"等管理活动提供方向指引和基本准则。但是,我国目前政府绩效考核与干部绩效考核的联动性较差,以至于我国政府绩效考核结果对干部绩效考核的影响仍不及预期。

我国实行的是高度中央集权的政治体制,中央政府全面控制了政治、经济、思想等各个领域,中央通过放权或授权的形式,鼓励和促使地方展开竞争;地方领导干部则通过竞争获得晋升机会。这种体制导致我国官员晋升形成了一种"政治锦标赛"的独特现象。[1] 从总体上讲,有学者发现,在领导干部晋升的比较研究中,领导干部个人效应对于地市级领导的晋升预测能力好于城市的经济绩效,并且随着领导干部年龄的上升,个人效应对晋升的影响程度也随之增强。[2] 另外,在干部晋升实践中,对绩效考核结果的重视程度还有待加强。因此,在政府绩效管理实践中,如何将领导干部个人效应与组织绩效管理体

---

[1] 周飞舟:《锦标赛体制》,《社会学研究》2009 年第 3 期。
[2] 姚洋、张牧扬:《官员绩效与晋升锦标赛——来自城市数据的证据》,《经济研究》2013 年第 1 期。

系对接起来，建立领导干部个人发展与组织绩效的提升连接机制，这是政府绩效管理必须面对的一个挑战。

三 建立高绩效工作系统

虽然低效似乎成了政府的代名词，但是，建立"高绩效工作系统"（High Performance Work Systems，HPWS）始终是政府绩效管理理论研究的重点和实践者梦寐以求的目标。通常人们认为，我国社会主义国家性质的最大优势就是能够集中力量办大事，事实上，这一假设是建立在高绩效工作系统之上的；如果失去了这一假设基础，"集中力量办大事"极有可能沦为一句口号。但是，我国高绩效工作系统的建设还面临一系列的挑战。

（一）支持力度不够

作为一项高度复杂的系统性工作，绩效管理需要强有力的组织保障；但是，在政府绩效管理实践中，各项工作受到的支持力度与其要求相比还远远不够。俗话讲，"老大难老大难，老大重视就不难"，这就说明领导班子，特别是最高领导重视程度对绩效管理有极其重要的影响。另外，工作人员的理论水平和工作能力与高度复杂的绩效管理系统的要求相比也存在差距，这常常导致领导战略意图很难贯彻到底。

（二）持续深化党和国家机构改革

组织机构必须随组织战略进行及时调整，我国党和国家机构与新时代国家治理能力和社会发展需求相比，还存在不少问题：一些领域党政机构重叠、职责交叉、权责脱节问题比较突出；一些政府机构设置和职责划分不够科学，职责缺位和效能不高问题凸显，政府职能转变还不到位；一些领域中央和地方机构职能上下"一般粗"，权责划分不尽合理；基层机构设置和权力配置有待完善，组织群众、服务群众能力需要进一步提高。这些问题，亟待通过深化党和国家机构改革，对体制和机构进行调整完善，从根本上加以解决。[①] 变革的困难

[①] 丁薛祥：《深化党和国家机构改革是推进国家治理体系和治理能力现代化的必然要求》，《人民日报》2018 年 3 月 12 日。

之处在于人们通常会抵制变革，需要人们调整长期形成的个人行为模式或已经建立起来的组织行为方式。①深化党和国家机构改革是推进国家治理体系和治理能力现代化的一场深刻变革，要求顺应党和国家事业发展需要、健全完善"优化协同高效"的党和国家管理体制。这场变革应该坚持问题导向，为建立高绩效工作系统奠定坚实的组织基础，同时，绩效管理也可以作为推动组织变革的管理工具。

（三）加强使命管理

公共服务人员的激励方式主要是精神激励，强调奉献精神和强化责任感。公共部门领导不在于树立领导人的魅力，而是通过强化使命管理树立"功成不必在我"的思想，强调所有公共服务人员"不忘初心，牢记使命"，通过践行全心全意为人民服务的宗旨，不断强化公共服务动机，增加对工作责任的承诺度和对工作成就的满意度。但是，建立组织与个人"上下同欲"的管理机制还存在诸多挑战。需要指出，加强使命管理领导干部树立正确的政绩观具有辅助作用。

四　完善绩效评价体系

评价体系是整个绩效管理系统中技术要求最高的环节之一，对整个绩效管理体系的顺利运转起着把关作用。但是，我国政府绩效评价实践中，还存在诸多问题。

（一）构建协同的评价体系

政府绩效评价体系是一个复杂的系统，并且绩效具有多层次、多维度和动态性等特征。建立从组织到个人等各层面绩效评价的协同体系，为打通信息壁垒和促进结果应用、简化评价程序等提供方便。但是，由于政府绩效管理体系是一个巨型复杂系统，要构建协同的绩效评价体系仍具有不小的挑战。

（二）忽视长期绩效

在我国政府绩效评价实践中，由于地方主要领导急功近利的思想，导致其重视任期内短期政绩而牺牲地方或部门的长期利益的现象

---

① ［美］史蒂文·凯尔曼：《发动变革：政府组织再造》，扶松茂译，上海人民出版社2013年版，第3页。

时有发生，也可能出现现任领导与前任规划之间存在博弈或矛盾。另外，短期绩效还可能导致不考虑区域资源禀赋而盲目上项目、建工程，大搞劳民伤财的政绩工程，严重损害了地区或部门的长远利益。

（三）建立科学的目标责任制

目标责任制是我国政府绩效管理实践中的重要制度，但是，建立科学的目标责任制还存在诸多挑战，比如，如何切实坚持"以人民为中心"的价值导向，如何确保各项公共服务责任都有人来担当，如何确保绩效目标具有合理评价指标来衡量，如何克服忽略绩效目标而出现的"唯指标论"现象等。

第二章　政府绩效管理系统

绩效管理系统（Performance Management System，PMS）是绩效管理中围绕组织战略展开的管理过程和活动。由于绩效管理系统的高度复杂性，很多人将绩效管理过程和活动称为绩效"黑箱"。为了更加准确、全面地理解政府绩效管理，掌握政府绩效管理的运行机制，本章通过一个系统模型将政府绩效管理内在逻辑进行诠释和对实施过程提供指引。

第一节　政府绩效管理系统模型

一　模型设计基础

（一）基本特征

通过对政府绩效管理做一个简单的概述，我们已经对政府绩效管理的理论与实践有了初步的认识。鉴于绩效管理实践的限制性因素太多，普通的实践者很难从杂乱的表象中看见绩效管理实践的本质，通常需要借助理论模型的帮助才能做到"去伪存真"和"由表及里"，从而更好地掌握绩效管理的基本规律，助推组织获得持续的绩效成就。

有学者认为，一个成功的模型应该符合真、善、美的标准，真是科学，善是正义，美是艺术。[①] 事实上，一个好的理论模型是真、善、

---

① 李文钊：《政策过程的决策途径：理论基础、演进过程与未来展望》，《甘肃行政学院学报》2017年第6期。

美的平衡,很难同时实现这几个标准。由于实践中受到约束条件很多,往往某些特征掩盖了另外一些特征的光芒,但是,这并不影响实践者对理想模型的追求和探索。

虽然目前还没有一个理想模型为理论界和实践者所普遍接受,但是,也有学者对一个理想系统的特征进行了探索,我们可以通过这些管窥理想模型的基本轮廓。赫尔曼·阿吉斯认为,理想的绩效管理系统应该具有战略一致性、环境一致性、完整性、适用性、有意义性、明确具体性、绩效辨别性、可靠性、有效性、可接受性和公平性、参与性、开放性、可纠正性、标准化和伦理性15项特征,并且认为,虽然鉴于不同的实践约束条件导致现实的绩效管理系统不可能同时具备这些特征,但是,我们可以抛开社会性、制度性和现实性的因素,尽量对现实的绩效管理体系是否具备这些特征做适当的评估,通常这些特征越多,绩效管理体系成功的可能性就越大。[①]方振邦和葛蕾蕾认为,判断绩效管理系统是否科学合理,一般需要从战略一致性、明确性、可接受性、信度和效度五个方面衡量。[②]赵曙明在《绩效管理与评估》一书中,将有效的绩效管理系统的特征归纳为敏感性、可靠性、准确性、可接受性和实用性五个,前三项是技术性特征,后两项是社会性特征;通常在符合科学和法律的前提下,具有技术性特征的管理系统就算是有效的。[③]

要构建一个有效的绩效管理系统模型,本书认为,应该结合绩效管理实践性这一本质特征,根据实际情况,考察必要的基本特征,同时还应该注意以下三点:一是模型应该来源于实践,又要高于实践;二是既是对实践经验的总结,又要能为实践提供理论的指引;三是既要包含绩效管理的基本要素,又要简洁明了,便于掌握。

(二)系统开发

现存的绩效管理系统不一定就适合特定的组织。绩效管理实践者

---

① [美]赫尔曼·阿吉斯:《绩效管理》,刘昕、柴茂昌、孙瑶译,中国人民大学出版社2013年版,第19—22页。
② 方振邦、葛蕾蕾:《政府绩效管理》,中国人民大学出版社2012年版,第15—17页。
③ 赵曙明:《绩效管理与评估》,高等教育出版社2004年版,第36—37页。

很多时候都需要结合自身实际,以某个模型或理论为基础进行管理系统再开发。开发一个有效的绩效管理系统本身就是一个系统工程,其中以下四个方面的问题尤为重要。

1. 重要利益相关者达成共识并深度参与

绩效管理涉及整个组织管理的方方面面,从组织文化、领导风格到管理实践,无一不深刻地影响着绩效管理系统的运行效率和效果。开发有效的绩效管理系统,通常需要在高层领导亲自推动下,由人力资源管理部门和各责任单位的主要领导高度支持并深度参与讨论确定。

2. 诊断组织存在的问题

绩效管理实践应该根据当前绩效管理实践的情况,对组织存在的问题进行全面诊断,并坚持问题导向,设计绩效管理系统。亨德利(Hendry)认为,组织诊断内容包括原因、目标、环境、系统、设计、结果和监测七个方面。一般的组织诊断则是通过追问问题来实现,比如,追问需要做什么(What)、为什么需要(Why)、如何评价(How)等。

3. 设计管理系统

在决策阶段,需要升维考察各种可能的情况,但是,在执行阶段则要降维,搭建封闭的管理控制环路,以便实现"化战略为行动"。在设计绩效管理系统时,首先需要明晰绩效管理系统建立的前提条件,其次通过封闭的管理环路助推组织战略目标的实现。

4. 选择合适的管理工具

一个有效的绩效管理系统通常要选择一个管理工具来作为搭建管理系统的平台。管理工具的选择除要考虑当前我国政府绩效管理实际情况之外,还要考虑实用性、管理成本等因素。目前,我国政府绩效管理系统搭建,普遍采用目标管理,如何充分借鉴关键绩效指标、平衡计分卡、标杆管理以及OKR等管理工具,来完善绩效管理系统的设计,是未来绩效管理系统的重要发展方向之一。

二 典型绩效管理系统模型

从政府绩效管理的本质和运行机制出发,本书结合国内外绩效管理的相关理论和实践发展动态,在明晰政府顶层设计的前提下,构建政府绩效管理系统模型。本书认为,方振邦教授构建的"目的、环节和关键决策模型"简洁高效地回应了绩效管理实践的需要,是指导政府绩效管理研究与实践的相对理想的模型,如图2-1所示。有效的顶层设计确保组织做正确的事情(Do the right things),而明晰绩效管理目的、把握绩效管理环节和做出绩效管理关键决策等管理活动,则主要是把事情做正确(Do things right)。这两个部分共同组成一个有机的绩效管理系统,为绩效管理理论研究者和实践者提供决策参考。

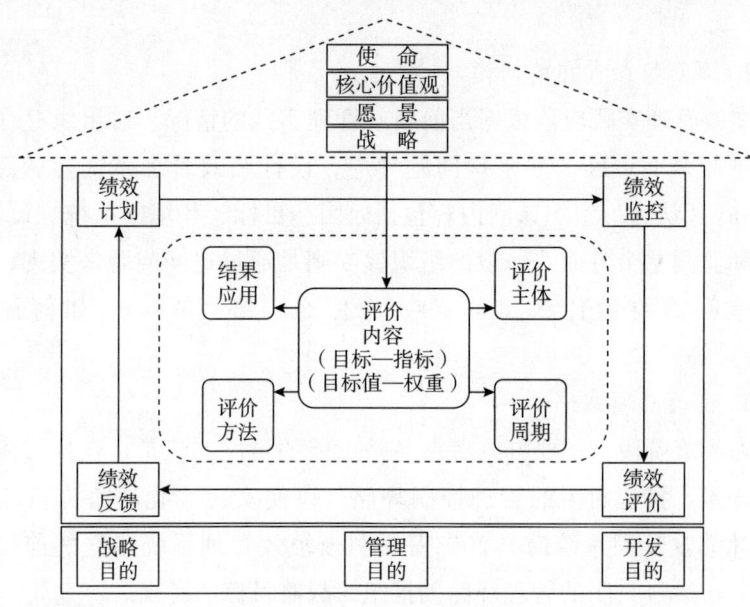

图2-1 绩效管理系统模型

资料来源:方振邦、冉景亮:《绩效管理》,科学出版社2016年版,第10页。

(一) 顶层设计

高效的绩效管理系统是有前提条件的,具体通常包括两个方面:一是顶层设计必须清楚明晰;二是组织设计合理与权责界定明晰。由于政府组织设计与权责界定属于国家统筹推进的事项,一般政府通常需要在现有规定之下做好顶层设计。本书分别从使命、核心价值观、愿景和战略等方面逐一探讨政府顶层设计基本内容,为政府绩效管理系统的科学构建奠定坚实的基础。

1. 使命

使命是组织存在的根本原因，概括了组织为人类所做出的贡献和创造的价值。使命就像是组织远航时的灯塔，指引着组织发展的方向，指导和鼓舞着组织成员不懈努力；也像启明星，是组织永远不可及的追求。虽然使命本身不变化，但是它却可以激发改变；"使命永远不可能完全实现"这一事实，恰恰激励着组织持久地追求。使命可以延续上百年，因此，不能将其和具体的目标、战略混为一谈。目标和战略可以随着组织环境和发展的需要而改变，但是使命却保持不变；目标和战略可以一步一步地实现，但使命却不可能完全实现。

鉴于政府公共性这一本质属性，政府组织的使命归根结底都可以追溯到最大化公众利益之上。但是，在政府系统中，大多数组织栖身于"去功能化"的体系之中，许多组织有多重使命（有时甚至是相互冲突的）；很少直接面对竞争；很少直接承受政府绩效所导致的直接后果；不清楚绩效底线（甚至不进行绩效评价）；很少对公民负责。[1] 因此，不是所有政府的使命陈述都真正回应了公共性这一本质特征。世界银行用政府应当承担的基本职责来界定政府的核心使命。[2] 通常，政府部门应该有明确的使命陈述，典型案例如表2-1所示。

表2-1　　　　　　　　政府组织使命陈述示例

组织名称	使命陈述
美国夏洛特市	了解城市的需要，并为其市民提供高水平的服务
美国土地管理局	为美国现在与将来持续享用健康、丰富多彩和多产的土地资源服务
密歇根州商业局	我们支持并促进建立一种增加商业投资、职位及其保有量、州整体经济竞争力的经济发展环境。我们这样做是为了提高密歇根州人民的生活水平和生活质量

---

[1] ［美］戴维·奥斯本、彼得·普拉斯特里克：《再造政府》，谭功荣、刘霞译，中国人民大学出版社2010年版，第9页。

[2] 世界银行在1997年的世界发展报告中指出，政府的核心使命通常包括五项最基本的责任：确定法律基础；保持一个未被破坏的政策环境，包括保持宏观经济的稳定；投资于基本的社会服务和社会基础设施；保护弱势群体；保护环境。

续表

组织名称	使命陈述
俄勒冈市波特兰警察局	通过与市民合作，保护生命、维护人权、保护财产安全、提升个人责任感和社区认同感，从而保持和改善社区的适居性

资料来源：方振邦、葛蕾蕾：《政府绩效管理》，中国人民大学出版社 2012 年版，第 61 页。

我国政府的使命陈述则根源于党"全心全意为人民服务"的根本宗旨，党的十九大报告明确指出："中国共产党人的初心和使命，就是为中国人民谋幸福，为中华民族谋复兴。这个初心和使命是激励中国共产党人不断前进的根本动力。全党同志一定要永远与人民同呼吸、共命运、心连心，永远把人民对美好生活的向往作为奋斗目标，以永不懈怠的精神状态和一往无前的奋斗姿态，继续朝着实现中华民族伟大复兴的宏伟目标奋勇前进。"我国各级政府的初心和使命，都是对党的初心和使命的践行。因此，我国各级政府进行使命陈述时都需要追根溯源。

2. 核心价值观

核心价值观是一个组织在实现其肩负使命的过程中必须长期坚持的、深层的、根本的信仰和价值准则，也是指引组织决策和组织成员日常行动的永恒原则。核心价值观变动或妥协的机会也极为稀少。核心价值观是促使组织基业长青的根本信条，不能将其与一般的组织文化混为一谈，更不能因为短期利益而自毁立场。核心价值观是一个组织从最高领导到一般人员都普遍信奉的价值观念和理性原则。其主要功能在于引导和激励，虽然核心价值观讲究根据机构使命陈述而应该保有个性特征，但是却不能过于强调差异性和忽视其核心职能。

真正的核心价值观是在组织长期实践过程中沉淀下来的，经受实践考验的价值准则。在分析和提炼核心价值观时，一定要找出组织长期坚持的本质原则，即找出那些长期指导组织实践、规范员工行为的，并且是实实在在的、可见可闻可感的基本信条。由于政府创始人或最高领导人的价值观或个人信仰对政府核心价值观的影响非常大，因此，在阐述核心价值观时，需要从个人层次入手，逐渐上升到组织的层次，通过核心价值观确立组织理性的主体内容。通常核心价值观不宜过于复杂，应该聚焦于组织长期坚持的根本价值准则。比如，美国凤凰城核心价值观包括如下几条：我们致力于服务我们的顾客；我们学习、变革和提高；我们注重团队工作；我们以结果为导向；我们尊重多样性；我们尽我们所能工作；我们用正直之心工作；我们要使凤凰城变得更美好。但是，核心价值观成为组织系统内所有成员"内化于心、外化于行"的准则却是非常困难的，通常需要持续加强管理，以不断地将内化的价值原则变成外化的行动准则。

我国政府组织的核心价值观，从根本上应该追溯到社会主义核心价值观。① 但是，社会主义核心价值观是党从整体上对各级政府应该坚持的价值准则进行规定，各级地方政府和职能部门在公共服务实践中，还需要根据自身实际，凝练出相应的价值准则，比如黑龙江海林市政府根据自身情况确定了"学习创新、艰苦创业、团结务实、民主廉政"十六个字核心价值准则，北京市延庆区则确定了"绿色发展、高端一流、以人为本、开拓创新"等核心价值准则。

3. 愿景

"愿景"一词主要在企业管理中使用，政府很多时候使用"远景"。愿景是组织勾画的发展蓝图和期望实现的中长期目标，是组织内人们"发自内心的意愿"。柯林斯和波勒斯认为，组织的愿景一般包括两个组成部分：一是组织在未来10—30年要实现的胆大包天的目标（Big Hairy Audacious Goals，BHAG）；二是对组织完成胆大包天的目标后的情景的生动描述。胆大包天的目标应该是简洁、可行并且鼓舞人心的，它是组织成员共同努力的目标，是团队精神的催化剂，能够激发所有人的力量，促使组织团结。而生动描述则是用憧憬的语言传达想要展现给世界的形象。美国学者保罗·尼文（Paul Niven）认为，一个清晰的、具有说服力的愿景陈述应该具有"简洁、吸引所

---

① 党的十八大提出，社会主义核心价值观包括三个层面。国家层面：富强、民主、文明、和谐；社会层面：自由、平等、公正、法治；个人层面：爱国、敬业、诚信、友善。

有利益相关者、与使命和价值观保持一致、可验证性、可行性、鼓舞人心"等特征。彼得·圣吉（Peter Senge）指出："如果人们没有愿景，他们所做的一切就是签字画押。其结果就是顺从，从没有承诺。"

通常来讲，组织对愿景的陈述除有一个清晰的、具有说服力的宏伟目标之外，通常还包括三个关键因素：挑战性目标、定位和时间期限，比如美国肯尼迪政府空间计划（1961年）的愿景陈述是："在20世纪60年代结束之前，实现登陆月球，并安全返回地球。"其中，挑战性目标是"实现登陆月球并安全返回地球"，定位（领域）是"航空航天事业探月工程"，时间期限是"在20世纪60年代结束之前"。又如东莞市科学技术博物馆（2009年）的愿景陈述是："到2015年，成为国内一流、国际知名的（专题）科技馆。"其中，挑战性目标是"国内一流、国际知名"，定位（领域）是"专题科技馆"，时间期限是"到2015年"。

政府机构或非营利组织也需要有明晰的愿景。政府组织一般通过中长期规划来确定国家和地方发展的宏伟目标。作为世界上少数实行战略规划的国家，党和国家在"愿景"上着力也是非常多的，并且也取得了良好的效果，比如邓小平提出的"三步走"战略①，以及习近平提出的"中国梦""两个一百年"、新时代"两步走"等重要思想。② 这些都是国家层面提出的中长期目标，为党和各级政府制定具

---

① 1987年10月，党的十三大提出的中国经济建设分三步走的总体战略部署：第一步目标，1981—1990年实现国民生产总值比1980年翻一番，解决人民的温饱问题，这在20世纪80年代末已基本实现；第二步目标，1991年到20世纪末国民生产总值再增长一倍，人民生活达到小康水平；第三步目标，到21世纪中叶人民生活比较富裕，基本实现现代化，人均国民生产总值达到中等发达国家水平，人民过上比较富裕的生活。

② "中国梦"就是实现中华民族伟大复兴，就是中华民族近代以来最伟大的梦想；中国梦归根结底是人民的梦，必须紧紧依靠人民来实现，必须不断为人民造福。"中国梦"的核心目标也可以概括为"两个一百年"的目标。"两个一百年"奋斗目标：第一个一百年，是到中国共产党成立100年时（2021年）全面建成小康社会；第二个一百年，是到新中国成立100年时（2049年）把我国建设成为富强、民主、文明、和谐、美丽的社会主义现代化强国。党的十九大报告清晰地擘画全面建成社会主义现代化强国的时间表、路线图：在2020年全面建成小康社会、实现第一个百年奋斗目标的基础上，再奋斗15年，在2035年基本实现社会主义现代化；从2035年到21世纪中叶，在基本实现现代化的基础上，再奋斗15年，把我国建成富强、民主、文明、和谐、美丽的社会主义现代化强国。

体的发展战略绘制了一幅幅理想的蓝图。中央还要求"一张蓝图绘到底,一以贯之抓落实,上下一心,久久为功"。各级地方政府通常也根据国家规划,制定地方的中长期规划,描绘地方发展的蓝图。

4. 战略

战略无疑是管理实践中最让人费解的概念之一,很多学者都对其进行了定义。迈克尔·波特主要从竞争战略层面来探讨战略,他将战略分为三个层次:一是定位,即战略就是一种独特、有利的定位,关系到各种不同的运营活动;二是抉择,即在市场竞争中做出取舍;三是配置,即在组织的各项运营活动之间建立一种有效的联系。亨利·明茨伯格用"5P"来定义战略,即计划(Plan)、计策(Policy)、模式(Pattern)、定位(Position)和观念(Perspective),并且战略通常是这五种模式的折中。[1] 虽然我们可以从多个维度来理解战略,但是,一个完整的战略定义不仅要回答"战略是什么",明晰组织期望达成的最终成果;还应指出"如何实现战略",对实现成果的驱动因素进行系统阐述。具体来讲,一个好的战略表述应包含目标(战略要达到的最终结果)、优势(组织达到目标所使用的方法)和范围(组织涉及的领域)三个基本要素。[2] 可以说,战略表述不仅要明确阐述组织制胜之形,更要让重要利益相关者明白"制胜之形"的内在逻辑。

本书认为,战略制定本质上是一种假设,是关于为或不为的选择;是组织使命、核心价值观和愿景的可视化蓝图及逻辑表现。一个组织做出战略选择通常是在组织使命和核心价值观的指引下,基于愿景的具体陈述,然后通过系统分析来审视内外部环境,明确组织获得竞争优势的各种因素及其相互影响,结合组织当前具体情况而做出重要选择。在进行战略分析时,通常都是从回顾组织使命、核心价值观开始,然后在系统的环节分析的基础上,对组织愿景进行分解并制定出具体的战略目标。保罗·尼文提出了一种制定战略基本流程包括从

---

[1] [加拿大]亨利·明茨伯格:《战略过程:概念、情景、案例》,徐二明等译,中国人民大学出版社2012年版,第5—11页。

[2] 方振邦:《战略性绩效管理》,中国人民大学出版社2014年版,第111—115页。

组织使命和核心价值观开始、实施利益相关者分析、开展 SWOT 分析（见图 2-2）、确认战略主题和制订行动方案五个步骤。

	S：优势 列出优势	W：劣势 列出劣势
O：机会 列出机会	SO 战略 发挥优势，利用机会	WO 战略 利用机会，克服劣势
T：威胁 列出威胁	ST 战略 利用优势，回避威胁	WT 战略 减小劣势，回避威胁

图 2-2　SWOT 分析矩阵

结合莫尔的创造公共价值范式，政府组织战略是在组织使命和核心价值观的指引下，为实现宏伟愿景而进行的资源配置优先权的制度性安排。由于政府工作是一个巨型复杂系统，并且始终面对有限资源供给和无限需求增长的矛盾，只有科学谋划与合理安排较长一段时间内需集中精力完成的关键任务，才能更好地配置资源，使政府综合绩效表现达到最佳状态。通过科学的战略规划，才能更好地为政府组织期望目标和实现路径绘制路线图及设定时间表。卡普兰曾指出："对于公共部门而言，战略可能是一个不相关的观念，这些机构缺乏长远考虑。它们试图为每个人做任何事情，结果什么事情也没有做。"这也从另一个侧面说明"优先选择"不明确也是政府低绩效的重要原因之一。

我国地方政府在制定战略的时候，还需要有效回应中央与地方关系，并在这一制度安排下有效把握战略的制定和执行。虽然我国在正式制度层面属于中央集权制，但是，随着中央放权改革的推进，这种制度实际运行的时候在组织、运行和规范等方面都发生了变化。郑永年将我国中央与地方的关系称为"行为联邦制"，认为调节中央与地方关系主要通过"强制、谈判和互惠"等机制进行。[1] 而中央与地方

---

[1] 关于"行为联邦制"的详细论述请参见郑永年《中国的"行为联邦制"：中央—地方关系的变革与动力》，东方出版社 2013 年版。

关系中的种种怪现象的根源在于，国家权力既缺乏中央性，也缺乏人民性，即既缺乏集中性，也缺乏民主性。① 根据"战略决定结构"的理论，为人民创造价值的战略逻辑转型通常会导致组织结构围绕这一核心进行再造；根据结构—行为—绩效分析模型，国家这种权力结构和府际关系与政府绩效表现具有因果关系。因此，如何实现在加强国家权力的中央性和人民性的同时，设计出中央与地方积极性都充分调动的激励相容机制，进而提升政府绩效，就成为全面深化改革的重要目标。这种制度安排体现在地方战略制定过程中，需要在上级政府战略规划的前提下，自主制定本级政府战略规划；整个战略过程是一种合作关系，既要体现上级政府的掌控力，又要激发下级政府的内在动力。

另外，根据达韦尼在《超强竞争：管理战略操纵动力学》中所表述的观点，当竞争对手效仿优势或以谋略战胜优势时，优势便会消失。因此，一个组织想保持持续的竞争优势变得越来越困难。② 达韦尼的研究表明，竞争主体通常会通过创造一系列的短期优势以夺取竞争的主动权。在我国政府管理实践中，地方政府主官之间的"绩效与晋升锦标赛"制度可能导致官员个人绩效与组织绩效产生冲突，即官员个人绩效的短期导向与政府组织长期导向存在矛盾，这无疑增加了政府改革的复杂性和难度值。

我国政府战略管理的理论研究虽然比较滞后，但是，战略规划实践却由来已久。我国政府战略是在中长期发展规划基础上，通过制定各类"发展规划"来具体实现政府战略目标，各级政府通常都会制定"经济与社会发展五年规划"，比如《中华人民共和国国民经济和社会发展第十三个五年规划纲要》，也会制定各种专项规划，比如《京津冀协同发展规划纲要》《人力资源和社会保障事业发展"十三五"规划纲要》（人力资源和社会保障部）等。各级政府和职能部门就可

---

① ［新加坡］郑永年：《中国模式：经验与困局》，浙江人民出版社 2010 年版，第 118 页。

② 该观点请参见 Richard A. D'Aveni, *Hyper-Competition: Managing the Dynamics of Strategic Maneuvering*, Hanover: Simon and Schuster, 1994。

以根据这些战略规划，制订年度计划和重大项目，从而为构建绩效管理体系确定逻辑起点和基本依据。

（二）绩效管理的目的

虽然系统完整的顶层设计为绩效管理系统的构建奠定了基础条件，但是，绩效管理的本质是要通过激发员工的潜力来实现组织战略，让组织与人都处于一种激活状态，从而实现组织与人的合作与共赢。通常，绩效管理体系设计的第一步，就是明确绩效管理存在的价值与意义，即分析绩效管理的目的。归纳起来，绩效管理的目的包括战略目的、管理目的和开发目的三个目的，只有"三个目的"同时实现，才能确保组织绩效管理活动的科学性、有效性和合理性。

1. 战略目的

组织顶层设计必须通过绩效管理系统才能转化为具体的行动。具体来说，组织战略只有通过对组织、部门和个人各个层面的绩效进行科学规范的管理，才能转化为具体的日常行动。在绩效管理系统设计过程中，需通过选用适合的管理工具来搭建绩效管理系统平台，将组织、部门和个人多个层面的绩效紧密地联系在一起，在促进个人绩效提高的同时，保障组织整体绩效的提升，从而实现组织战略目标。因此，明确绩效管理的战略目的，有利于为绩效管理系统提供正确的方向，为各层面绩效的协同提供标准。

2. 管理目的

有效的绩效管理系统是各项管理决策的基础和重要依据。但是，绩效管理现实却是管理者爱之深也恨之切的管理环节，管理效果也不尽如人意，甚至有人将业绩不佳归罪于绩效管理行为本身。虽然从理论上讲，绩效管理活动有利于组织目标的实现，但是，要真正实现这一目标却非易事，需要设计出科学、规范和有效的管理系统，才能确保预期绩效目标的顺利实现。

3. 开发目的

一个有效的战略性绩效管理系统应该将个人的工作活动与组织的战略目标联系在一起。较高的绩效目标本身就有一定的激励功能；另外，领导者需要通过绩效沟通、绩效辅导和结果反馈等管理活动，找出导致这种绩效不佳的原因，比如技能缺陷、动力不足或某些外在的障碍等，并针对问题采取措施，制订相应的绩效改进计划，必要时通过培训与开发帮助员工来实现绩效水平的持续提升。

（三）绩效管理的环节

有效的管理必须形成封闭的控制环路，在绩效管理实践中，体现为严格遵循绩效计划、绩效监控、绩效评价和绩效反馈四个环节的完整性和连续性，切忌仅重视绩效评价而轻视其他环节。

1. 绩效计划

"凡事预则立，不预则废"，即科学的计划是实现目标的必要条件。在不确定性越来越强的时代，具有前瞻性和洞见性的计划显得越发重要。绩效计划（Performance Planning）作为战略性绩效管理系统闭循环中的第一个环节，是指当新的绩效周期开始时，领导者和下属依据组织的战略规划和年度工作计划，通过绩效计划面谈，共同确定组织、部门以及个人的工作任务，并签订绩效目标责任书的过程。绩效计划是组织战略目标有效分解的过程，同时也是对组织工作内容和职责有效回应的过程。绩效计划具体制定过程要求面向所有绩效管理环节，内容尽量做到系统、全面和规范，否则方向错误会导致资源错配，将引起一系列的副作用，即使发现问题并且对计划进行必要的修正，变更的成本也会随着时间的推移越来越大。

2. 绩效监控

计划不会自动实现，适当的监控通常是必要条件。绩效监控（Performance Monitoring）是绩效管理的第二个重要环节，也是整个绩效周期中历时最长的环节，是指在绩效计划实施过程中，领导者与下属通过持续的绩效沟通，采取有效的监控方式，对各级人员的行为及绩效目标的实施情况进行监控，并提供必要的工作指导与工作支持的过程。在监控过程中，领导者需要通过绩效沟通和绩效辅导，发现潜在的问题或者克服各种障碍，提供必要的帮助和支持，助推员工和组织预期绩效目标的顺利实现。另外，绩效监控阶段也需要为绩效评价和绩效反馈做好信息准备，为整个绩效管理系统的高效运转提供决策参考。

3. 绩效评价

绩效评价（Performance Appraisal，PA）是绩效管理系统的核心环节，是指根据绩效目标协议书所约定的评价周期和评价标准，由绩效管理主管部门选定的评价主体，采用有效的评价方法，对组织、部门及个人的绩效目标完成情况进行评价的过程。绩效评价环节不仅需要面向绩效管理所有的环节，还是绩效管理五项关键决策集中展现的环节，绩效评价环节对管理技术的要求非常高，领导者需要特别重视。

4. 绩效反馈

绩效反馈（Performance Feedback）是指在绩效评价结束后，领导者与下属通过绩效反馈面谈，将评价结果反馈给下属，并共同分析绩效不佳的方面及其原因、制订绩效改进计划的过程。绩效反馈是绩效管理流程的最后一个环节，但又是制订下一个周期绩效计划的前提和基础，从而使绩效管理系统形成一个螺旋改进的管理环路。绩效反馈环节是实现组织与个人绩效目标和具体行动相互协同的重要环节，对推动员工的工作行为和工作产出与组织目标保持一致具有重要作用，各级领导者应该引起足够的重视。

（四）绩效管理的关键决策

在绩效管理系统中，评价内容、评价主体、评价周期、评价方法以及结果应用等都是不可或缺的要件，本书将其统称为"五项关键决策"。虽然这些决策对绩效管理系统的有效运行具有重要的影响，但是，具体做出这些决策通常会体现在各个管理环节之中。因此，本书将这五项决策融入绩效管理环节中详细论述。

1. 评价内容

评价内容是指"评价什么"，具体指围绕绩效目标而制定的评价指标、指标权重及其目标值等。为了确保组织战略目标的实现，需要在绩效计划过程中，将组织战略目标转化为组织、部门和个人的绩效目标，并对确定每个目标的评价指标、指标权重和目标值等，构建完整的评价体系。评价体系是整个绩效管理的核心内容，是绩效管理的"指挥棒"和"晴雨表"，因此，几乎所有的绩效管理实践者都将评价体系的制定和实施当作绩效管理系统的核心内容。在实践中，通常以某种绩效管理工具为基础来搭建绩效评价体系。

2. 评价主体

评价主体是指由谁来评价，即对评价对象做出评价的人。评价主体通常可以分为内部评价者和外部评价主体两类：内部评价者包括上级、同级、下级；外部评价主体包括立法机关、审计机关、社会公众、大众传媒、专业评估机构等利益相关者。评价主体的选择应该坚持内容与主体匹配原则和知情原则等，确保评价主体做出评价的准确性、客观性和有效性，比如业绩指标上级评价更合适，而态度指标则同级和下级评价信度效度也很高。

3. 评价周期

评价周期是指长时间进行一次正式的绩效评价。评价周期与行业特征、职位职能类型、评价指标、绩效管理实施的时间等因素有关。评价周期的设置应尽量合理，既不宜过长，也不能过短。选择绩效评价周期时不宜一概而论，搞"一刀切"，而应根据管理的实际情况和工作的需要，综合考虑各种相关影响因素，合理选择适当的绩效评价周期。虽然政府绩效周期几乎都执行年度评价，但是，还是要针对具体情况进行适当微调，以便使绩效管理体系设计更有利于政府绩效水平的提升。

4. 评价方法

评价方法是指判断组织、部门和个人等多维度的工作绩效时所使用的具体方法。评价方法通常可以划分为比较法、量表法和描述法三大类；每类方法又细分为若干具体的评价方法。评价方法选择对绩效评价结果的科学性具有重要影响，绩效管理实践者需要结合实践经验不断完善评价方法。当然，具体采用何种评价方法，还需要考虑设计和实施成本问题。比如，行为锚定量表法评价公共服务的"'工作主动性'指标"就比较合适，但这类指标的开发和实施成本都比较高。因此，应权衡各种评价方法的优缺点，加以综合使用，以适应不同发展阶段对政府绩效评价的不同需要。

5. 结果应用

绩效评价结果能否被有效利用关系到整个绩效管理系统的成败。

在政府管理实践中，政府绩效评价结果主要用于以下三个方面：一是根据组织绩效评价结果进行资源配置和优化；二是通过及时反馈，分析绩效差距，制订组织、部门和个人的绩效改进计划，促进工作目标的完成；三是作为人力资源管理各项管理决策的依据，比如培训开发、职位晋升和薪酬福利等。绩效结果的有效应用是绩效管理系统有效运转的保障，是防止绩效管理"空转"现象发生的有力的管理手段。

第二节 政府绩效计划

现代社会处于急剧变化和高度不确定的环境中，政府建立高绩效系统比之前任何时候都要困难，政府比以往任何时候都需要系统化的前瞻性思考，以便对各项工作进行科学安排和有效管理，以便助推顶层设计的顺利落地。绩效计划是绩效管理的第一个环节，也是关键环节；同时，绩效计划也是政府资源配置的指南，为政府各项决策提供决策依据和基本思路。因此，政府绩效计划在整个政府绩效管理过程中具有非常重要的地位。

一　政府绩效计划概述

（一）政府绩效计划的概念

由于政府绩效和政府绩效管理概念的复杂性，所以，要对绩效计划下一个准确的定义非常困难。本书认为，政府及职能部门应在其使命和核心价值观指引下，为实现组织战略目标而在组织各层次展开的有计划的绩效管理活动。

政府绩效计划是指当新的绩效周期开始时，政府或职能部门领导根据本单位的战略规划和年度工作计划，通过绩效计划面谈，共同确定组织、部门和个人的工作任务，并签订绩效目标责任书的过程。对这一定义内涵的理解主要包括三个方面：第一，绩效计划是组织顶层设计落地的方案，战略目标和重要工作都需要通过绩效计划加以落地；第二，绩效是一个充分沟通和协商的过程，双方需要在明晰责、权、利的基础上签订目标责任书；第三，各层面的绩效计划需要相互协同，通常都包括绩效目标、绩效指标、绩效评价标准以及行动方案等主要内容。

按照不同标准，政府绩效计划可以分为不同类型。按组织层次，可分为组织绩效计划、部门绩效计划、个人绩效计划等；按绩效周期，可分为任期绩效计划、年度绩效计划、半年绩效计划、季度绩效计划、月度绩效计划等；根据人员职位，可分为班子成员绩效计划、部门或团队领导绩效计划、一般员工绩效计划等。由于政府绩效管理更多地关注组织层面的绩效表现，因此，政府绩效计划类型通常按照组织层次划分，只是在理解个人绩效计划时，还需要按照不同人员职位不同，进行进一步细分。

(二) 制订绩效计划的原则

绩效计划要保持科学性和规范性，通常需要坚持一些基本原则。第一，战略性原则，即确保绩效计划方向指引的正确性，要求明晰计划的重点、难点和关键点；第二，协同性原则，即确保绩效计划以绩效目标为纽带在纵向和横向上均相互协同，最终形成的全面协同系统；第三，参与性原则，即通过全面沟通，达成广泛共识，促进各级人员对完成绩效目标做出充分的承诺；第四，可行性原则，即计划是寻求达到组织目标的可行方案，既要考虑战略需要，又要切实可行。

从具体操作层面讲，通常还要求遵循SMART原则。SMART原则的具体含义如下：①"S"（Specific）是指绩效目标应该尽可能地细化、具体化；②"M"（Measurable）是指目标要能够衡量，就是可以将员工实际的绩效表现与绩效目标相比较，即应该为绩效目标提供一种可供比较的标准；③"A"（Attainable）是指目标通过努力就能够实现，即做到目标切实可行，使目标能"蹦一蹦，够得着"；④"R"（Relevant）是指绩效目标体系要与组织战略目标相关联，个人绩效目标要与组织绩效目标和部门绩效目标相关联；⑤"T"（Time - based）是指完成目标需要有时间限制。另外，绩效指标的制定同样需要遵循SMART原则。

（三）政府绩效计划的特征

在政府绩效管理系统中，政府绩效计划表现出许多特点，归纳起来，主要体现在以下三个方面。

1. 政府绩效计划的重要性获得持续提升

绩效计划是绩效管理流程的首要环节，后面几个环节都需围绕该环节来展开。通过明确的目标责任书，政府及其职能部门可以制订详细的绩效计划书，并对其中可能遇到的主要障碍制订专门的解决方案，为绩效管理其他环节奠定基础。如果没有明确的计划，绩效管理其他环节就没有依据，也就无从着手。政府绩效计划可以看作一种具有前瞻性的控制手段，引导政府根据绩效计划有效分配组织资源，提高各级人员对绩效目标的认同度和承诺感，从源头上提升管理效果，避免资源的浪费。由于绩效计划的不足，常常造成政府很多战略规划和年度计划没有彻底贯彻执行，因此，为了实现公共服务水平的持续提升，政府需要对各种重要资源进行统筹规划，尽量将组织战略目标分解为可衡量的目标和指标体系，以保证规划的可操作性和可达成性。

2. 政府绩效计划应兼顾战略导向和结果导向

政府绩效计划是政府各类发展规划、年度计划和重大项目的分解和细化，因此，必须确保各个职能部门和各级人员的绩效目标与组织的战略目标协调一致，从而所有人员的工作行为、方式和结果都为组织绩效的持续提升添砖加瓦，从而保障政府战略规划的顺利实现。另外，还要求绩效计划面向评价，并确保绩效评价坚持结果导向，具体来讲，就是在计划阶段就解决好"评价什么""多长时间评价一次"和"如何评价"等问题，为通过绩效计划实施以便达成预期绩效目标奠定基础。

3. 政府绩效计划应注重双向沟通

传统的绩效评价坚持单向目标分解，认为目标责任"上级压下级，层层加码马到成功"，但常常导致"下级哄上级，层层掺水水到渠成"。通常来讲，人们对于亲自参与做出的决策投入程度更大，从而增加了目标的可执行性，也增加了员工对绩效计划的认可度，有利于目标的实现。因此，在政府绩效管理过程中，应该强调绩效计划的双向沟通，然后再制订具体的计划，确定绩效标准，在达成共识之后再签订正式的绩效目标责任书。这样，可以增加责任人对目标的承诺和保障其投入程度，并保障战略目标的顺利实现。

二 政府绩效计划内容

政府绩效计划的主要任务是谋划一个绩效周期内应该"做什么"和"如何做"。"做什么"在绩效计划中具体体现为确定绩效目标、绩效指标和绩效标准等；"如何做"在绩效计划中主要体现为行动方案、预算与责任制等。政府绩效计划的内容与绩效管理的要素是一致的。

（一）政府绩效目标

现在政府管理通常都将实现绩效目标作为首要目的。政府绩效目标是连接组织战略和绩效管理系统的纽带，具体体现为对组织战略目标的分解和细化；也是政府绩效计划的基本要素和关键内容，通常被看作制定绩效指标、绩效评价标准和行动方案的起点和基础。

1. 政府绩效目标的内涵

对政府绩效目标下一个定义，更好地揭示其本质属性，有利于我们对其进行深入理解。有学者将政府绩效目标定义为政府在一定时间内在绩效方面期待实现的可考核的结果，包括经济、效率、效益、质量、回应性、责任性等。[①] 本书认为，不能仅仅在绩效评价视域下看绩效目标的内涵，而且应将绩效管理视为化战略为行动的管理活动，因此，需要在战略语境下来定义绩效目标。在战略规划中，目标表现为任务和环境监测基础上的更加具体的指向。[②] 因此，我们将政府绩效目标定义为政府领导和公共服务人员在政府使命与核心价值观的指引下，通过对愿景和战略进行分解与细化，进而确定的绩效周期内组织、部门和个人的各项工作。虽然在定义上我们更加注重绩效目标对

---

① 卓越：《政府绩效管理概论》，清华大学出版社 2007 年版，第 24 页。
② [美] 欧文·E. 休斯：《公共管理导论》，彭和平等译，中国人民大学出版社 2001 年版，第 178 页。

战略的分解和细化，但是，部门职责和职位职责也是绩效目标的重要来源，在政府绩效管理实践中也务必对此引起高度重视。

目前，政府绩效目标多采用"在什么时间内完成什么目标"的模式表述出来。但是，在政府绩效管理实践中，由于很多工作具有持续性和重复性，以至于没有明确的起止时间，因用"在什么时间内完成什么目标"的模式来表述绩效目标可能不周延，或者很难界定。因此，本书主张政府绩效目标只需指出需要完成的工作即可，即指标行动对象，具体表现为一个动宾词组，比如"提高辖区人民的幸福感"，然后通过专门制定绩效指标和目标值来使绩效目标的内涵更加丰满。

2. 政府绩效目标的分类

对政府绩效目标进行分类，有利于更好地掌握政府绩效管理的概念，也为更好地设定政府绩效目标并为制订绩效计划奠定基础。分类的关键在于分类标准。按照不同的标准可以将政府绩效目标分为不同的类别，其中常见的分类方式有：①按照绩效周期的长短，可以将绩效目标分为短期绩效目标、中期绩效目标和长期绩效目标。②根据绩效目标的来源，可以将绩效目标分为战略性绩效目标和一般绩效目标；战略性绩效目标来源于对组织战略目标的分解，一般绩效目标则是来源于部门职责和职位职责。③按照领域不同，可以分为政治绩效目标、经济绩效目标、社会绩效目标、文化绩效目标和生态绩效目标等类别；在管理实践中，这些领域还可以进一步细分。

在绩效管理实践中，可能还有其他分类方式。比如，以平衡计分卡为基础设计的绩效管理体系，就强调建立横向和纵向都相互协同的目标体系。其中，横向目标可以分为承接目标、分解目标和独有目标，而纵向目标则可分为共享目标、分享目标和独有目标。

3. 政府绩效目标的制定

政府绩效计划的制订，设定绩效目标是关键。政府绩效目标的制定过程中，以下三点应该引起绩效管理实践者高度重视。

（1）搭建制定政府绩效目标的基础平台。第一，建立领导机制。"班子一把手"应该对组织战略目标进行明确的阐释，确保绩效目标体系有坚实的基础；稳定的领导班子也可直接根据愿景和战略，结合组织的年度工作计划，制定组织的绩效目标；部门目标应该在分管领导的指导下制定，在制定部门绩效目标时需要特别注意横向目标和纵向目标的全面系统协同。第二，选择适合的管理工具制定绩效目标体系。政府绩效目标在实践中，常常以目标管理为基础建立绩效目标体系。本书认为，以平衡计分卡为基础设计政府绩效目标体系更能提升目标体系的系统性、协同性。具体包括如下步骤：系统梳理或回顾组织顶层设计，然后绘制战略地图，并确定绩效目标体系。

（2）进行充分的绩效沟通。绩效沟通是提高各级人员对绩效目标的承诺程度和工作参与程度的有力渠道。在绩效目标制定过程中，需要进行充分、平等、全面的绩效沟通。在绩效沟通中，领导者需要统筹协调系统内各级人员的工作内容，提高组织、部门和个人绩效目标的协同性和一致性；尽量避免"拍脑袋"作决策，而制定过高的绩效目标；特别是绩效目标超出下属能力和资源限制时，常常需要上下级齐心协力、共渡难关。一般公共服务人员在绩效沟通中，通过对绩效目标达成共识来强化对目标的承诺和认可，从而强化克服困难的信心和决心。另外，各级领导要清楚，绩效管理不是万能的，不能包治百病，更不能代替一切。因此，不能随便突破政府绩效管理的边界，而提出过高的期望。

（3）确保绩效目标的动态调整。绩效目标是紧跟战略目标的，在战略调整的时候，绩效目标必须进行调整；绩效目标的制定则通常遵循"先建立后完善"的原则。在政府绩效管理实践中，也应该坚持问题导向，保障绩效目标聚焦政府工作的主要问题。这又产生了战略导向和问题导向的平衡问题。至于如何平衡，应该在尊重绩效目标制定的实现性准则，在组织使命和核心价值观的指引下进行调整。

（二）政府绩效指标

绩效目标通常需要用绩效指标才能被观测或衡量。把绩效目标转化为可衡量的指标是绩效计划中具有较高技术含量的工作。

1. 政府绩效指标的概念

绩效指标通常是指通过定量分析方法衡量绩效目标的手段，指衡量或判断绩效目标的实现程度，通常涉及绩效目标的多个方面，如数量、质量、时间和成本等。政府绩效指标也包含不少定性指标,描述公共服务实践的变化。政府绩效指标反映了政府组织对某部门或职位的工作要求,通常还需要赋予相应的目标值和绩效标准。一个科学规范的绩效评价指标体系是绩效计划最重要的内容,对政府绩效管理实践的成功开展具有重要作用。

绩效指标也可以按照不同的标准分为不同的类型,其中常见的分类方式有以下三种。

(1)根据绩效评价内容不同,可分为工作业绩指标和工作态度指标。工作业绩指标是指衡量工作行为所产生结果的指标,直接反映组织绩效目标或战略目标达成情况。工作态度指标是指对工作所持有的评价与行为倾向,包括工作的认真度、责任度、努力程度等;在公共服务过程中,对服务态度进行科学衡量具有重要的意义。

(2)根据测量方式不同,可分为定量指标和定性指标。定量指标是指那些可以以统计数据为基础,把统计数据作为主要评价信息,建立评价数学模型,以数学手段求得评价结果,并以数量表示评价结果的绩效指标。定性指标是指无法直接通过数据计算分析评价内容,需要对评价对象进行客观描述和分析来反映评价结果的指标;这种绩效指标完全依赖于评价者的知识和经验来做出判断和评价,容易受各种主观因素影响。

(3)其他分类方式。在绩效管理实践中,还存在多种分类方式,实践者可以根据实践的需要,选择适合的分类方式。比如,根据评价对象不同,可分为组织绩效指标、部门绩效指标、项目评价指标、个人绩效指标等。实践中,不仅仅按照一种标准进行划分,而是根据需要进行分类,比如,美国国家绩效评价委员会将绩效指标分为投入指标、产出指标、能力指标、结果指标、效益与成本指标和生产力指标六类。还有很多组织将绩效指标分为3E、4E甚至5E等类别。①

---

① 3E指经济性(Economy)指标、效率性(Efficiency)指标和效果性(Effectiveness)指标;4E是指在3E基础上加上公平性(Equity)指标;5E则是在4E基础上再加上环境性(Environment)指标。

2. 政府绩效指标的筛选原则

政府绩效指标必须能够有效衡量绩效目标是否达成，即要求衡量具有较高的信度和效度。如何才能筛选出能够全面、客观、准确地衡量政府绩效实际水平的指标体系呢？通常要求绩效管理实践者坚持以下五项基本原则。

（1）导向性原则。政府绩效评价必须坚持战略导向，始终将创造公共价值作为政府绩效评价的方向指引。通常战略导向不一样，指标选择的重点就不一样。在政府战略转型过程中，评价指标也应该随之进行及时调整。这一原则还要求绩效指标、绩效目标和战略目标具有一致性。总之，需要通过绩效评价，使政府各级人员的服务行为朝着期待的方向努力；了解绩效现状，发现问题，分析差距，并持续改进。同时，在政府绩效评价实践中，还应该减少为评价而评价的行为，即坚持评价必须有利于推动政府绩效水平持续提升。

（2）系统性原则。政府绩效系统是一个巨型复杂系统，各个方面的工作相互影响，有的工作还具有因果关系。这不仅要求所建立的政府绩效评价指标体系具有足够的涵盖面，还应该高度重视绩效指标之间的关系。因此，应该避免将绩效指标看成简单的指标堆砌，而是构建一个有机的绩效指标体系。

（3）可操作性原则。政府绩效指标选择应该简单易行好操作，便于在组织系统内顺利开展。可操作性原则具体要求注意以下六个方面：一是绩效信息的可获得性，信息不可得的指标不能选；二是指标尽量少而精，所选指标反映信息多、能最恰当反映目标工作特点和完成程度，避免形成过于复杂的指标群；三是尽量选择定量指标，减少评价的难度；四是指标有利于在同单位进行比较，从而增加指标适用范围；五是绩效评价时必须有据可依、避免主观随意性；六是确保绩效指标应针对某个特定的绩效目标，并反映相应的绩效标准。

（4）有效性原则。有效性原则是指采用所选指标进行评价时必须有较高的效度，具体指所选的指标必须能够体现政府绩效的本质和主要特征，能够真实地反映评价对象的实际绩效水平。通常可以从内容效度、预测效度、构思效度、聚合效度和效标效度等方面来具体考察政府绩效指标选择的有效性问题。在实践中，提高绩效的可行办法是降低指标的相关性，具体应做到：绩效指标之间的界限应清楚明晰，避免指标含义重复和发生歧义；各个绩效指标必须有独立的内容，有独立的含义和准确的界定。

（5）动态性原则。由于整个社会发展不确定性持续加强，导致政府行为必须随之保持动态调整。因此，作为测度政府公共服务活动的实际绩效水平的指标体系，也应该保持动态调整，确保通过这些指标既能反映服务过程的有效性，又能准确地衡量绩效结果。

3. 政府绩效指标的制定

在设计绩效指标时，存在内部管理和外部评价两种视角。本书主要坚持从内部管理视角来考察政府绩效指标的制定问题。绩效指标设计是一项系统性的工作，要求指标设计者必须系统全面地认识绩效指标，使用科学的方法选择合适的实现路径，并为每一个绩效指标赋予合适的权重。

（1）政府绩效指标的设计方法。本书坚持从强化管理的视角来构建绩效指标体系，即通过简化了的政府绩效指标体系来指引复杂的政府绩效目标体系转变为协同高效公共服务行为，并为准确全面地衡量绩效目标是否达成提供基本依据。作为绩效管理体系中比较复杂的环节之一，通常要求采用科学的方法设计合适的绩效指标。

常见绩效指标的设计方法主要有以下五种：第一，经验总结法。政府绩效指标是一个滚动设计的过程，通常都是在之前的经验基础上进行修正和完善。在实践中，可以召集相关领域的专家总结经验，采用头脑风暴等方法，提炼出绩效目标的衡量指标。第二，问卷调查法。设计者采用开放式或封闭式问卷调查，对绩效指标进行收集和筛选；通常要求问题简洁、直观、易懂。第三，访谈法。设计者与主管领导及相关公共服务人员采用个别访谈法和群体访谈法等方法，通过面对面沟通设计出绩效指标。访谈通常要围绕如何对重点任务和主要职责进行有效衡量展开，访谈气氛应轻松、和谐。第四，工作分析法。在对战略规划、工作计划和部门职责进行分析的基础上，确定职位职责和主要工作任务应该用什么指标来评价，并对不同的绩效指标进行定义。第五，个案研究法。为了从典型个案中推导出普遍规律，设计者对某个部门或个人进行全面系统深入的调查研究，通过综合运用各种方法，最后制定出绩效评价指标体系。

在政府绩效指标初步制定出来之后，还需要进一步分析检验，以使指标体系更具有科学性、合理性和有效性。一般来说，既可以使用隶属度分析和相关性分析来剔除不合适的指标，也可以使用鉴别力分析来判断不同绩效指标的政府绩效指标对真实绩效水平正确反映的程度。在管理实践中，常综合使用多种方法来提高政府绩效指标设计的科学性和有效性。

（2）政府绩效指标的设计过程。在系统掌握绩效指标筛选原则和设计方法的基础上，根据政府绩效目标体系的基本框架，即可明晰政府绩效指标体系的内在逻辑。

明晰设计逻辑是绩效指标体系设计的基础。绩效指标是用以衡量绩效目标的手段，它的设计和组合是以目标为导向的。政府绩效目标由政府、职能部门和公共服务人员等多个层面的绩效目标组成。政府绩效目标通过承接和分解两种方式，最终确保各级公共服务人员都承担相应的目标责任，整个绩效目标框架体系为绩效指标的制定提供了基本依据。基于此，政府绩效指标也主要通过承接和分解两种方式，最终形成多层次、立体化的绩效指标体系。因此可以说，政府绩效指标体系是一个协同指标体系，其内在逻辑由政府绩效目标决定。此外，有些绩效目标是根据自身职能职责确定，通常这部分绩效目标的衡量指标被称为个性化绩效指标，作为绩效指标体系的必要补充。

政府绩效指标体系的制定通常是一个分步实施的过程，并且还应该坚持持续迭代设计思想，确保绩效指标体系得到不断修正和持续完善。具体来讲，政府绩效指标体系的设计过程可以分为以下三个步骤。

第一，确定政府绩效指标设计的整体思路，并从整体性视角制定政府绩效指标，为各层面绩效指标体系的基本结构确定参考标准和确立基本依据。

第二，制定各职能部门的绩效指标。通常，这个环节是整个绩效指标体系制定中最复杂的环节，不仅仅要保障政府绩效指标的有效承接和分解，还要根据职能职责确保各部门之间的指标实现横向协同，确保通过指标考核促进区域整体发展最优化目标的顺利实现。由于职能部门通常还有内设部门，这就导致会形成一个协同的绩效指标矩阵结构。

第三，确保各级组织绩效指标都有责任人。本书认为，政府绩效指标不仅仅应该包括政府和职能部门的绩效指标体系，还应该包括各级公共服务人员的绩效指标，并且要求组织与个人的绩效指标形成一个协同的指标体系，共同支撑政府绩效目标和战略目标的顺利实现。另外，强化政府绩效指标与领导干部实绩考核的协同或契合，是实现组织与个人绩效指标协同的关键环节，也是明晰政府绩效责任的有效措施。

（3）政府绩效指标的权重设计。指标权重设计是政府绩效指标设计的重要内容。绩效指标权重是指在衡量绩效目标的达成情况过程中各项指标的相对重要程度；不同的权重设计对各级公共服务人员的行为具有重要的牵引作用。指标权重设计过程中，需要在关注指标权重影响因素的基础上，采取合理的方法进行设计。

回应政府绩效指标权重影响因素需要注意以下三个方面：一是价值导向决定评价指标权重。比如，以人民为中心的价值导向要求公共服务重视过程评价，因此，政府绩效指标权重分配中应该对服务过程指标分配一定的权重；又如，以经济建设为中心时期，就可能牺牲环境发展经济，而在将生态建设放在重要位置的"美丽中国"视域下，生态绩效指标就可能有更高的权重。二是根据目的倒推确定指标权重。不同的管理目的，赋予绩效指标权重的倾向性也不同，比如，结果导向的思想要求赋予结果性指标分配足够的权重，过程指标必须产生相应的绩效结果；在实际操作中，不一定需要将这种倾向分配到每个指标。第三，在个人绩效指标权重分配中，不同层级的人员或不同工作类型的人员绩效分配也不一样。比如，与一般公务员相比，领导干部的出勤指标的权重就相对较低。

指标权重设计具有较高的技术性，在设计方法上有一定的要求，其中常用的方法包括三种：第一，专家经验判定法。专家经验判定法是专家根据自己的经验和对各项绩效指标重要程度的认识，对各项绩效指标的权重进行分配。这是一种操作简单并且实用的方法，既可以通过召开会议确定权重，也可以根据专家赋值的平均值确定。第二，权值因子判断表法。权值因子判断表法是指使用权值因子判断表来确定指标权重的方法，具体步骤包括：组成评价的专家组；制订绩效指标权值因子判断表；专家填写权值因子判断表；对各位专家所填写的权值因子判断表进行统计；得出绩效指标权重值。第三，层次分析法。层次分析法是一种定性与定量相结合确定的方法，具体通过两两比较得出每个指标相对权重，然后通过判断矩阵进行一致性检验。这种方法一般包括建立树状层次结构模型、确立思维判断定量化的标度、构造判断矩阵、计算权重等步骤。

（三）政府绩效标准

1. 政府绩效标准的概念

政府绩效标准又叫政府绩效评价标准，描述的是绩效指标需要完成到什么程度，反映政府对该绩效指标的期望达到的绩效水平。每个绩效指标都应该设定明确的绩效标准，以便为绩效监控和绩效评价提供判断依据。

绩效标准是上级和下级博弈的重要环节。第一，采取不同的绩效标准，评价结果就不一样。在绩效管理实践中，产出存在最低绩效和优秀绩效两类标准。最低绩效标准是指对某个被评价对象而言必须达到的最低绩效水平。优秀绩效标准是指部分员工付出很大努力才能达到的理想的绩效水平；优秀绩效标准通常只设优秀的基准线，不设上限，以便激发人最大的潜力。采用不同的绩效标准作为基准值设计的绩效管理体系，其思想和操作模式也有很大的不同。第二，政府绩效标准如何保持稳定性和动态性的平衡是一个难点。政府绩效标准既要求通过保持稳定性来维护权威性，又要保持适当的动态性来增加评价体系的适应性，如何拿捏这个度则是一个管理艺术问题。

在绩效管理实践中，绩效标准通常有两种表现形式：第一，一个数值，即目标值。将绩效标准设定为一个具体的数值，有利于形成一个明确的绩效判断标准,比如地方政府GDP的目标值增长为7.2%;在实际设定目标值时应注意在与员工取得共识的基础上,确保有利于组织绩效目标或战略目标的达成。第二,一个区间值。这种方法是设定绩效标准为某个特定的区间,比如"地方基础教育投入"指标的绩效标准为800万—1000万元;等级式的绩效标准本质上也是一个区间值。

2. 政府绩效标准的设定

政府绩效标准是一个滚动设定的过程,通常都是对绩效管理实践中的经验值进行调整和修正来确定的。具体来讲,提高政府绩效标准设定的科学性和规范性,一般包括以下两步。

第一步,分解价值差距。设计者必须明确其确定的绩效标准必须有利于政府短期战略目标或中长期规划的实现,并分析确定战略目标所描述的理想状态与现实绩效水平之间的差距,这个差距我们可以称作价值差距。价值差距通常可以作为确定各项绩效指标的绩效标准的基本依据。比如,我们要实现消灭绝对贫困这一宏大的目标,就需要将现有贫困人数精准分配到每一年来执行,最后确定每年必须达成的数值就是当年政府"脱贫人数"这一指标的绩效标准,而这个过程就是分解价值差距的过程。

第二步,设定政府绩效标准。通常来讲,通过分解价值差距的过程就可以确定某个绩效指标的绩效标准。本书在此主要介绍除根据历年经验值设定政府绩效标准之外的另外两种基本方法。其一,运用标杆法设定绩效标准。这种方法是在设定本单位绩效标准时,以外部标杆为基准值来分析价值差距。使用这种方法是要考虑选定的标杆与本单位的可比性问题,实际情况差距越大,实现最终的目标的时间就越长。其二,运用因果逻辑的方法确定绩效标准。有些绩效目标之间具有因果关系,在设定具有因果关系的各项指标的绩效标准时,需要根据因果逻辑设定系列指标的具体标准。比如,在政府绩效指标体系中,财政预算是扶贫工作的保障性指标,财政预算的数值对精准扶贫的人数有制约作用,因此,在设定绩效标准时,就需要联动考虑这种具有因果关系的指标的绩效标准设定。

(四) 行动方案

1. 行动方案的概念

政府绩效管理通常是在有限的资源配置下实现效益最大化的管理手段。在绩效管理视域下，行动方案是指为了达成政府规定的绩效标准，在规定的时间内对有限的人力、物力资源进行有效配置的公共项目或行动计划。除财政保障性指标之外，所有绩效指标通常都应该制订相应的行动方案。

特别应该注意的是，政府组织层面的绩效指标都是关键绩效指标，这些指标对应的行动方案都是战略性行动方案。战略性行动方案通常都是有时间限制的自主决定的项目或项目集；这些行动方案本身也需要建立完整的绩效管理体系，以确保通过其促进组织目标甚至战略目标的达成。在政府绩效管理实践中，还要区分战略性行动方案与政府及其职能部门的日常工作方案的有效链接，以确保政府各项公共服务行为的系统协同。

2. 行动方案的制订

在政府绩效计划体系中，科学合理的行动方案是确保绩效目标达成的重要管理手段。在具体制订行动方案时，通常应该注意以下三点。

（1）明晰行动方案的目的或使命。制订行动方案的本质是通过科学配置有限的资源以确保组织战略目标的实现。在政府绩效管理实践中，虽然行动方案名目繁多，但是，很多行动方案对政府战略目标的贡献度却并不是都达到了预期目标，甚至出现很多部门为了争夺有限的资源而各自为政或产生恶性竞争。因此，在制订行动方案之前，一定要从整体最优角度考虑资源的有效配置，通过促进行动计划的有效执行来实现各项绩效目标。

（2）确保各项行动方案的系统协同。政府和职能部门领导班子应该通盘谋划各个战略性行动方案的制订，确保都围绕政府战略目标实现相互协同和相互支持的良好局面。另外，行动方案还必须调动公共服务人员的积极性和主动性，通过激发其公共服务动机，从而克服困难并推动目标的实现。

（3）对战略性行动方案实施价值评价。由于战略性行动方案是政府配置资源的指南，但是，人民需求的日益增长并且发展不平衡的现实，要求政府必须对有限资源的配置效率做到精益求精。通常来讲，政府应该对重要的战略性行动方案进行科学、规范、正式的价值评价，以提升行动方案的质量，或者剔除不合理的行动方案并开发新的替代方案。在绩效管理实践中，不仅仅要制订行动方案，还要制订备选方案。行动方案评价需要如下几点：一是行动方案是否有利于绩效目标的达成；二是评价能够得出参评行动方案的分值排序；三是评价过程能平衡政府绩效各利益相关者，有利于开发满意的行动方案。

（五）绩效预算与绩效审计

任何公共服务行为都需要有预算支持，而公共财政资金的每一分钱都要承担相应的责任。虽然目前政府绩效预算和绩效审计的运行具有相对的独立性，但是，将其充分融入政府绩效管理体系之中，不仅有利于更好地发挥两者应有的作用，同时对政府绩效管理体系完善来说更是不可或缺。

1. 绩效预算

绩效预算在西方国家已经是政府绩效管理实践中的重要组成部分。虽然在20世纪60年代，美国的"项目、规划与预算系统"（Programma，Planning and Budgeting System，PPBS）中，绩效预算作为项目预算的一部分被保存下来，但是，20世纪七八十年代都被忽视，直到1993年《政府绩效和成果法案》（Government Performance and Results Act，GPRA）颁布之后，绩效预算再次成为美国政府改革潮头。

（1）政府绩效预算的概念。绩效预算目前还没有一个公认的定义。OECD从宽泛和严格两个方面对绩效预算进行了定义，从宽泛角度来讲，"任何一种表达'特定政府机构所得到的拨款做了哪些事情或希望做哪些事'等信息的预算"；严格的定义则是"明确地将每一项资源的增加与产出或其他成效的增长相联系的预算"。世界银行专家沙利文将绩效预算定义为一种以目标为导向、以项目成本为衡量、以业绩评价为核心的预算机制，即将资源分配的绩效表现结合起来的预算制度。本书认为，绩效预算是一种坚持结果导向的预算制度，即政府预算与可衡量的绩效结果联动起来的预算制度，通俗地说，就是"干成多少事就拨多少钱"。

在政府绩效管理体系中，通盘谋划绩效预算，就是要通过预算制度助推政府建立起"产出导向"而不是"投入导向"的绩效管理思想，推动政府及其职能部门将有限的公共资源精确配置到公共战略指引的领域去。在传统预算模式下，由于对明确的绩效结果的要求不够刚性，造成公共服务人员有一种支出冲动；但是，在绩效预算模式下，资金支出后，要求与预期绩效结果挂钩，这将改变支出机构的动机，促使其精打细算，从而用更少的资金实现更多的绩效结果，最终助推公共服务水平的持续提升。

（2）政府绩效预算的编制。鉴于所有的公共服务行为都必须有预算支持，因此，绩效预算编制的过程与政府绩效计划编制的过程是完全一致的。通常来讲，政府绩效预算编制过程需要重视以下四点。

第一，确保政府年度绩效计划体系方向正确、体系完整。确保绩效计划方向正确，主要是通过聚焦战略领域，确保有效的资金投入到最重要的领域，减少因为计划变更导致重大损失；体系完整，就是要求绩效计划明确规定绩效目标、绩效指标、指标权重、绩效标准和行动方案，为编制产出导向的绩效预算奠定坚实的管理基础。

第二，根据绩效目标分配资源。有限的公共资金通常按照绩效目标金字塔层层向下分配，绩效预算编制过程中特别要注意坚持产出导向下执行优先预算权问题：承接战略目标的绩效目标获得的资金支持应当相对充裕；绩效指标和绩效标准明确，行动方案编制合理的绩效目标也应该在同等条件下获得资源分配的优先权；战略性行动方案可直接获得优先支持。

第三，编制绩效预算体系。绩效预算就是资源分配需要货币化的表现形式。绩效预算要求为所有行动方案配置资金，并编制翔实系统的预算。绩效预算编制的过程中，有诸多需要注意的关键点，比如日常运行费用与项目费用的合理分配、跨年度项目资金的合理分配等。

第四，预算的审核、执行与评价。绩效预算制定出来之后，还必须经过审核后才能实施，并且应该有专门的评价机构来进行评价，以便为下一绩效周期的绩效预算奠定基础。

（3）我国绩效预算的实践。我国政府绩效管理具有明显优势。首先是政府的使命和核心价值观的指引明确，政府愿景和战略规划完整，这为推行绩效预算奠定了基础。在全面深化改革的时代背景下，要求我们必须坚持"以人民为中心"的发展思想，将有限的资源投入到无限的为人民服务的事业中去，通过建立有效的激励与约束机制，提高公共财政资源的使用效率，从而推动政府效能的全面提升。因此可以说，全面实施绩效预算制度，是我国政府绩效管理的战略性选择。

我国绩效预算实践由地方政府先行先试，随着政府对财政资金使用效率的关注度提高，预算绩效管理的范围也在扩大。党的十九大报告明确提出，要建立全面规范透明、标准科学、约束有力的预算制度，全面实施绩效管理。这要求我国各级政府必须将绩效理念和管理方法深度融入预算编制、执行和监督全过程，以提高财政资源配置效率。财政部要求2018年绩效目标执行监控范围扩大至中央部门所有项目。另外，地方政府为了提高资金效率，已经积极展开了行动，比如湖北省制定了《湖北省人民政府关于推进预算绩效管理的意见》《湖北省省级财政项目资金绩效评价实施暂行办法》等文件，稳步推进政府绩效预算。

2. 绩效审计

作为公共资源的受托方，政府有不断提高公共资源的使用效率和效果的责任；人民群众作为公共资源的受益者也有知道公共资源使用的效率和效果的权利。基于此，审计作为一种新的战略选择和治理工具被纳入政府绩效管理体系之中。

（1）绩效审计的概念。1977年，第九届国际最高审计机关组织大会通过了《利马宣言：审计规则指南》，认为审计范围应该包括政府组织及其管理系统的全部活动，即除财务审计之外，还应该包括对政府工作的效率、效果和经济性等内容。20世纪80年代以来，随着全球公共服务质量改革浪潮席卷全球，绩效审计逐渐走入政府绩效管理前沿阵地。除使用绩效审计概念之外，还使用效益设计、效率审计、现金价值审计、综合审计或"3E"审计等概念。

关于政府绩效审计的定义，各国多是围绕"3E"（经济性、效率性和效果性）要素展开，只是侧重点不同。曾任国家审计署署长和世界审计组织主席的刘家义将绩效审计定义为"由独立的审计机关和审计人员，依照国家法律规定和人们认知的共同标准，对政府履行公共责任，配置、管理、利用经济社会公共资源的合理性、有效性、科学性进行审查、考量、分析和评价，其目的是促进经济社会全面、协调、高效、持续地发展"。基于此，本书认为，绩效审计作为提高政府绩效的战略性工具，应通过强化政府及职能部门利用公共资源结果的责任，促进政府绩效水平的持续提升，最终实现"促进经济社会全面、协调、高效、持续地发展"的目的。

（2）绩效审计的流程。在政府绩效管理体系中强化绩效审计，除了有利于政府绩效的持续提升，还有利于政府转变工作作风、预防和惩治腐败、降低"三公"经费、优化资金配置等作用，可以说对政府战略目标的实现具有重要的意义。绩效审计工作作为强化政府责任的管理手段，应该通过法律确保绩效审计的严肃性、规范性和连续性，明确其在绩效政府管理体系中的战略地位。鉴于我国绩效审计改革相对滞后，本书重点在绩效管理视域下论述绩效审计的流程，具体包括四个步骤。

第一阶段，制订计划。在编制绩效审计计划之前，通常需要进行充分的准备，比如审计机关应该系统地回顾政府战略规划、年度计划和绩效计划，认真梳理政府和人大的指令，对政府绩效管理现状做出比较充分的调查研究。绩效审计计划的编制工作要求体系完整和重点突出，至少应对审计目的与假设、审计对象与范围、审计目标与标准、审计程序与安排、审计方法与结果使用等进行详细阐述，为绩效审计工作奠定坚实的基础。

第二阶段，实施审计。实施审计通常包括发放审计通知书、实施调查收集证据、分析证据开展评价、得出初步结论、增补证据（如有必要）。在实施审计过程中，强调审计方法的综合使用，以提高审计的科学性和规范性；在初步结论得出之后，审计机关就需要与被审计单位进行充分沟通，对存在异议的地方要增补证据。

第三阶段，形成结论。这一阶段主要任务是在系统规范分析的基础上，按照规定撰写并发布正式的绩效审计报告。绩效审计报告撰写要求在充分尊重证据的基础上，经过撰写初稿、征求意见、反复修改等环节后形成定稿，最后向规定机构提供正式的审计报告。

第四阶段，结果应用。绩效审计结果应用范围很广，至少应该注意如下问题：政府绩效审计应该与政府绩效预算联动，建立资金高效使用的责任机制；通过建立发现问题并持续改进的机制，促进政府绩效水平不断提升；稳步扩大绩效审计结果的应用范围，推动绩效审计健康发展。

三　政府绩效计划体系设计

（一）政府绩效计划的总体设计

一份完整的政府绩效计划，是指以政府顶层设计为逻辑起点，制定出完整的绩效体系，最终确保组织战略能转化为具体的公共服务行为的完整的行动指南。政府绩效计划体系包括政府、职能部门和个人在内的多个层面的完整体系，其关键点在于通过流程化的制度设计来保障绩效计划兼具科学性和可操作性。

1. 政府绩效计划的协同体系

鉴于政府绩效管理体系包括政府、职能部门和各级公共服务人员的多层面绩效计划体系，保障整个计划体系的全面协同是建立"化战略为行动"绩效管理体系的基础条件。在绩效计划制订过程中，按照"一张蓝图绘到底"的要求，坚持"正排工序、倒排工期、挂图作战、运筹帷幄"的指导思想，切实将政府各项战略规划目标细化和分解到各级公共服务人员的目标责任之中。基于此，本书认为，政府绩效计划体系的总体结构图应是一个全面协同的计划体系，如图2-3所示。

第二章 政府绩效管理系统 | 91

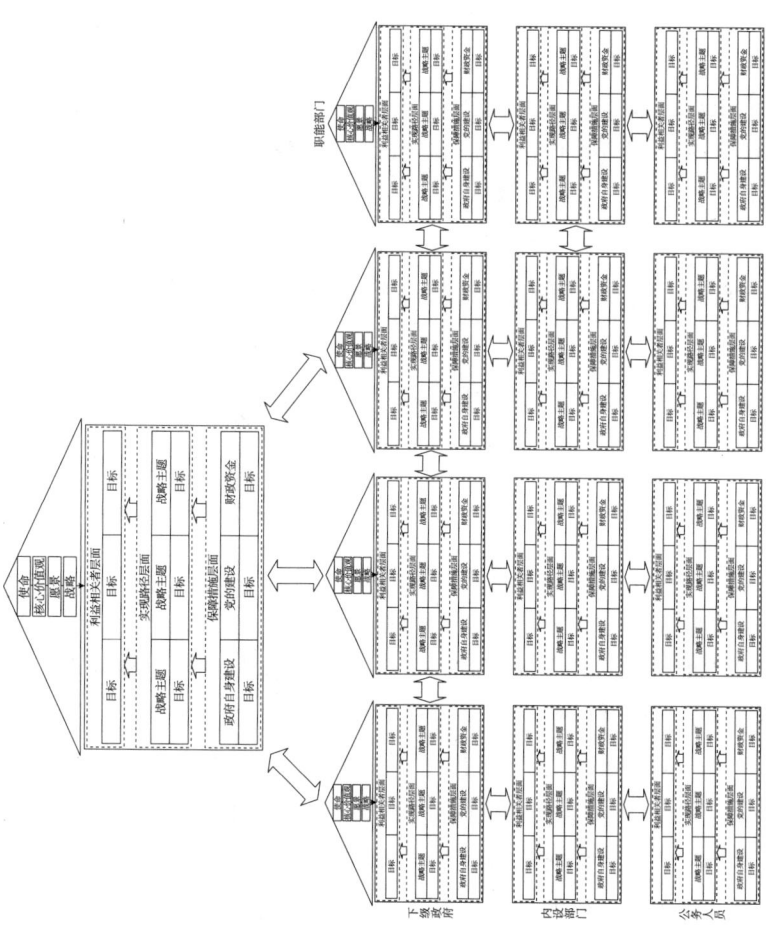

图 2-3 全面协同的政府绩效计划体系

资料来源：根据方振邦、冉景亮《绩效管理》，科学出版社 2016 年版，第 57 页改编。

绘制战略地图是协同体系构建的关键。[①] 制订绩效计划体系的关键点是保障绩效计划体系围绕战略全面协同：纵向上要求政府绩效计划通过承接和分解的形式与下级政府及其职能部门的绩效计划实现协同；横向上要求职能部门与下级政府的绩效计划保持协同；另外还要保证所有责任目标均有具体的人员承担。

在这个协同体系中，对政府顶层设计有深刻的理解，并绘制出政府的战略地图，通过对战略目标进行准确的描述，通过多层级的目标责任制确保政府战略规划贯彻执行"不走样、不变形"。一份完整的绩效计划应该包括绩效目标、绩效指标、指标权重、绩效标准、行动方案、绩效预算、责任制等要素；在绩效计划体系中，保持计划的完整性也是实现各级计划相互协同的基础，但是，我国政府绩效计划目前工作重点主要还是前面四个要素，因此，绩效计划体系还需要不断深入和完善。

2. 政府绩效计划体系的基础条件

设计出全面协同的绩效计划体系需要一定的基础条件，其中政府明确的顶层设计、完备的绩效计划内容和法律法规明确要求等尤为重要。

第一，绩效计划本质上是将政府顶层设计转变为政府组织系统内协同行动的正式安排和方案体系。因此，制订政府绩效计划都是从回顾政府顶层设计开始的。地方政府顶层设计是指在政府使命和核心价值观的指引下，按照上级政府的总体安排，确定本级政府的中长期规划目标，并确定战略规划和年度工作计划，从而确定政府的战略目标。明确的战略目标是制订政府绩效计划的前提和基础。只有这样，才能通过组织系统内层级绩效目标来保障政府战略目标的实现。

第二，对绩效计划的基本内容进行明确的规定，确保各级绩效计划相互协同。在组织战略目标确定之后，就需要确定政府的工作要项，即确定那些对组织战略目标起到增值作用的重要工作或任务，其目的是确保各层级的绩效计划均紧扣当前的工作重心；有些地方将工

[①] 对战略地图的深入理解，请参见本书第三章"平衡计分卡"相关内容。

作要项称作折子工程,但是,无论叫什么名称,这些重要任务都是确定绩效目标、绩效指标、绩效标准和行动方案的基础。

第三,明确的法律法规是基础条件。只有用法律法规的形式对流程、方法、内容等方面进行规定,才是制订政府绩效计划工作坚实的基础。因此,党政系统和人大应该加强相关工作,为政府绩效管理的顺利推进搭建最坚实的平台。

另外,由于政府工作是一个复杂系统,因此,确定绩效计划内容必须坚持一些基本原则以确保具体行为的正确性。通常需要坚持以下四项原则:一是人民利益导向原则,即制订工作需要从人民需求出发;二是增值产出原则,即制订工作必须与组织目标相一致;三是结果优先原则,即制订工作应尽量为某项活动的结果;四是设定权重原则,即应为各个工作要项确定合适的权重。

(二) 政府绩效计划的分级开发

确保绩效计划方向指引的正确性是绩效计划体系开发的重要前提。政府绩效计划体系是一个包含多个层级的协同体系,其目的是通过科学安排,确保政府战略目标通过各级绩效计划,分解到各级公共服务人员的日常工作之中。在组织系统内,制订出纵向和横向均相互协同的绩效计划体系,为政府绩效管理提供正确的方向指引,是构建高绩效管理系统的关键步骤。只是采用不同的绩效管理工具搭建绩效计划体系在形式和逻辑上有差别,管理实践者需要结合绩效管理工具在政府绩效管理实践中的应用来掌握。

1. 制订政府绩效计划

一级政府组织是一个巨型复杂系统,其结构比大型企业组织结构更加复杂,涉及职能面更广、利益相关者诉求差异性更大。如何有效地传递政府的战略意图,并将其转化为组织系统内各级公共服务人员的日常服务行为,是政府绩效管理实践需要解决的关键问题。政府绩效计划的主要任务,就是将上级政府的要求和本级政府的战略规划目标通过有效的形式分解到职能部门和下级政府的绩效计划之中,并通过逻辑清楚、结构完整的绩效目标体系助推整个绩效计划体系的全面协同。制订政府绩效计划需要注意以下三个方面的问题。

第一，明晰战略定位。制订政府绩效计划，明确的战略定位是基础。党委政府应该根据上级政府区域发展规划，确定本级政府的战略定位并制定战略规划。通常应该根据上级政府或上级主管部门的五年规划制定本级政府的五年规划和年度计划。

第二，绘制战略地图。党委政府可以根据区域战略定位和战略目标，确定区域顶层设计和年度工作计划，并绘制党委政府的战略地图，为党委政府各项重要工作确立时间表和路线图，从而为政府绩效计划体系的制定奠定坚实的基础。

第三，制订组织绩效计划。根据战略地图所制定的三个层面各项绩效目标，党委政府与相关单位对绩效指标、目标值（绩效标准）、指标等级、指标类型、主管领导、责任部门和行动方案等内容进行了反复协商和深入研究，最终达成共识，形成完整的绩效计划，并确定指标权重。

2. 制订职能部门（含下级政府）的绩效计划

我国政府绩效管理实践中，政府绩效评价名目繁多，常常造成下级政府和职能部门疲于应付，但是，这些评价活动是否有效地推动了公共价值创造，却是一个值得商榷的问题。如何从根本上解决目前我国政府绩效管理困境，根本出路在于从源头上构建一套"多评合一"的绩效计划体系，并保持该系统的相互协同。

党委政府的战略地图和绩效计划体系为制订职能部门和下级政府的绩效计划奠定了基础。职能部门或下级政府可根据党委政府绩效计划中各项绩效目标确定的责任部门，获取本单位的重要绩效目标，再结合本部门的战略规划，绘制本单位的战略地图和制订本单位的绩效计划。需要特别注意的是，下级政府绩效计划不仅需要与上级党委政府绩效计划保持纵向协同，还需要与职能部门绩效计划保持横向协同，最终形成一个全面协同的绩效计划体系。

3. 制订公共服务人员绩效计划

个人绩效计划在结构上与组织、部门绩效并无二致。个人绩效计划分为领导绩效计划和一般公共服务人员绩效计划，不同层级的公共服务人员也是一个分级开发的过程。

第一，领导干部个人绩效计划的制订。党委政府领导班子的个人绩效计划是在党委政府绩效计划确定之后制订的，以确保党委政府所有绩效目标都有相应的领导干部担当。在管理实践中，领导班子的战略意图和绩效计划与党委政府的战略意图和绩效计划是一样的；领导班子绩效计划通过"承接、分解"的方式确保由具体的领导干部承担目标责任，同时补充少数领导干部独有的绩效计划，就可以得到领导干部个人的完整的绩效计划。领导班子个人的对班子绩效指标权重的承担不一样，其中，党政"一把手"担当所有目标的责任，而党政副职则因为分工不同，各项指标的权重分配也有所侧重。另外，职能部门和下级政府领导班子个人绩效计划制订需要承接所在组织的绩效计划，制订的步骤和要求与党委政府领导班子成员一致。

第二，普通公共服务人员个人绩效计划根据所在单位绩效计划或领导干部的绩效计划设计思路和基本要求来设计，绩效计划在栏目设置上都包括绩效目标、绩效指标、目标值和行动方案等，具体案例参见本书实践部分相关内容。通常绩效计划要面向绩效评价，不仅为绩效管理指明方向，还要为绩效评价奠定基础。

（三）签订目标责任书

目标责任制是我国政府绩效管理实践中普遍采取的方法，其核心思想就是通过签订目标责任书的形式确认绩效目标的责任并对目标达成做出书面承诺。目标责任制本质上是一种基于委托—代理关系的契约关系，是委托方和受托方在坚持协商、合作、互惠等理念的基础上，为更好地满足公共利益和提供公共服务，为实现绩效目标而达成的协议。目标责任制是一种问责机制而不是激励机制，主要作用是通过目标责任引导资源向指引的战略重点，通过保持目标一致性来确保政府战略的有效贯彻和执行。目标责任书签订的过程应该经过充分沟通，对核心内容达成共识，然后再签订目标责任书。目标责任书的签订标志着绩效计划工作完成。

目前，绩效目标完成情况与干部年度考核结果或晋升之间并不存在强关联[1]，如何建立起政府绩效目标、干部个人绩效目标和人民诉求之间的有效的关联机制，是今后在政府绩效管理实践中实行目标责任制需要解决的重要问题。

第三节　政府绩效监控

在"以人民为中心"理念指引下，设计政府绩效管理体系，涉及利益相关者众多，并使政府绩效管理面临的挑战跃升到了新的高度。各级领导需要对绩效计划的执行情况进行有效监控，确保绩效信息真实有效，并通过及时的沟通和辅导助推绩效目标的顺利达成。

一　政府绩效监控概述

（一）政府绩效监控的概念

政府绩效监控是政府绩效管理的重要环节，是聚焦于政府绩效目标顺利完成的重要管理过程。管理理论研究者和实践者对政府绩效监控的内涵认识基本一致。方振邦和葛蕾蕾认为，政府绩效监控是指在政府绩效目标的引导下，通过对政府绩效的进展和效果进行持续的监测和控制，及时发现并纠正绩效目标实现过程中的各种偏差，以确保各级政府绩效目标顺利实现的过程。[2] 伍彬认为，政府绩效监控是通过获取绩效信息，对绩效责任主体执行目标和履行职能情况进行适时与阶段性的预警、监测及调控，既是实现全过程绩效管理的必要环节，也是保障绩效管理实现预期目标的必要手段。[3]

政府绩效管理实践必须通过在充分掌握政府绩效信息的基础上进行绩效管理、绩效问责以及政策制定，不仅仅指政府绩效控制，更是沟通、辅导和纠偏的过程，因此，政府绩效监控必不可少且至关重要。本书认为，政府绩效监控是指在充分掌握政府绩效信息的基础

---

[1] 左才：《地方领导干部激励机制的运作与绩效》，《学海》2017年第3期。
[2] 方振邦、葛蕾蕾：《政府绩效管理》，中国人民大学出版社2012年版，第103页。
[3] 伍彬：《政府绩效管理：理论与实践的双重变奏》，北京大学出版社2017年版，第208页。

上，对绩效计划实施过程中的各级政府、职能部门和各级公共服务人员的绩效目标进行及时有效的监控，通过有效沟通和辅导推动绩效改进，促进绩效目标顺利实现的过程。

（二）绩效监控的内容

政府绩效管理涉及政府工作的方方面面，包括日常公共服务、公共政策、公共项目等多个方面的绩效，宏观层面包括政府运行效率与效果、基础设施建设、国土资源开发与利用、行业发展与监管等，微观层面也对各级公共服务人员个人绩效进行监控。为了确保政府战略目标的顺利实现，政府绩效监控通常重点关注三个方面的具体内容。

1. 政府及职能部门绩效监控

对各级政府组织及职能部门的绩效进行监控，按照监控主体不同，大致可以分为内部监控和外部监控。为确保绩效目标的顺利实现，两类监控需要发挥各自的优势。

内部监控是指上级主管部门、政府组织专设机关、领导干部个人等监控主体对政府或职能部门绩效计划执行情况进行监控。内部监控有政策法规的正式授权，绩效信息获取方便，对各种问题和偏差能够采取有力的措施，具体可以通过绩效沟通、绩效辅导、绩效整改等形式，发现问题和修正问题。内部监控的重点工作包括以下四个方面：①通常要求相关单位定期报送绩效信息，对绩效目标完成情况进行跟踪，以便对政府或职能部门绩效进行常态化监控；②对绩效计划执行情况进行分析讨论，对执行中存在问题，及时采取措施；③在绩效计划与实际情况要求不一致时，对绩效计划进行调整；④对各个计划之间的协同性问题进行监控。

外部监控是指社会公众、第三方机构以及大众媒体等主体对政府绩效表现实施的监控。外部监控的重点通常在于政府绩效的各项结果性指标的完成情况。通过对政府绩效结果的持续监控，倒逼政府和职能部门进行切实的绩效改进。

2. 重大专项督察

党委政府重大决策部署和重要工作任务通常需要进行重点督察，通过整合各方力量形成整体性合力，助推重点专项工作预期目标的顺利达成。重大专项督察通常应该由党委出面牵头组织，具体部门应该涉及党委、纪委、政府和相关责任单位共同组成领导机构和督查机构，对重大专项开展及时有效的绩效监控，对存在问题进行及时整改，以及对相关责任领导进行约谈和督促整改。

3. 公共服务人员个人绩效监控

组织各层次的绩效都是由人创造的，整个绩效监控体系的落脚点是个人绩效的监控。个人绩效监控重点包括党风廉政建设监控、违纪违法行为监控、服务态度监控等。公共服务人员个人绩效监控，不仅要监控结果产出，还要监控服务过程。外部监控主要对公共服务态度进行监控，需要注重态度信息及时采集；内部监控则要进行全面监控，领导需要对下属工作职责、工作目标和工作进度进行全面了解，通过持续沟通和及时辅导，积极推进绩效改进，促进预期目标的达成。个人绩效监控一般需要通过绩效监控表对绩效监控过程进行规范和记录，以确保绩效信息的完整性和准确性。

（三）绩效监控的方法

通常，所有确保政府绩效目标顺利实现的方法都可以当作政府绩效监控方法，其中以下三种方法比较常用。

1. 书面报告

书面报告是政府绩效监控中最常用的一种方法。个人应该向上级书面报告履职情况，相关单位也应该用出面报告的形式向主管部门报告本单位的工作进展。书面报告可以是定期报告，比如工作日志、周报、月报、季报、年报等；也可以根据实际需要，对重大事项采用专题汇报的形式，不定期递交书面报告。

2. 专题会议

召开绩效专题会议也是政府绩效监控的重要方法。专题会议可以对绩效计划实施情况进行例行检查；对在工作中暴露的问题和障碍进行分析和讨论，并提出必要的措施；对重大的变化进行协调或通报；临时布置新任务。为了提高专题会议的效率和效果，会议组织者需要做好充分的准备，保证会议主题具体明确、简洁明快、重点突出。通常需要做好会议记录，并将会议记录及时反馈给所有与会者。

3. 巡视督察

通过建立巡视督察制度和机制，推动领导干部轮换巡视督察政府绩效管理的长效管理制度，强化机关作风和效能建设、推动重点项目有序开展、促进绩效信息系统持续建设、及时发现并改进问题等，促进政府绩效目标的顺利实现。在进行巡视督察时，领导者需要思考如何实现管理方法和领导艺术的有效融合，充分调动组织和个人的积极性，推动公共战略目标的顺利达成。

二 政府绩效信息

在大数据信息时代，管理决策必须有据可依，这将是绩效管理者面临的重大挑战。赫伯特·西蒙认为，"决策过程中至关重要的因素是信息联系，信息是合理决策的生命线"。德鲁克在《21世纪的管理挑战》中也指出，"信息的挑战"是管理实践必须直面的重大挑战。毋庸置疑，以信息为基础的循证式管理①必将成为政府绩效管理基础，也将是未来管理转型的重要方向。循证式管理要求通过建设完整的绩效监控体系以避免简单地"拍脑袋"决策，这就将绩效信息置于更高的地位了。

（一）政府绩效信息的内容

政府绩效信息是指在政府绩效管理过程中采集的用于判断政府绩效的证据，包括政府运行的基本信息、与绩效指标相关的定性和定量数据、与公共价值创造相关的其他信息等。绩效信息采集一般需要一整套诊断工具，还需要专门设定绩效信息的采集标准，按照不同类型建立标准化的信息体系，最终建成一个全面、详细、准确、高效的绩效信息库，为政府绩效管理科学决策奠定坚实的基础。

虽然政府绩效信息涉及政府工作的方方面面，但是，任何信息的收集行为都需要占用组织的资源，政府需要用有限的资源去收集与绩效目标达成密切相关的关键绩效信息。确定哪些信息必须收集，应注

---

① 循证式管理的概念源自"询证医学"，强调决策者要从实证研究出发，摒弃经验主义或简单模仿其他组织的做法，基于有理有据的现实分析和与组织战略紧密联系的思考模式，来促进管理水平的提升。

意如下三点：①所有与实现各层次绩效目标相关的重要绩效信息都需要收集、记录和保存下来，其中，与组织战略目标相关的绩效信息是相关工作需要特别关注的领域。②面向绩效评价收集信息，政府绩效评价需要的信息就是监控信息的重点领域。③其他重要信息，如重大项目相关信息；关键事件相关信息；影响绩效表现的数据、观察结果、沟通结果和决策情况等；第三方机构收集的与服务结果相关的绩效信息。

(二) 政府绩效信息的收集

政府绩效信息的收集应该实现制度化，对信息来源、信息汇总部门、信息使用和反馈部门等做出明确的规定。政府绩效信息来源通常应该坚持360°来源，全面系统地收集与政府绩效目标相关的信息。

政府绩效管理机构通常是政府绩效信息的汇总、使用和反馈部门。因此，绩效管理机构要依托信息化系统，定期收集绩效责任单位与绩效目标进展情况、存在问题、改进措施等相关信息。政府绩效管理专门机构是政府绩效信息收集的主要机构；各级政府和职能部门为了提升绩效管理水平，也应对绩效相关信息进行系统收集，这要求组织系统内各级领导干部、一般公共服务人员都要参与绩效信息收集。关于公共服务态度的绩效信息，可以通过公共服务窗口及时收集相关信息。

为了增加政府绩效信息的客观公正性，目前以购买服务的形式委托独立第三机构收集绩效信息成为新的趋势。独立第三方机构收集绩效信息主要是与绩效目标相关的媒体舆论信息和人民群众对政府公共服务的评价信息。一般来说，第三方机构收集的绩效信息在经过甄别和审核之后，应对符合要求的信息进行归类整理，实行分类管理，并与责任单位实现信息共享。以人民为中心的绩效管理理念要求在政府绩效管理实践中更加重视对外部绩效信息的收集和使用；必要时，第三方机构的绩效信息可以向社会公开，接受人民的监督。

(三) 政府绩效信息的收集方法

采用科学的信息收集方法，获取准确、有效和全面的政府绩效信息，是提升政府绩效信息收集质量的基础。不同的政府绩效信息需要通过合适的绩效方法收集，在政府绩效管理实践中，需要选择最优的方法以保障信息收集工作的质量。目前，政府绩效信息的收集方法主要有以下四种：

（1）工作记录法。有些政府公共服务工作需要使用工作记录法对工作过程和结果及时记录，规定相关公共服务人员填写原始记录单，并定期进行统计和汇总。工作记录法要求使用规范的信息收集表格，最好是通过绩效信息系统收集、存储、统计、汇总和分析。

（2）抽查或检查法。这种办法常常与工作记录法配合使用，为了核对相关绩效信息的真实性而采用的一种信息收集方法。主管领导和绩效管理部门需要对绩效信息进行抽查或检查，确保原始信息的真实性和完整性。

（3）关键事件法。这种方法要求在政府绩效实施过程中，对重大事件、突发事件或异常情况进行详细的记录，为绩效沟通、绩效辅导、绩效改进、绩效评价和绩效反馈等管理决策做好信息基础。

（4）巡视督察。巡视督察是政府绩效监控的有效方法，也是绩效信息的收集方法。巡视督察领导和工作人员可以通过实地观察和综合运用各种方法，收集和整理绩效信息。

（四）政府绩效信息的作用

全面准确和客观公正的绩效信息是做出绩效管理相关决策的基础，绩效信息的质量在一定程度上决定了绩效管理的成败。绩效监控作为绩效管理四个环节中持续时间最长的一个环节，通常可以为政府绩效管理决策采集全面详细的绩效信息。绩效信息在政府绩效监控甚至绩效管理实践中的作用主要包括以下三个方面。

（1）绩效信息是政府绩效监控决策的基础。通过对采集的绩效信息进行全面深入的分析，发现政府绩效计划执行中存在的问题，避免重大风险事故的发生，助推政府绩效战略目标的顺利完成。

（2）绩效信息是政府绩效评价决策的证据。要维护政府绩效评价的权威性、科学性和公平性，坚持询证管理非常关键。政府绩效评价需要建立在准确翔实的绩效信息基础上，同时，避免评价的主观随意性或根据回忆来进行评价。

(3) 绩效信息是绩效改进决策的依据和保障。通过对绩效信息的系统整理和全面分析，梳理和挖掘出绩效优秀的原因，并发现影响绩效提升或导致绩效低下的各种问题，为政府绩效的持续提升做信息资源保障。

三　政府绩效沟通

政府绩效沟通贯穿于整个政府绩效管理过程之中，是促进政府绩效管理目标顺利达成的有效途径。但是，在具体的政府绩效管理实践中，政府绩效沟通常常被各级领导所忽视。

（一）政府绩效沟通的概念

政府绩效沟通是指政府绩效各利益相关者通过绩效信息的传递、理解和反馈，了解政府绩效目标的制定、执行和实现情况，助推政府绩效水平持续提升的过程。政府绩效利益相关者包括各级政府组织、职能部门、各级公共服务人员、社会公众、第三方机构和大众媒体等。绩效沟通的本质要义在于传递某种思想而非传递绩效信息本身。只有绩效信息接收者准确理解了传递的思想，才算是真正有效的沟通，即通过政府绩效沟通，有利于更好地执行和实现政府绩效目标，推动政府绩效水平的持续提高和改善。

政府绩效沟通还可以分为不同的类型。根据政府绩效沟通的对象不同，可以将政府绩效沟通分为内部沟通和外部沟通。政府绩效内部沟通是指在政府绩效管理过程中，政府组织内部即政府组织上下级之间、政府部门之间以及公务员之间就相关绩效信息进行的沟通。政府绩效外部沟通是指政府在绩效管理过程中，政府作为一个组织整体与外部利益相关者之间就相关政府绩效信息进行的沟通互动活动。

是根据政府绩效沟通的方向来划分，政府绩效沟通可以分为横向沟通和纵向沟通。横向沟通是指两个同级组织之间，比如，同级政府组织或职能部门之间、同级公共服务人员之间的绩效沟通；也是指政府组织系统与外部的社会公众、第三方机构、大众媒体之间绩效沟通。纵向沟通是指政府组织内部上级与下级之间就绩效相关信息所进行的沟通过程。

（二）政府绩效沟通的过程

绩效沟通是一个封闭的环路，七个环节中，任何环节出现问题，都可能导致沟通的失败，如图2-4所示。成功的沟通在于沟通双方对绩效信息的准确理解，沟通双方必须全面、准确地理解沟通过程，确保本意准确地传递到对方。在沟通中，如果对方反应与预期效果存在差异，一定是某个环节出现了问题，应该及时采取应对措施。

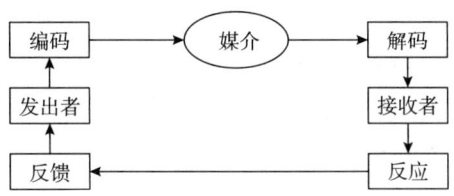

图2-4 沟通过程模型

政府绩效沟通是一个封闭的环路，沟通过程中也应该遵循一般的沟通规律。另外，政府绩效沟通贯穿于整个政府绩效管理的全过程。政府绩效管理的计划、监控、评价和反馈四个环节中均有绩效沟通，只是沟通的内容和功能有所不同，如图2-5所示。政府绩效计划属于前期沟通；政府绩效监控和评价是绩效沟通最集中的阶段，属于中期沟通；政府绩效反馈则属于后期沟通。在绩效监控环节讲绩效沟通，主要是因为绩效沟通在这个环节持续时间最长，并且绩效监控与绩效沟通经常表现为伴生关系。

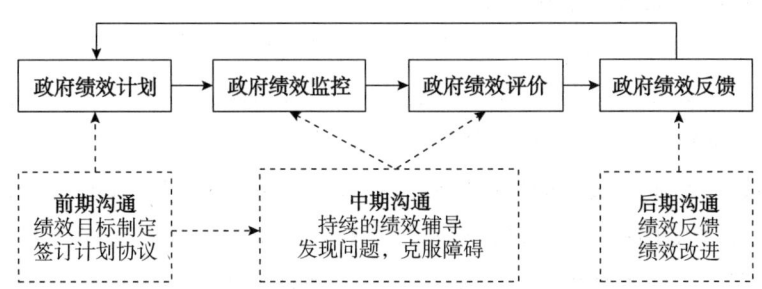

图2-5 政府绩效沟通过程及内容

资料来源：根据方振邦、葛蕾蕾《政府绩效管理》，中国人民大学出版社2012年版，第111页改编。

由于政府绩效管理涉及利益相关者构成复杂，政府绩效沟通在四个环节中的侧重点经常存在差异。

（1）政府绩效计划。政府内部绩效沟通重点在于对目标责任达成目标共识；政府还要向社会公众和社会组织等阐明政府发展的战略规划和绩效目标，同时社会公众和社会组织等则要向政府表达自己对于政府目标的理解和认识。

（2）政府绩效监控。各级领导和绩效主管机关应该通过绩效沟通促进绩效计划的有效执行，在出现问题或有潜在风险时，及时采取措施，解决问题，确保预期目标的顺利达成。同时，政府组织还应与社会公众、社会组织等外部利益相关者进行积极沟通，确保其价值诉求及时传递到绩效管理过程之中。

（3）政府绩效评价。绩效沟通重点在于围绕保障绩效评价结果的公平、公正、规范和客观展开，需要帮助公共服务人员充分理解和接受政府绩效评价的结果。

（4）政府绩效反馈。在政府组织系统内部通过及时反馈评价结果，对存在问题提出改进措施；同时，通过推动绩效结果公开化和透明化，树立政府的良好形象，增强政府的凝聚力和向心力。

（三）政府绩效沟通的原则

在政府绩效管理实践中，要实现高效的绩效沟通，常常不是一件简单的事情，各级领导和公共服务人员通常需要遵循一些基本原则，才能提高沟通的效率和效果。

1. 事实导向原则

按照询证式管理的要求，政府绩效管理必须聚焦于事实，坚持事实导向原则。事实导向原则要求沟通双方从解决问题的目的出发，针对问题，基于事实，提出问题解决方案，并充分维护他人的自尊，不要轻易对人下结论。但是，在管理实践中，很多领导容易将沟通的重点放在人上而不是事实上，即在遇到问题时，往往会非常直接地将问题归咎于人，而不是问题本身；这种沟通往往会带来很多负面的影响。

坚持事实导向原则要求政府绩效沟通的领导和工作人员克服对人

不对事的错误倾向，通过对事实的描述，避免对人身的直接攻击，从而避免对双方的关系产生破坏性作用。特别是在绩效管理实践中出现问题时特别需要恪守这一原则，沟通的目的是激活组织和个人，整合各种积极力量，主动寻找可行的解决方案。

2. 责任导向原则

开展政府绩效沟通的目的在于促进各级公共服务人员更好地实现其实现承诺的目标责任。政府绩效沟通坚持责任导向，就是在绩效沟通中引导对方承担责任的沟通模式。绩效沟通需要确定问题的责任承担者，为采取积极的补救措施，促进绩效目标的达成提供基本保障。责任导向原则要求人们采取自我显性的表达方式，与沟通对象建立良好的关系，即在沟通中多使用第一人称，比如，"我想这件事可以这样……""在我看来，目前存在问题的根源在于……"等说法，更好地表达了合作与协助的意愿或感受。

在实际沟通过程中，许多领导仅仅关心下属能否通过沟通理解自己的意图，而并不真正关心下属的感受。在这种情况下，沟通往往是一种单向沟通，常造成下属违心顺从，从而很难取得理想的沟通效果。通常上级与下属之间就某一问题达成共识，更易于获得较高的工作绩效。

3. 目标导向原则

在政府绩效沟通过程中，坚持目标导向原则，是指围绕战略目标和绩效目标的制定、执行、评价和反馈展开绩效沟通。通过围绕战略目标的沟通，主要帮助沟通双方从总体或全局高度来把握政府绩效管理的大方向，保障政府行为不因为局部利益牺牲总目标；围绕绩效目标的沟通有利于保障工作任务的完成。一般来说，明确的目标为沟通确定了方向，从而有利于沟通目的的达成。

目标导向原则要求沟通双方在确保绩效信息全面且来源准确可靠的情况下，展开建设性的沟通。为了更好地遵循该原则，沟通双方应该注意以下三点：第一，应该确保信息来源准确可靠；第二，提供的信息系统全面；第三，采用沟通双方都易于理解的沟通方式。但是，在政府绩效管理实践中，信息不完全的情况是常见的。因此，造成沟通各方对目标完成情况的了解不够充分，进而影响沟通的质量和效果。

（四）政府绩效沟通的方式

通过政府绩效沟通保持绩效信息流通渠道畅通和管理思想的有效传递，从而推动政府绩效管理决策的科学性、客观性和民主性。政府绩效沟通的具体方式多种多样，本书从正式和非正式两个大类来介绍政府绩效沟通。

1. 正式政府绩效沟通

（1）书面报告。书面报告是绩效管理中比较常用的一种正式沟通方式，主要是员工使用文字或图表的形式向领导者报告工作的进展情况。书面报告又可以分为定期书面报告和就某些问题不定期专项书面报告两种。书面报告最大的优点就是简单易行，而且能够提供文字记录，避免进行额外的文字工作。

（2）绩效面谈。绩效面谈在政府绩效管理四个环节都有广泛使用，是领导者与下属一对一的面对面沟通。绩效面谈的效果比书面报告效果更好。绩效面谈不仅是信息交流的最佳机会，而且有助于在领导者与下属之间建立一种亲近感，这对于培育团队精神、鼓励团队合作是非常重要的。绩效面谈需要注意以下三点：第一，每次面谈开始时，领导者应该让下属了解面谈的目的和重点，并且一般将会谈的问题集中在解决下属面临的问题上，以使会谈更具实效性；第二，沟通双方应保持平等地位；第三，领导者应该做必要的绩效信息记录，特别在涉及重要事项时更应如此。

（3）绩效会议。围绕绩效管理的各个重要主题召开会议是政府绩效管理常用的一种沟通方式。召开绩效会议通常需要注意以下四点：第一，有明确的会议主题，确保绩效沟通目标明确，避免主题不明，造成无效沟通而浪费时间；第二，精心设计会议内容，会议议程和重点需要专门设计；第三，根据实际情况精心设计会议规模和频率，团队规模越大，会议频率就不能过于频繁；第四，做好会议记录，并及时向参会人员反馈书面记录的整理材料。

2. 非正式政府绩效沟通

在政府绩效管理实践中，解决有些问题需要采取更加灵活的沟通方式。这种沟通方式常常不以正式的形式出现，因此叫非正式沟通。非正式绩效沟通的最大优点在于它的及时性，主管领导可以在问题发生时或者有潜在问题时，通过及时沟通，促使问题得到及时解决。非正式沟通常常坚持问题导向，以解决问题核心，不需要按照正规的组织程序、隶属关系和等级层次来进行沟通。非正式绩效沟通没有固定的模式，但对沟通技巧要求较高，其中积极倾听技巧和非语言沟通技巧尤其应该引起重视。

（1）积极倾听技巧。积极地倾听能够帮助我们获取信息，整理思路，从而更好地解决问题。但是，在政府绩效沟通中，由于权力距离的存在，导致多数领导经常忽视积极倾听的意义。领导先入为主的意识影响了领导进行积极倾听，阻碍领导与下属之间有效沟通。掌握积极倾听技巧通常需要注意以下五点：第一，倾听者要通过用自己的语言解释讲话者所讲的内容，从而检验自己是否理解对方的真正意图；第二，简要概括对方表达的内容，使对方进一步说明他的观点，将谈话推向更进一步的话题；第三，综合对方表达的内容，得出一个结论，以使话题能够得到进一步的展开；第四，通过表达认同，来帮助对方更好地表达真实想法；第五，用换位思考方式，引导对方进行进一步的思考和沟通。

（2）非语言沟通技巧。有效的绩效沟通还要注意身体语言的有效使用，即肢体语言也要传递沟通的效果。在绩效沟通的过程中，沟通双方往往需要通过非语言信息传递各自的想法。沟通双方能否很好地运用非言语沟通技巧，是影响沟通效果的重要因素。很多肢体语言都有一般的意义，学习肢体语言的可能含义能够帮助我们在沟通中对这些无意识的反应做出有意识的认识，从而更好地把握沟通对象的真正意图。但是，为了真正理解肢体语言所表达的内容，我们必须结合沟通发生的环境、双方的关系和沟通的内容等进行综合的判断。

四 政府绩效辅导

管理的本质在于激活组织与个人，助推组织目标的实现。在政府绩效管理实践中，领导的及时辅导扮演着绩效持续改进的助推器角色。

(一) 政府绩效辅导的概念

政府绩效辅导（Performance Coaching）是主管领导根据具体情景，选择恰当的领导风格，针对绩效计划过程中存在的问题和潜在障碍，激励或指导下属克服困难，帮助其实现绩效目标的过程。对政府绩效辅导深入理解，需要注意以下四点：第一，绩效辅导的目的是促进绩效的持续提升，而各级领导提供及时的帮助则是绩效辅导的关键。第二，激励下属是绩效辅导的重要途径。第三，及时沟通是绩效辅导成功的基本保障。第四，需要根据组织情景选择领导风格。

实施政府绩效辅导的目的主要体现在以下两个方面：一是对下属进行有效的指导，帮助员工发现问题、解决问题，更好地实现绩效目标；二是在进行指导时，收集关于下属的绩效信息。

(二) 政府绩效辅导的实施

政府绩效辅导实施的关键是通过建立一种辅导机制，确保主管领导能全面监控绩效计划执行的情况，及时发现下属工作中存在的问题和困难，并提供必要的帮助。

1. 政府绩效辅导的流程设计

政府绩效辅导贯穿绩效监控的全过程，也是一个完整的流程。绩效辅导流程设计需要注意以下四点：第一，使用一种（或几种）特定的方法收集所需的绩效信息，为领导做出有的放矢的绩效辅导奠定基础；第二，对发现的问题设计一种问题解决机制或者领导协助解决问题的基本流程；第三，针对下属解决问题能力存在差距的情况，设计提供培训或其他帮助机制，以帮助其达到绩效目标；第四，建立员工交流机制，使他们有机会与不同的人一起工作和交流学习，促进其解决问题能力的提升。在政府绩效监控过程中，主管领导应该更多地给予及时表扬激励，激发其内在潜力以更好地完成责任目标。

2. 政府绩效辅导的时机

有效的绩效辅导要求提升辅导的有效性和针对性，也要求领导者能够有效地把握辅导的最佳时机，以确保绩效辅导取得良好效果。一般来说，在以下时间进行指导会获得较好的效果：①正在学习新技能时；②正在从事一项任务，而你认为如果他们采取其他方法能够更加有效地完成任务时；③被安排参与一项大的或非同寻常的项目时；④面临新的职业发展机会时；⑤未能按照标准完成任务时；⑥弄不清工作的重要性时；⑦刚结束培训学习时。

3. 政府绩效辅导的方式

高效的领导需要根据不同的情景，选择不同的领导风格；但是，每个人的行为都有一种天生的倾向性。在政府绩效管理实践中，需要注意将领导者个人的倾向性与领导风格进行匹配。

（1）领导风格。根据保罗·赫西（Paul Hersey）和肯·布兰查（Ken Blanchard）1969年提出的情景领导理论（Situational Leadership Theory），领导者应该根据下属完成任务的能力和意愿程度，选择不同的领导风格。该理论将领导划分为任务行为和关系行为两个维度，并根据两个维度组合成指示、推销、参与和授权四种领导不同的风格。

根据罗伯特·豪斯（Robert House）提出的路径—目标理论，如果领导者能够弥补下属或工作环境方面的不足，则会提升下属的工作绩效和满意度。有效的领导者通过明确指出实现工作目标的途径来帮助下属，并为下属清除在实现目标过程中出现的重大障碍。领导的有效性常常以是否能够激励下属达到组织目标以及下属在工作中得到的满足程度来衡量。

（2）辅导方式。每个领导者都有自己的辅导风格。通常来讲，领导者的风格是从教学型辅导者到学习辅导者的一个连续过程，每种领导风格采取的辅导方式都不同（见图2-6）。教学型领导喜欢采取命令与劝说的方式，即直接告诉员工该如何去做；学习型领导则喜欢采用鼓励与表扬的方式，即多采用喜欢提问和倾听的方式，传授广博的专业知识；中间还有演示与帮助和拓展与挑战两种典型的辅导方式。

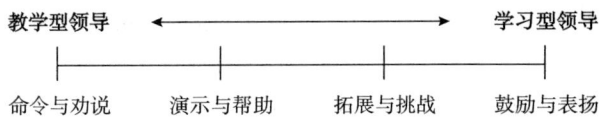

图2-6 绩效辅导方式

在我国政府绩效管理实践中，单位"一把手"的领导风格对绩效辅导有重要影响。但是，很多"一把手"的领导风格却不一定会根据任职单位情景进行调整。另外，由于任期制导致"一把手"经常变化，这常常导致政府绩效辅导方式与组织实际情景处于调整和磨合之中。虽然从理论上讲，领导者应该采用权变的思想，根据情景变化调整自己的辅导方式，但是，由于个人风格的倾向性导致领导调整辅导方式并不容易，只有付出艰苦努力，才能收到理想的效果。

第四节 政府绩效评价

政府绩效评价作为政府绩效管理的关键环节，是绩效管理关键决策集中体现的环节，具体包括评价内容、评价主体、评价周期、评价方法等多方面的内容。确保政府绩效评价的科学性和准确性是政府绩效管理系统有效运行的基本保障。

一 政府绩效评价概述

（一）政府绩效评价的概念

鉴于政府绩效评价的重要性，众多中外理论研究者和管理实践者从评价目的角度、评价内容角度、评价过程角度以及综合角度等对其内涵进行了界定。[1] 综合国内外学者的观点，本书认为，政府绩效评价是指根据绩效目标责任书所约定的评价周期和评价标准，由相关评价主体按照一定的程序，综合运用多种评价方法和技术，对组织、部门及个人的绩效目标完成情况进行评价的过程。

对政府绩效评价内涵的深入理解需要把握以下三点：第一，从根本上讲，政府绩效评价是为政府绩效管理提供一个方向的指引，助推政府战略目标的实现；第二，政府绩效评价是对绩效计划中规定的既定绩效目标展开的评价；第三，政府绩效评价是一个完整体系，个人

---

[1] 从四个角度对政府绩效评价的详细界定请参见方振邦、葛蕾蕾《政府绩效管理》，中国人民大学出版社2012年版，第127—128页。

绩效评价的重点在于对组织绩效做出的贡献。

（二）政府绩效评价的内容

绩效评价的类型与绩效计划类型是一致的，本书不专门论述。政府绩效评价内容需要根据目标责任书确定，即政府绩效评价的内容在绩效计划阶段就已经基本确定了，对各层次的绩效目标进行评价都应该纳入政府绩效评价的内容。从总体上讲，不仅包括政府组织绩效评价、职能部门绩效评价和各级公共服务人员个人绩效评价，还包括公共政策评价、项目绩效评价、政府绩效审计等。具体来说，政府绩效评价由绩效评价指标决定，有些文献在评价内容方面讲的主要是评价指标体系的构建，而本书强调绩效评价的"指挥棒"功能，因此，强调绩效指标体系的制定必须在绩效计划阶段完成。

政府绩效评价内容包含的层次多且范围广。不同的绩效评价内容，其评价方法、技术、程序以及结果应用等方面可能会存在一些不同，需要有针对性地加以区别对待。本书重点涉及的政府绩效评价内容主要包括政府组织、职能部门和各级公共服务人员个人绩效评价等。

（三）政府绩效评价的实施

政府绩效评价是对评价对象一个绩效周期[①]内绩效表现进行的评价，既是政府绩效管理系统的重要环节，也是技术性最强和领导者最关心的环节。政府绩效评价也是一个持续的过程，通常包括建立系统、整理数据、分析判断和输出结果四个步骤。

第一步，建立评价系统。建立评价系统环节需要对照整个绩效周期的实际情况，回顾计划内容，确定评价体系的内容；选定并培训评

[①] 政府绩效评价周期是用于界定"多长时间评价一次"的问题，也可以说评价周期是指多长时间进行一次正式的绩效评价。政府绩效评价周期的设置要尽量合理，既不宜过长，也不能过短，应针对政府绩效评价具体情况进行专门设计。在具体设计评价周期时，通常需要深入分析各种影响因素，其中主要影响因素包含绩效评价指标类型、评价涉及的具体领域、公共服务人员职位类型和职位等级等因素。在政府绩效评价实践中，绩效评价通常以一年为周期，即采用年度评价；但是，这种做法常常导致有些短期显现的绩效问题得不到及时发现和解决，不利于组织高效运行；而有时评价周期设定过短，导致了管理成本的上升。

价主体；选择适当评价方法。

第二步，整理绩效信息。绩效监控阶段收集的绩效信息通常是零散的，评价阶段要求对这些绩效信息进行界定、归类和整理，同时保证绩效信息的准确性、规范性和客观性。循证式管理需要以全面详细的绩效信息为基础。

第三步，进行分析判断。分析判断就是根据绩效标准，运用具体的评价方法来判断绩效目标责任达成情况的过程；要求根据组织的特点、评价对象的特点、评价内容和评价目的，选择合适的方法和形式。

第四步，输出评价结果。在使用适当的评价方法进行评价后，就要对评价对象做出一个具体的评价结果。绩效评价结果是下一个绩效管理周期得以绩效改进的基础，甚至是各项人事管理政策的基础。政府绩效评价结果应该进行公示，既提升政府管理的透明度，也提升评价结果的公信力。

二　政府绩效评价主体

政府绩效评价主体是政府绩效评价顺利实施的核心要素之一。政府绩效评价主体选择得合理与否，在很大程度上影响着政府绩效评价的结果和效果。

（一）政府绩效评价主体的构成

政府绩效评价主体是指"由谁评价"，即政府绩效的评价者。由于政府绩效构成复杂，每种政府绩效的利益相关者构成又很复杂，除了包括政府组织系统内部的各级公共服务人员，还包括社会公众、社会中介、大众媒体、企业和非营利组织等外部的利益相关者。在政府绩效评价实践中，必须考虑不同利益相关者的诉求，采用多元化的模式，确定政府绩效评价主体。通常评价主体可以按照主体来源分为内部评价主体和外部评价主体两类；内部评价主体又可以分为上级、同级、下级、本人等评价主体。

（二）政府绩效评价主体的选择

在政府绩效评价实践中，需要根据更好地创造公共价值来选择评价主体。评价主体选择通常需要遵循一些基本原则，并对两个重要事项予以重点关注。

1. 政府绩效评价主体的选择原则

政府绩效评价主体的选择原则主要包括如下三个：第一，知情原则。知情原则是指评价主体对所评价的内容和所评价职位的工作都要有相当程度的了解。第二，多元化原则。单一的评价主体容易产生误差与偏颇，而采用多元化评价主体既可以对评价结果实现相互印证，又能够相互补充，体现评价的准确性。第三，客观公正原则。政府绩效评价主体必须克服心理误区，坚持客观、公正原则，秉承严谨、认真的专业精神。

2. 政府绩效评价主体选择的关注事项

在政府绩效评价实践中，每一个评价主体通常都有独特的立场，有优势也有缺陷。选择一个多元化评价主体，对政府绩效评价有效开展具有重要意义。总体来说，在坚持多元化评价主体的同时，注重保障外部评价主体的权重比例，或者坚持科学设计评价主体的构成。

选择多元化评价主体是一个发展趋势，但是，每种评价主体的权重分配却是一个技术性问题。在综合考虑各种因素选定绩效评价主体之后，还要根据不同利益相关者的重要程度、公共治理的实际需求和工作本身的重要性，设计出不同评价主体的权重分配。通常，内部专业机构的评价受到的重视程度更高；在外部评价中，国家权力机关、独立第三方机构、外部专家和大众媒体、人民群众等评价主体需要根据评价内容进行有效匹配。在坚持以人民为中心为导向的绩效评价体系中，外部评价主体的权重应该受到足够的重视。为了确保政府绩效评价主体的权利、规范政府绩效评价主体的利益表达及保护弱势群体的利益诉求，各级人民代表大会及相关政府部门应逐步建立和出台政府绩效评价的相关法律、法规，为政府绩效评价主体多元化参与提供坚实的法律和制度保障。

（三）政府绩效评价主体的心理误区

评价主体的心理误区指的是在绩效评价过程中由于评价者主观原因导致的误差、偏见和错误。这些误区常常对绩效评价结果产生消极影响。因此，我们既要认识到这些误区的存在，也要采取一定的措施避免这些错误的发生。

1. 常见的政府绩效评价主体误区

政府绩效评价主体的常见误区一般有以下九种。

（1）晕轮效应。是指政府绩效评价主体对政府绩效评价对象个别特性的判定而影响对其整体印象的倾向。

（2）逻辑误差。是指评价主体在对某些具有逻辑关系的评价要素进行评价时，以评价对象的一些表面特点为线索，结合自己的固有经验，运用简单逻辑推理而形成的知觉偏见。在政府绩效评价中，产生逻辑误差的主要原因是评价要素之间高度相关的逻辑假设。

（3）宽大化倾向。是指评价主体放宽评价标准，对评价对象做出高于其实际成绩的主观评价，这种倾向在政府绩效评价实践中常见。

（4）严格化倾向。是指评价主体对评价对象的绩效评价过分严格的倾向。

（5）中心化倾向。是指评价主体对一组评价对象做出的评价结果相差不多或都集中在评价尺度的中心附近，使绩效评价结果呈现居中趋势或中心化倾向，导致绩效评价结果难以区分优劣和拉开差距。

（6）首因效应。首因效应在心理学中也叫"第一印象"效应，第一印象是指在短时间内以片面的资料为依据在头脑中形成并占据主导地位的印象。

（7）近因效应。是指评价主体只凭评价对象在绩效评价周期末期的绩效表现情况进行评价，掩盖了其以往形成的对评价对象的判断和评价。

（8）刻板效应。是指人们用刻印在自己头脑中的关于某人、某一类人的固定印象作为其判断和评价依据的心理现象。刻板印象在绩效评价中通常表现为，评价主体根据以往的经验对评价对象的个人特征或人格特质等进行归纳和固化。

（9）溢出效应。是指因评价对象在评价期之外的绩效失误而降低其评价等级。对那些上一个评价期间表现不良的评价对象来说，在评价中出现溢出效应是很不公平的，会挫伤其继续提高工作绩效的积极性。

2. 避免政府绩效评价主体心理误区的方法

为做出客观公正的评价，政府绩效评价主体需要在实施评价过程中难免会产生各种各样的心理误差。避免上述评价者误区的方法主要有以下三种：①清晰界定绩效评价指标和绩效标准，以避免晕轮效应、逻辑误差以及其他各种错误倾向的发生。②使评价者正确认识绩效评价的目的，提高政府绩效评价主体的责任感，以避免评价的宽大化倾向、严格化倾向和中心化倾向。③在绩效评价中坚持循证式管理，强调绩效信息的基础性地位，以避免首因效应、近因效应、刻板效应和溢出效应等偏见。

需要注意的是，在这里，我们有一个重要的假设前提——绩效评价系统本身是科学的。如果绩效评价系统本身存在问题，那么，上述各种解决评价者误区的手段就无法保证评价结果的科学性。

（四）政府绩效评价主体培训的主要内容

政府绩效评价坚持正确的价值理性与工具理性同样重要，即评价效果不仅取决于评价系统本身的科学性，评价主体对政府绩效评价的认识和理解甚至比评价技术和方法更加重要。可以说，让所有政府绩效评价主体全面系统地了解政府绩效评价是完整的政府绩效评价制度不可或缺的重要环节。具体来讲，政府绩效评价主体培训需要重视以下四个方面的内容：

1. 使评价者了解绩效评价工作在政府管理中的"指挥棒"和"晴雨表"地位、作用和意义

使所有评价者全面了解绩效评价工作的作用和意义，是其做出科学判断的基础。比如，各级领导首先是绩效目标的责任者，又是下属绩效的辅导者，还是重要的绩效评价主体，主管领导对绩效评价的认识不仅仅影响绩效评价，甚至还决定了政府绩效系统的构成。因此，帮助主管领导对绩效评价形成全面系统的认识，也是评价主体培训的重要内容。

2. 使政府绩效评价主体加强对评价指标和评价标准的理解，掌握具体的绩效信息收集方法和评价方法

政府绩效评价主体只有在正确理解各个政府绩效评价指标和评价

标准的基础上，才能够准确、客观地对评价对象的绩效水平进行评价；通过培训，使培训主体精准掌握评价指标和评价标准的内涵，为其做出正确评价决策奠定基础。我国政府绩效信息的收集方法尚不规范，甚至出现在政府绩效评价时缺乏必要的历史数据和绩效信息的情况，因此，绩效评价主体必须学会绩效信息收集的方法。政府绩效评价中可能采用的绩效评价方法多种多样，各有利弊，在评价实践中，需要针对不同的政府绩效评价指标，对政府绩效评价主体进行培训，使政府绩效评价主体充分掌握在实际政府绩效评价过程中需要采用的各种评价方法及其注意事项，以充分发挥该绩效评价方法的优势，提高政府绩效评价的效率和效果。

3. 帮助政府绩效评价主体熟悉政府绩效评价的程序和流程，掌握绩效沟通和绩效反馈方法

政府绩效评价也是一个持续的过程，掌握必要的绩效沟通技巧是政府绩效评价主体必要的技能。将评价结果及时全面地反馈给被评价者也是绩效管理的重要环节，它关系到政府绩效管理目标的顺利实现。因此，通过系统培训使评价主体能够全面掌握政府绩效沟通和绩效反馈的过程、方法及应注意的问题，也是政府绩效评价主体培训的重要内容。

4. 使评价者了解如何尽可能地消除误差与偏见

评价主体的主观错误是政府绩效评价中存在问题最常见的原因之一。因此，评价主体培训中的一项重要内容就是通过培训告诉评价者在评价过程中可能会产生的评价误差有哪些，以防止这些误差的发生。通过这种形式的培训，评价者能够对各种评价者误区有更深刻的认识，从而有效地避免此类问题的发生。

通常不同的培训内容，应该采取不同的培训形式。既可以与日常的管理技能培训同时进行，也可以专门进行评价主体培训。培训方法的选择需要根据内容决定，既可以采用课堂讲授的方法，也可用案例法进行绩效评价实战培训。

三 政府绩效评价方法

评价方法的选择既是政府绩效评价的重点和难点，也是绩效管理

中一个技术性很强的问题。没有任何一种方法能满足所有实践的需求，通常根据实际需要来选择各种评价方法或方法组合。

（一）政府绩效评价方法的概念

1. 政府绩效评价方法的内涵

本书认为，政府绩效评价方法是指通过某种技术手段对政府绩效指标进行衡量的办法，其目的在于通过对各项政府绩效指标的绩效水平做出判断来衡量绩效目标的达成情况。

对政府绩效评价方法内涵的理解，需要与绩效标准和绩效管理工具两个概念进行比较。评价方法与评价标准密切相关，评价方法需要按照组织规定的绩效标准对绩效指标进行衡量，即回答的是某个具体指标怎么评价的问题。绩效管理工具主要是提供一种系统思维，是搭建绩效管理系统的工具平台，主要目的在于以特定工具为基础构建完整的政府绩效管理系统，而绩效评价方法仅仅是衡量评价指标绩效水平的技术手段。

2. 政府绩效评价方法的类型

政府绩效评价的具体方法可谓多种多样，按照不同的标准可以分为不同的类型。本书按照衡量绩效目标达成情况时，使用的是相对标准还是绝对标准，将政府绩效评价方法分为相对评价和绝对评价两大类。相对评价又称比较法，这类方法是通过在政府组织或部门内对评价对象进行相互比较而做出的评价，而不需要事先制定统一的评价标准；这类方法是在政府各类评比工作中最为常见的评价方法，主要包括排序法、配对比较法和强制分配法等。绝对评价是按统一的标准尺度衡量类似的政府组织、部门或担任相同职务的公务员的评价，即按客观统一的标准对评价对象进行评价，这类评价方法主要包括等级鉴定法、行为锚定量表法、混合标准量表法和综合尺度量表法等。此外，还有一类通过对政府绩效表现进行描述来进行绩效评价，即描述性评价，又叫描述法；这种方法通常作为其他评价方法的辅助方法，主要用于观察并记录评价所需的事实依据，这类评价方法主要包括态度记录法、工作业绩记录法、指导记录法和关键事件法等。基于以上分类方向，政府绩效评价方法的分类汇总如表2-2所示。

表 2-2　　　　　　　政府绩效评价方法的类型

类别	方法名称	类别	方法名称
绝对评价（量表法）	图尺度量表法	相对评价（比较法）	排序法
	等级鉴定法		配对比较法
	行为锚定量表法		强制分配法
	混合标准量表法	描述性评价（描述法）	态度记录法
	综合尺度量表法		工作业绩记录法
	行为对照表法		指导记录法
	行为观察量表法		关键事件法

（二）主要政府绩效评价方法介绍

1. 相对评价类方法

相对评价，又叫比较法，就是对评价对象进行相互比较，以决定其工作绩效的相对水平。在政府绩效评价实践中，很多绩效指标都很难按照绝对标准量化，常常需要通过对评价对象进行相互比较和分析，得出一个相对的评价结果。比较法是相对简单的评价方法，实施成本较低，评价结果一目了然。但是，这类方法得出的评价结果不适于在不同评价群体之间进行横向比较。因此，虽然在政府绩效评价中有广泛的运用，但是，最终评价结果的合理性和客观性也可能会受到评价对象的质疑。常见的相对法主要有排序法、配对比较法和强制分配法等。

（1）排序法。是指根据评价对象的绩效水平按照一定的顺序进行排列，最终得出每一评价对象相对等级和名次的评价方法，主要分为直接排序法和交替排序法两种类型。直接排序法是指评价主体经过通盘考虑后，按照整体印象直接将所有被评价对象从绩效最高者到绩效最低者进行排序的方法。交替排序法是指评价主体先将所有评价对象的名单列出，然后经过通盘考虑后，去除不熟悉的评价对象，再从余下的评价对象中选出绩效最好和绩效最差的评价对象，接着在剩下的评价对象中选出绩效最好和绩效最差的评价对象，依次类推，直至将全部评价对象的顺序排定。排序法是使用比较早的一种方法，这种方法有以下优点：首先，易于设计和使用，且实施成本较低；其次，能够有效地避免宽大化倾向、中心化倾向以及严格化倾向。但这种方法也存在以下缺点：首先，评价依据不是客观标准，因此，无法通过绩效评价这一过程对评价对象的行为进行明确的引导；其次，在评价过程中的主观性和随意性较强。在政府绩效评价实践中，不能单纯凭借排序法得出的评价结果作为各种人事及管理决策的依据。

（2）配对比较法。配对比较法是由排序法衍生出来的一种评价方法，其操作程序是：评价主体按照所有的评价要素将每一个评价对象与其他评价对象一一进行比较，最后将各评价对象的得分相加，根据最终得分排出评价对象的名次。举例来说，假定要对5个评价对象进行绩效评价。在运用配对比较法时，首先需设计出如表2－3所示的表格，并标明需要评价的对象。需要注意的是，当评价内容不是针对整体工作绩效而是特定的评价要素时，还要注明所要评价的要素。表中"0"表示两者绩效水平一致，"＋"表示横向上的评价对象比纵向上的评价对象绩效水平高，"－"的含义则与"＋"的含义相反。将每一个评价对象得到的"＋"相加，得到的"＋"越多，绩效得分就越高。从下面的例子可以看出，B共得到了4个"＋"，绩效得分最高。A和C的情况相同，共得到2个"＋"，处于中等水平。而D和E都只得到一个"＋"，处于较差的等级。

表2－3　　　　　　　　　　配对比较法示例

评价对象	A. 赵××	B. 钱××	C. 孙××	D. 李××	E. 周××
A. 赵××	0	＋	＋	－	－
B. 钱××	－	0	－	－	－
C. 孙××	－	＋	0	＋	－
D. 李××	＋	＋	－	0	＋
E. 周××	＋	＋	＋	－	0
对比结果	2＋ 中	4＋ 最好	2＋ 中	1＋ 差	1＋ 差

（3）强制分配法。强制分配法是组织预先确定评价等级以及各等级在总数中所占的百分比，然后按照评价对象绩效的优劣程度将其列入其中某一等级的绩效评价方法。最简单的强制分配法是由评价主体通过主观判断将评价对象归入特定的评价等级，比如年度评优不超过20%就是一种强制分布。在实际应用中，强制分配法往往不单独使用，而是与其他绩效评价方法结合使用。通常评价主体先运用某种绩效评价方法对评价对象进行评价，然后将评价结果进行综合计算，最终按照强制分配法确定的比例将评价对象分配到相应的绩效等级上。强制分配法具有等级清晰、操作简便的优点，但不适用于评价对象过少的情况。

2. 绝对评价类方法

绝对评价，又叫量表法，是指将一定的分数或比重分配到各个绩效评价指标上，由评价主体根据评价标准对评价对象在各个评价指标上的绩效表现进行判断和打分，最后汇总计算出绩效评价结果。量表法中绩效评价指标等级和权重的设计专业性较强，通常需要耗费大量的时间并需要专家的指导和帮助。这种方法得出的评价结果相对公正，可以在不同评价对象之间进行横向的比较；但是，如果对评价指标内涵的解释不够清晰明确，则容易导致不同评价主体的认知偏差。常见的绝对法主要有等级鉴定法、行为锚定量表法、混合标准量表法和综合尺度量表法等。

（1）等级鉴定法。等级鉴定法即采用具有等级含义的短语来表示评价尺度的方法，是一种非定义式评价尺度的绩效评价方法，比如将各项指标分为优秀、良好、中等、合格、不合格五个评价等级。这种方法使用方便，开发成本较低，并且便于进行横向比较，因此，政府绩效评价常常采用此方法。但是，由于等级鉴定法的评价尺度与组织的战略目标缺乏联系，评价结果不能为绩效反馈提供足够的信息和促进评价对象的绩效改进。因此，这种方法往往需要与其他绩效评价方法结合使用。

（2）行为锚定量表法。行为锚定量表法是由美国学者帕特里夏·凯恩·史密斯（Patricia Cain Smith）和洛恩·肯达尔（Lorne Kendall）

于 1963 年在美国全国护士联合会的资助下研究提出的。行为锚定量表法是指通过使用行为锚定量表，对同一个绩效维度中的系列行为的绩效水平进行等级评定和量化的方法，从而使绩效评价的结果更加公平和有效。比如根据该方法，巡逻警官在巡逻前准备的不同行为就可以归入不同的绩效等级，如表 2 - 4 所示。与一般量表法相比，行为锚定量表法最大的特点就在于它用行为锚定的方式来规定评价指标的尺度。因此，行为锚定量表法具有评价指标独立性较高，不容易混淆；评价尺度更加精确；评价结果具有良好的反馈功能，利于评价结果的应用等优点。同时，行为锚定量表法也存在设计烦琐、实施时间长、适用范围有限等不足。

表 2 - 4　　行为锚定量表法示例：巡逻警官巡逻前的准备

评价等级	行为锚定
（1）最好	总是提前开始工作，带齐工作所需的所有必要装备才去工作，穿戴整齐。在去参加点名之前检查一下前一班巡逻的活动以及各种新的公文、在整个点名过程汇总，将上一班巡逻人员的活动记录下来
（2）好	总是提前开始工作，带齐工作所需的所有必要装备才去工作，穿戴整齐。在去参加点名之前检查一下前一班巡逻的活动情况
（3）较好	提前开始工作，带齐工作所需的所有装备，穿戴整齐
（4）一般	按时参加点名，带齐工作所需的所有装备，穿戴整齐
（5）较差	点名时还未完全穿戴整齐，没有带齐工作所需的所有装备
（6）差	点名时迟到，不检查装备或车辆是否存在损坏或需要修理的地方，不能在点完名之后立即赶去工作，而不回到存物间、车上或回去取其必要的所有装备
（7）最差	在大部分点名时间已经过去之后才到，不检查装备或车辆，也没有带齐工作所需的装备

（3）混合标准量表法。混合标准量表法由美国学者布兰兹（Blanz）于 1965 年提出，是指所有评价指标的各级标度被混在一起随机排列，并由评价主体对每一个行为锚定标准做出高于、等于或者低于的评价。与行为锚定量表法相比，混合标准量表法具有两个最突出的优点。首先，打乱了各评价指标的各级标度的排列顺序。这样能

够避免评价主体受等级规定的影响，从而客观地根据标度的描述进行评价。其次，采用了特殊的"评分"方式。在合理编制标度的前提下，可以通过寻找评价结果中是否有自相矛盾的情况来判断评价者是否认真地进行了评价。

（4）综合尺度量表法。综合尺度量表法是将结果导向量表法与行为导向量表法相结合的一种绩效评价方法。在该方法中，评价指标的标度描述采用了行为与结果相结合的方式。这种方式既能够有效地引导评价对象的行为，又能够对绩效评价结果进行有效的反馈。运用综合尺度量表法最大的困难在于如何设计与评价对象工作职责相关的指标尺度，因此，使用这种评价方法需要较高的设计成本。

3. 描述性评价类方法

描述性评价，又叫描述法，通过对事实进行描述来进行评价的定性评价法。描述法没有统一的标准，难以对多个评价对象进行客观、公正的比较，对评价主体的文字写作水平要求较高。描述法在设计和使用上比较容易，实用性也很强。描述法的主要作用是在绩效评价和绩效反馈环节提供充分的事实依据。根据所记录事实的不同内容，描述法常分为态度记录法、工作业绩记录法、指导记录法和关键事件法等。

（1）态度记录法。态度记录法是指由评价者通过对评价对象日常工作情况的观察，将其在工作中表现出来的工作态度记录下来的评价方法。在记录过程中，记录者应该注意，不仅要将评价对象在所评价态度方面表现出来的优点和长处记录下来，同时，要有针对性地将评价对象的不足之处也记录下来。另外，在运用态度记录法时，我们还可以让记录者记录对于评价对象的一些综合性的评语或指导意见。

（2）工作业绩记录法。工作业绩记录法要求评价者填写工作业绩记录卡，观察并记录评价对象在工作过程中的各种事实，分阶段记录所达到的工作业绩。另外，还可以用该表记录评价对象在遵守某些规章制度方面的表现。这种记录卡往往与目标管理法相结合。

（3）指导记录法。指导记录法要求上级将其对下属的日常指导记录下来。这种方法多用于发展性评价。指导记录法可以与各种评价方法结合使用。

（4）关键事件法。关键事件法是由美国学者弗拉纳根（Flanagan）和巴拉斯（Baras）创立的。所谓关键事件是指那些会对各单位的整体工作绩效产生重大积极或消极影响的事件。关键事件法要求评价者通过平时观察，及时记录评价对象的各种有效行为和无效行为，是一种最为典型的描述法。关键事件法能够帮助评价者实事求是地进行评价，不容易挫伤评价对象的积极性。更重要的是，通过使用关键事件法，评价者在绩效反馈时能够更清晰地告诉评价对象，要想在下一期获得高评价，应该如何行动。

（三）政府绩效评价方法的选择

不同的绩效评价方法具有不同的特点，在评价的有效性、结果的适用性以及使用成本上优劣不一，因而适用于不同的评价指标以及不同的评价对象。因此，只有选择合适的政府绩效评价方法，才能在管理的成本和效用上做到有机结合。影响评价方法选择的主要因素包括以下三个方面。

1. 绩效评价指标的特性

一般而言，政府绩效评价指标是选择政府绩效评价方法的主要依据，即需要根据不同类型指标的特性，选择相应的政府绩效评价方法，从而形成一个基于指标的政府绩效评价方法组合。根据绩效评价指标的分类可知，不同类型的绩效评价指标在结果导向与行为导向、主观与客观、前置与滞后等方面具有各自的特性，不同特性的指标选择的评价方法不同，比如，行为导向的指标用量表法就不失为一种合适的选择。

2. 绩效信息的可获得性

循询证式管理要求绩效评价必须基于规范有效的绩效信息之上，这对绩效信息提出了更高的要求。不同的政府绩效评价指标对于绩效数据的类型、来源、规模、采集和分析过程等有着不同的具体要求。因此，必须考虑信息的可行性和便利性，有时方法再科学，没有绩效信息也就成了空中楼阁。

3. 成本控制

不同的政府绩效评价方法对于成本的需求具有较大的差异，比如，量表法相对比较法和描述法，开发成本和技术要求相对更高。政府绩效管理实践者应根据自身实际情况，在保证绩效评价结果客观有效的基础上，选择恰当的政府绩效评价方法。

第五节　政府绩效反馈

政府绩效反馈是政府绩效管理系统必不可少的管理环节。目前，我国政府绩效评价结果应用还不充分，从而使评价对象认为绩效评价存在"走形式""走过场"现象，对政府绩效改进工作也产生了消极影响。

一　政府绩效反馈的概述

（一）政府绩效反馈的内涵

政府绩效反馈是政府绩效管理机关或主管领导将正式的绩效评价结果反馈给被评价的政府组织、职能部门或公共服务人员，评价对象接到反馈结果后，对结果进行深入分析，找出存在的问题并制定绩效改进措施，促进评价结果运用的过程。政府绩效反馈的目的是通过将绩效周期内绩效的表现及时反馈，并推动评价结果的充分利用，从而助推政府绩效水平的持续提升。

（二）政府绩效反馈的类型

根据政府绩效反馈信息的内容以及反馈源态度的不同，可以将绩效反馈分为负面反馈、中立反馈和正面反馈三类。其中，负面反馈和中立反馈都是针对政府绩效管理评价中存在的错误行为进行的反馈，反馈的目的聚焦在减少错误行为；而正面反馈则是针对政府绩效评价中的正确行为进行的反馈，其目的是强化这种正确行为。

另外，还存在两种比较常见的反馈方式，即自我反馈和360度反馈。自我反馈是一种特殊的绩效反馈方式，是指在建立一套严格、明确的绩效标准的基础上，使被评价对象自觉地将自己的行为与绩效标准相对照,并自行做出改进行为的机制。自我反馈在高重复性或例行的常规工作上比较容易实施;对于那些需要自驱动的创新工作,自我反馈也非常重要。360度反馈是指帮助一个公共服务人员(主要指领导干部)从与自己发生工作关系的所有主体(领导、同事、组织内外部的服务对象及其他人)那里获得关于本人绩效信息反馈的过程。360度反馈涉及的信息比单渠道反馈要多得多,这个优点也意味着收集和处理信息的成本相对较高。360度反馈最重要的价值在于开发,而不是评价。如果过分地依赖360度反馈,将会削弱绩效目标的意义;实际上,360度反馈只有与其他反馈方法一起使用时,才能最大限度地发挥作用。

政府绩效反馈具体形式主要有书面报告和绩效反馈面谈两种。具体选择什么反馈方式要看反馈的对象和内容:对一般性或程序性的反馈,可以采用书面报告形式;而对需要深入分析和讨论的内容或者负面评价结果的反馈,则最好采用绩效反馈面谈的方式。

(三)政府绩效反馈的意义

研究发现,反馈是使人产生优秀表现的重要条件之一,而缺乏具体、及时的反馈则是绩效不佳最普遍的原因之一。在政府绩效评价结果出来之后,绩效主管单位或主管领导对评价对象整个绩效周期内的工作完成情况进行全面回顾,对政府绩效的持续提升有重要意义。

第一,有利于提高各利益相关者对评价结果的认可度。在绩效评价结束后,政府绩效反馈为各利益相关者提供了一个良好的交流平台。一方面,绩效主管机关或领导告知正式反馈评价结果,使其真正了解自身的绩效水平,使被评价者能够充分地接受和理解绩效评价结果。另一方面,通过对存在问题的沟通,特别是探讨绩效不佳的原因,强化其对绩效评价结果公平和公正性的正确认识,从而提高了绩效评价结果的认可度。

第二,有利于绩效改进和绩效持续提升。政府绩效反馈的目的是通过绩效改进推动政府绩效的持续提升。通过评价发现问题,通过反馈分析和解决问题,从而有的放矢地改进影响政府组织、职能部门和各级公共服务人员绩效各项因素,建立绩效持续改进的机制,推动其制订和实施政府绩效改进计划。另外，绩效反馈通过评价对象参与绩效改进计划的制订，增强了他们对绩效改进的承诺，从而有利于政府绩效改进计划的有效执行。

第三，绩效结果运用提供详细的信息基础。政府绩效评价结果的应用领域非常广泛，通过及时反馈，让各利益相关者都及时了解评价结果，为结果的应用奠定信息基础。比如，下一绩效周期的计划制订、领导干部的选拔和任用、公共服务人员的职业发展规划和绩效薪酬、公众对政府绩效表现的知情和监督等领域都需要以反馈信息为基础。

二 政府绩效反馈面谈

（一）政府绩效反馈面谈的内涵

绩效反馈面谈是一种重要的绩效反馈方式，是指绩效主管机关工作人员和主管领导就上一绩效周期的绩效表现和评价结果与评价对象进行正式面谈，并分析出现问题的原因，探讨绩效改进措施的过程。政府绩效反馈面谈本质上是一种面对面的沟通，它可以将评价结果更好地反馈给评价对象，使理解、激励、奖惩和培训等功能得到更充分的发挥。政府绩效反馈的意义集中体现在政府绩效反馈面谈之中。具体来讲，主要体现为通过面谈更好地理解评价结果，对自身绩效表象的现状有更明确的认识；促进绩效改进策略的制定，并将改进融入下一绩效周期的绩效计划之中；在结果使用中，促进结果更好地应用。

（二）政府绩效反馈面谈的原则

在政府绩效管理体系中，根据评价对象的不同，反馈面谈双方也有所区别。为了更好地发挥政府绩效反馈面谈应有的管理和激励功能，需要重点把握三个基本原则。

第一，聚焦原则。政府绩效反馈面谈应该目标明确，即围绕评价对象的绩效表现和绩效结果，如具体工作是怎么做的、采取了哪些行动与措施、效果如何等。沟通尽量直接具体，而不能泛泛而谈。面谈双方都基于具体、客观的结果或事实进行目标沟通，对绩效周期内做得优秀的地方、存在差距和缺点进行详细的沟通；如果存在疑虑，也可基于事实进行申辩或解释。通常，应该通过访谈努力寻找造成不良绩效的真正原因，把面谈的重点放在解决问题上。

第二，信任原则。相互信任是沟通的基础，缺乏互信就很难全面深入地进行深入沟通，甚至会使双方都会感到紧张、急促，充满冷漠和抵触情绪。因此，绩效管理机关或主管领导应该尽量营造一种彼此互相信任的良好氛围，通过政府绩效反馈面谈最终促进双方的相互理解和达成共识奠定基础。在沟通中，不能一味地强调存在的问题，还要多强调进步和优点，这是赢得信任的好方法。

第三，互动原则。反馈面谈是一种双向沟通，为了获得对方的真实想法，绩效管理机关或主管领导应该注意倾听，鼓励面谈对象充分表达自己的观点，对下属提出的好建议应该充分肯定，允许面谈对象针对模糊或疑惑之处进行询问和辩解，更不能打断与压制面谈对象的谈话，必须保证双方充分的沟通和交流。

（三）政府绩效反馈面谈的实施

1. 政府绩效反馈面谈的准备

为了充分实现政府绩效反馈面谈的目的，面谈双方都应该做好充分的准备。一般来讲，以下四个方面的准备不可少：第一，选择合适的面谈时间。通常来讲，应该安排一个合适的时间段，其长短要适宜，双方要有共识。第二，选择合适的面谈地点和环境。面谈的场所最好是封闭的，双方在面谈时的空间距离和位置要有利于交流。一般来说，在办公环境下，主要的面谈地点有领导办公室、会议室、接待室，其中，小型会议室或接待室是比较理想的选择。第三，收集整理面谈所需要的信息资料。沟通双方一定要基于事实进行沟通，有不清楚或疑问的地方特别需要信息支撑。第四，进行必要的反馈面谈培训。应该对面谈经验不是很丰富的面谈者提供实战培训的机会，以促进绩效反馈面谈的顺利开展；在绩效反馈面谈的实战培训中，通常使用"角色扮演"的方式让培训主体实实在在地"体验"反馈的实施过程。

2. 政府绩效反馈面谈的实施过程

政府绩效反馈面谈是一个精心设计的沟通过程，通常包括开场白、实施面谈、结束面谈和总结与改进。

（1）准备开场白。良好的开场白可以帮助面谈对象放松心情，以便其在接下来的面谈中更好地阐明自己的看法。如果面谈对象能够很好地了解面谈的目的，并已经为面谈做好了充分的准备，那么开门见山也许是最好的选择。很多领导并没有认识到面谈开始的重要性，往往急于切入主题而忽略开始的方式。实际上，最初的几分钟谈话往往决定了面谈的成功与否。因此，开场白的设计至关重要，必须引起足够的重视。

（2）实施面谈。在实施面谈过程中，首先，要明确面谈的目的与预期目标。要根据不同的目的和目标，选择不同的面谈方式，这样，才能收到良好的面谈效果。其次，绩效管理机关和领导应该对面谈对象上一周期绩效表现做一个总体的回顾，并告知其绩效评价结果。再次，面谈对象对绩效评价结果有异议，面谈者要耐心倾听，并就存在争议的问题给出合理满意的答复。最后，面谈者和面谈对象要就导致绩效不良的原因进行分析，找出问题所在，并共同制订绩效改进计划和符合员工自身实际情况的个人发展计划。其中，最重要的是要分析和诊断出绩效不佳的原因，并研究确定解决问题的方法。

（3）结束面谈。当面谈的目的已经达到或由于某些因素无法取得预期进展时，应当适时结束面谈。在绩效反馈面谈的结束阶段，领导者需要对面谈对象进行正面激励，让面谈对象鼓足干劲，以满怀斗志的状态开始下一绩效周期的工作。

（4）总结与改进。在绩效反馈面谈结束之后，绩效主管机关和领导者要对面谈的整体情况和效果进行评估，对面谈过程中所记录的内容进行反思与总结，对于面谈对象提出的疑问或要求予以高度重视，并采取具体的方法和手段加以解决。在总结过程中，领导者应该对影响最终绩效结果的因素进行全面分析，以找到限制绩效进一步提升的真正原因。反馈面谈的总结过程，是为了绩效改进，因此，在管理实践中，绩效反馈面谈常常和绩效诊断结合在一起进行。

三　政府绩效申诉

在政府绩效评价过程中，可能因为评价标准模糊不清、评价主体个人偏见、绩效信息收集不准确等因素的影响，通常很难避免有争议现象产生。为了尽可能避免这种状况的出现，有必要建立科学的绩效申诉与争议处理制度。

（一）政府绩效申诉的内涵

政府绩效申诉，是指评价对象在对评价结果持有异议时，依照法律、法规或规章制度向有权受理申诉的机构提起申诉申请，受理部门依照规定的程序对相应的评价过程和结果进行审查、调查并提出解决办法的过程。政府绩效申诉制度是保障政府绩效评价的可靠性和权威性的重要措施，也是政府绩效管理体系的重要组成部分。

政府绩效申诉体系主要包括申诉方、被申诉方和申诉管理机构三个方面。申诉方是指对评价结果持有异议，依据相关规定以单位或个人名义向申诉管理机构提起申诉的组织或人员，简单地说，申诉方就是对评价主体的评价结果不服而提起申诉的评价对象。被申诉方是指评价对象就评价争议案件提起申诉的单位或个人，常常是指评价主体。申诉管理机构是指受理政府绩效申诉的机构或部门，一般而言，该机构的职能由政府绩效管理机关承担。此外，在政府授权的前提下，权威的第三方机构也可以作为政府绩效申诉的管理机构，因为这类机构立场中立、行事客观，但是，由于职能权限和信息障碍等方面的限制，会加大其受理申诉工作的难度。

（二）政府绩效申诉的原则

在政府绩效申诉过程中，必须坚守一些具有普遍意义的指导原则，以提高申述的严肃性和权威性。具体来说，政府绩效申诉应该遵守以下四个原则：

第一，合法性原则。即必须按照法定程序到法律法规授权单位进行申述；申述受理也必须以事实为根据，以法律为准绳。

第二，公开性原则。申诉过程、申述处理结果都应该公开，便于各方了解情况；所涉及的申诉信息，除法律规定保密的之外，应尽量公开。

第三，及时性原则。这项原则要求政府绩效申诉的各个步骤都必须在限定的期限内完成，申诉机关要尽快完成对案件的审查，并及时做出处理决定，不能拖延推诿。

第四，合理性原则。申诉机关应本着对申诉各方负责的态度，深入细致地查明与案件有关的事实，做出合理的认定，不能徇私舞弊。

(三) 政府绩效申诉的实施

1. 政府绩效申诉的法制准备

政府绩效申诉是一个高度制度化和法治的安排，需要有制度或法律保障。有效地实施这一制度，需要做好以下准备：

(1) 建立健全政府绩效申诉法制基础。政府绩效评价申诉制度是申诉的法律依据，是申诉有效进行的保障。我国政府绩效申诉制度可以在《行政复议法》基础上制定，确保其权威性和严肃性，特别应该建立申诉方的法定权益的基本保障。

(2) 构建基本的制度体系。政府绩效申诉体系的构建是一个系统工程，至少需要确定申诉参与方、界定申诉范围、明确申诉管辖权。第一，明确界定申诉方、被申诉方以及申诉管理机构；第二，明确界定申诉机关接受评价争议案件的申诉范围；第三，明确界定申诉管辖，是指有权受理评价申诉的组织接受申诉方的申诉请求，并收集资料审查评价行为本身，最后依法做出裁决，同时终结绩效评价申诉活动的行为。解决的是当评价对象对评价主体的评价质疑时应向谁提起申诉的问题。

2. 政府绩效申诉的实施流程

政府绩效申诉的实施流程应该有明确的规定，通常应该申诉程序的科学性和合理性；还应该为每个步骤设置一定的处理期限，如立案期限、审理期限、送达期限、执行期限等，以提高绩效申诉处理的效率。一般来讲，政府绩效申诉实施的流程包括以下五个方面。

(1) 申请。当评价对象对评价结果产生置疑，向申诉机关申请时，就开始进入申诉程序。绩效评价申诉是依照"不告不理"原则，依申请而进行的，如果评价对象不提起申请，就不能进入申诉程序。

(2) 受理。申诉机关在接到评价对象的申请后，进行审查，看其是否符合申诉范围、是否符合受理的有关条件等，再决定是否受理。如符合条件，就应立案受理。

(3) 审理。绩效申诉受理后，申诉机关应调取相关证据，让申各方充分表达自己的意见和立场,围绕评价中的问题展开辩论。

(4) 裁决。经过充分的论证和审查后,申诉机关应该以事实为根据,做出公正的裁决,并将裁决结果送达申诉各方。

(5) 执行。绩效申诉结果裁决后,申诉各方应在法定期限内依法执行。申诉机关应加强对申诉处理决定执行情况的监督。对不履行或无正当理由拖延履行的,申诉机关应责令其限期履行。

四 政府绩效评价结果应用

政府绩效评价结果的有效应用是防止政府绩效管理系统"空转"现象的保障性环节,甚至关系到公共价值创造的成败。政府绩效评价结果的应用范围非常广,主要包括作为政府绩效改进的依据、作为政府绩效预算的依据、作为人事决策的依据等。

(一) 绩效改进的基础

推动政府绩效持续改进是进行政府绩效管理的主要目的。传统政府绩效评价侧重于对政府已经完成的工作任务的评价,而现代政府绩效管理的立足点是政府绩效的持续改进,关键在于"以评促建和以评促改",最终推动公共价值的有效创造。政府绩效改进是一个系统化的过程,是指通过对现有绩效状态的诊断,找出与理想绩效之间的差距,制定并实施相应的干预措施来缩小绩效差距,从而提升个人、部门和组织绩效水平的过程。政府绩效改进可以分为绩效诊断、绩效改进计划的制订、绩效改进计划的实施与评价三个阶段。

1. 政府绩效诊断

政府绩效诊断是政府绩效改进过程的第一步,也是绩效改进最基本的环节,具体是指用适当的方法,对个人、部门和组织等层面存在的绩效差距进行诊断与分析,找出导致绩效不佳的原因,并编制绩效诊断报告的过程。绩效具有多因性的特征,只有在充分研究各种可能的影响因素的前提下,我们才能够找到问题的症结所在,从而对症下药。通常来讲,需要从各级公共服务人员特别是主管领导的个人履职行为、工作场所和工作气氛等内部环境、外部宏观环境影响等方面进行系统分析。

经过系统全面的分析,就可以得出政府组织、职能部门和各级公共服务人员个人三个层面的绩效差距，然后，根据政府的资源禀赋对各个绩效改进要点进行重要性和可行性排序，最终选定绩效改进的重点方向，并编制正式的绩效诊断报告。

2. 政府绩效改进计划

系统全面的绩效诊断为政府绩效改进计划的制订奠定了基础，另外，政府绩效反馈面谈也会对政府绩效改进做比较充分的讨论。评价对象应该在此基础上，根据主管领导的要求，制订出详细绩效改进计划，通常包括需要改进的项目、目前的绩效水平、期望的绩效水平、存在差距的原因、绩效改进方式和完成改进的时限等内容。

一份完整的政府绩效计划应该系统回答改进什么、应该做什么、由谁来做、何时做以及如何做等问题，对这些问题的回答尽量明确具体，要有实际可操作性。对特殊问题和重点问题，应该提出详细的改进意见。总之，要确保政府绩效的持续改进。

绩效改进能否成功，关键就在于是否能有效地控制改进的过程。因此，绩效管理机关或主管领导还应该加强政府绩效改进计划实施的过程监督，并对相关公共服务人员进行评价和监督，并根据被评价者在绩效改进过程中的实际工作情况，及时修订和调整不合理的改进计划。

（二）政府绩效预算的依据

政府绩效预算是政府绩效管理的有机组成部分，但是，在执行的过程中又具有相对独立性。政府实施全面的绩效预算，首先就要求政府绩效管理体系系统完整，评价结果科学规范，政府绩效评价结果应用是政府绩效预算的基础。

政府传统预算管理坚持的是"投入导向"的思想，其基本模式是投入—产出—结果。在这种模式下，政府预算的重点在于投入，强调对公共资源的使用负责，投入资源的产出结果并不是政府关注的重点。这种预算模式导致政府投入管理权限过度集中，导致政府部门关于预算管理的自主性和灵活性受到影响，财政资金的使用效率和效果也因此受到影响。为了提高有限资金的使用效率和效果，绩效预算思想应运而生。政府绩效预算坚持结果导向，其基本模式是结果—投入—产出。这种模式要求政府部门预算必须以绩效结果为基础,政府部门对所配置的公共资源在担当绩效结果的基础上具有更大的自主权。

政府绩效预算制度不是单纯的预算制度,将其纳入政府绩效管理体系之中,不仅使政府绩效管理具有更强有力的管理抓手,又为政府绩效的持续改善注入了更强劲而持久的内在动力,从而更好地促进公共战略的顺利实施。

(三)作为人事决策的依据

要实现政府绩效的持续提升,需要激活政府组织,更要激活各级公共服务人员,只有实现了组织与人都处于激活状态,才能建立政府绩效持续提升的管理机制。建立该机制的基础,就是将政府人事管理的各项决策与政府绩效评价结果应用紧密挂钩起来。

政府绩效评价结果在几乎所有政府人事政策中都有应用,其中以下三个方面尤为突出。

第一,作为领导干部任用和晋升的依据。这要求政府领导考核要逐渐加大实绩考核的力度,并将实绩考核结果作为晋升的重要条件。

第二,作为技能培训和潜力开发的依据。将培训和开发与政府绩效评价结果联动起来,提升相关工作开展的针对性和目的性,从而更好地改善绩效。

第三,作为奖惩政策的依据。将绩效评价结果作为政府奖惩政策的基本依据,对绩效优秀者实施及时的正向激励,而对绩效低下者也需要严格采取负激励,使各级公共服务人员都处于一种激活的状态,从而为绩效的持续提升注入持续的动力。

第三章 绩效管理工具

绩效管理工具作为管理实践和管理理论之间的桥梁与纽带,为政府绩效管理体系的构建和完善提供了一条有效的实现路径;即政府绩效管理系统的搭建,通常需要以某种绩效管理工具为内在逻辑,以增强政府绩效管理体系的系统性、可操作性和规范性。自德鲁克提出目标管理以来,绩效管理理论研究者和实践界一直都致力于管理工具的开发,目标管理、关键绩效指标和平衡计分卡等管理工具在企业管理中已经取得了丰硕的成果。研究表明,这些管理工具在政府绩效管理实践中也具有广泛的适用性,并且已经取得了相当丰硕的研究成果和实践经验。

第一节 目标管理

1954年,美国著名的管理学家彼得·德鲁克在《管理的实践》一书中提出了目标管理(Management by Objectives,MBO)。从某种意义上说,目标管理是德鲁克提出的最重要、最有影响力的概念之一。目标管理思想极大地促进了绩效管理理论研究和实践探索。

一 目标管理的概念

目标管理在20世纪50—70年代可谓在西方管理学界和企业管理实践中风行一时,对管理学的发展产生了重要影响。目标管理是重要的管理工具,对管理思想的系统化和操作化做出了重要贡献。德鲁克认为,古典管理学派偏重于以工作为中心,忽视人的需求;行为科学学派又偏重于以人为中心,忽视了同工作相结合。他在充分吸收科学管理理论、管理过程理论和人际关系学派等理论的基础上，结合企业管理实践经验，提出了目标管理。

德鲁克认为，所谓目标管理就是一种程序或过程，它使组织中的上下级一起协商，根据组织的使命确定组织一定时期内的总目标，由此决定上下级的责任和分目标，并把这些目标作为组织经营、评估和奖励的标准。德鲁克提出的"目标管理和自我控制"的管理思想，强调通过目标带来的自我控制力取代来自外部控制的方式，强调激发人的最大潜力实现目标而不是通过外部控制实现目标。德鲁克认为，通常应该先确定目标，然后根据目标确定每个人的工作，而不是有了工作后才有目标。在绩效管理过程中，组织使命和愿景都需要首先细化为具体的战略目标，然后再分解为绩效目标体系，目标体系决定了工作的方向和重点；没有明确目标的领域通常都不会受到重视，甚至会被有意忽视。

德鲁克提出的目标管理，与我们一般意义上的目标分解、落实、执行、监督、检查、激励、惩罚等过程有着原则性的区别。深入理解德鲁克的目标管理，至少应该注意以下三点：第一，目标管理是一种基本原则。目标管理强调通过持续深入地推进"员工参与"，将领导者和下属的注意力及努力引向一个共同的目标，以实现管理效率和效果的持续提升。第二，目标管理是一种责任。德鲁克认为，目标是组织最根本的策略，应该体现组织发展的方向，具体从"我们的事业是什么？我们的事业将是什么？我们的事业应该是什么？"三个问题中获得。通过强化对目标的承诺，来激发人的内在潜力；目标管理综合了对工作的兴趣与人的价值，强调在工作中满足社会需求，同时又致力于组织目标的实现，这样，就实现了工作和人的需要两者的统一。第三，目标管理是一种管理哲学。目标管理是在探索管理哲学的基本问题（管理是什么、为什么和怎么做）的基础上发展起来的系统管理理论，它适用于所有人，不受其职位和职责差异的影响，也适用于任何类型的组织，不管组织性质和规模如何。

除了德鲁克对绩效管理的内涵进行了界定，还有很多学者对此进行了探索。约翰·亨布尔（John Humble）认为，目标管理是在管理者努力发展自己的前提下,积极整合组织的需要来阐明和实现组织利益的动力系统,是对管理风格的要求与奖赏。乔治·欧迪伦(George Odiorne)认为,目标管理是"一个组织中的上级和下级一起制定共同的目标;同每个人的应有成果相联系,规定他的主要职责范围;并用这些措施作为经营一个单位和评价其每个成员的贡献的指导"。戴尔·麦康基(Dale D. McConkey)从近40位权威人士对目标管理界定中发现,人们对目标管理普遍重视以下三个方面的内容:目的和绩效目标应当具体、应该根据可衡量的标准来定义目标、应当将个体目标与组织目标联系起来。

美国旧金山大学商学院教授理查德·巴布柯克(Richard D. Babcock)认为,"目标管理概念的提出具有划时代的意义,目标管理注重管理行为的结果而不是对行为的监控,这是一个重大贡献。因为它把管理的整个重点从工作努力(输入)转移到生产率(输出)上来"。美国南卫理公会大学商学院教授理查德·巴斯科克(Richard H. Buskirk)认为,目标管理是划时代的思想革命,重视管理行为的结果,而非监督活动本身,为管理者把管理中心从努力工作(投入)转移到生产力(产出)方面做出了极大的贡献。它不仅作为一种绩效管理工具,为未来绩效管理的发展奠定了基础,而且作为一种先进的管理思想,对后期的很多管理学理论产生了重大影响。

二 目标管理的实施

(一) 目标管理实施的过程

目标管理的实施包括计划、实施、评价和反馈等环节的持续管理过程。

(1) 计划。计划是目标管理最重要的环节,即制定出目标体系。领导与下属通过充分沟通,确立目标体系,从而明确期望达到的结果,以及为达到这一结果所应采取的方式、方法及所需的资源。同时,为实现目标制订详细的计划。

(2) 实施。实施即对计划进行监控,是保证制定的计划按预想的步骤进行,掌握计划进度,及时发现问题。如果发现成果不及预期,应及时采取适当的矫正行动,必要时还可对计划进行修改。

(3) 评价。评价结果是将实际达到的目标与预先设定的目标相比较，从而使评价者能够找出未能达到的目标，或实际达到的目标远远超出了预先设定的目标的原因，为管理者做出合理决策提供参考。

(4) 反馈。反馈就是管理者与员工一起回顾整个周期，对预期目标的达成和进度进行讨论，从而为制定下一绩效周期的目标及战略制定或战略调整做好准备。

在目标管理实施过程中，有三个方面的内容需要特别注意。

(1) 强调管理沟通和员工参与。在整个管理流程的四个环节之中，均强调领导与下属的持续沟通，注意领导与下属在重要问题上取得共识；通过强化员工参与，提高员工对目标的承诺，减少外部监控或控制，从而激发员工内在潜力，改善组织氛围，改进管理方式。

(2) 确保目标体系科学合理。领导需要与下属在充分沟通的基础上明确组织的目标与结构体系、组织的分工与合作及各自的任务等，并在此基础上制定绩效目标体系。在目标制定过程中，通过明确权力和责任，将个人的需求和组织目标结合起来，确保组织目标顺利实现。

(3) 注意克服目标管理的不足。在目标管理中，要坚持在结果导向的前提下强化沟通，要注意时间成本和财务成本有效控制；克服绩效管理过程中重视短期目标而轻视长期目标的倾向；注重目标、指标和绩效标准完整体系的建设，提升目标管理的公平性和客观性。

(二) 目标管理实施的条件

成功实施目标管理，不仅要求组织有清晰的战略目标，而且要对如何实现这些目标达成共识，还要通过系统的管理行为确保目标的最终达成。而成功实施目标管理还需要一些基本条件，至少包括以下四个方面。

1. 做到组织层次分明

目标体系本身的科学性、具体性、明确性以及针对性则是目标管理成败的关键性因素，而组织层次分明是目标体系具体明确的前提和基础。组织结构混乱就很难高效地推行目标管理。各级领导需要对自身担当的目标绝对负责，这要求组织设计必须做到权责一致、边界清晰。如果在职责和权限之间出现错位，往往会使目标无法达到，并且会使管理者受到很大的挫折。

2. 注意领导风格匹配度

员工参与是目标管理的精髓，这要求组织领导风格有利于推进员工参与，保障领导与下属在整个管理过程中都进行充分且持续的沟通，进而充分激发下属的创造性、主动性和积极性，促使下属信守承诺，最终实现下属的自我控制和自我管理，助推组织战略目标的顺利实现。

3. 制定挑战性的目标

目标制定是实施目标管理的关键。大量的理论研究和管理实践都证明，具有挑战性的目标通常能带来高绩效。领导和下属经过充分沟通制定出具有挑战性的目标，就成为目标管理成功的关键内容，其中对目标实现难度的把握非常关键。

4. 建立工作反馈机制

反馈机制是有效沟通的重要组成部分。在结果导向的管理中，领导者通常需要对他自己的工作进行及时反馈，在做出决策时，通常期望在决策时能直接采用最小量的、有质量和经过组织的数据，而不能忍受日常文书工作、不必要的日常事务和原始数据。因此，高效的工作反馈机制在目标管理实践中显得尤为重要。

三　政府目标管理的实践

目标管理的基本思想在企业和政府中都适用，政府绩效管理者主要需要关注政府实施目标管理的特殊之处。目标管理思想于20世纪60年代传入我国，率先应用在企业管理实践中，然后才在党政机关中推广应用；目标责任制在我国始于80年代中期，是"目标管理"工具在我国的变通应用。基于简洁高效的典型特征，目标管理迅速成为在我国政府绩效管理实践中应用最广的管理工具之一。

（一）目标责任制

早在1978年邓小平同志就指出："党和国家机关中，一个很大的问题就是无人负责。……一项工作布置之后，落实了没有，无人过问，结果好坏，谁也不管，所以急需建立责任制。"[①] 为了有效地解决

[①] 邓小平：《邓小平文选》第二卷，人民出版社1983年版，第150页。

"无人负责"的问题，同时，也使各级领导关心各项工作的实际结果，党政机关也引入现代管理方法，探索建立目标责任制来解决面临的困境。

在我国政府实行中央集权式的科层组织制度框架下，目标责任制是一种基于政府组织层级不同，将工作任务自上而下层层发包，并根据目标完成情况对官员工作业绩进行评价的管理体系；其主要特征在于上级政府每年年初通过与下级政府签订目标责任书，对下级政府需要完成的一系列目标任务进行详细规定，并在年末对照目标责任书进行考核，确定和判断一级政府、职能部门及其人员的绩效表现，并按照考核结果实行相应的奖惩。目标责任书在我国政府绩效管理过程中具有极其重要的地位，在政府官员治理机制中扮演着极其重要的角色。

目标责任制明确了政府组织及其领导的绩效责任，在强调上级政府战略目标贯彻落实的同时，在实践中创造了以绩效来判定责任履行状况的问责机制。我国实行的目标责任制更多地采取"首长目标责任制"的形式出现，通过加强领导班子绩效问责来考核政府组织绩效。因此，目标责任制与现代意义的组织绩效管理有着明显的不同，不是对组织绩效状况的系统管理，而是通过将组织目标分解到不同职位，绩效评价也指任职者对政府绩效目标的贡献。虽然首长的目标责任与政府或部门的目标责任是基本一致的，并且管理技术上也有很大的相似之处，但是，在管理实践中却存在理想与现实的鸿沟。

从理想制度设计的角度看，目标管理通常被看成是一种激励相容的管理模式。绩效目标不仅是组织存在的意义，也是各级工作人员日常行为的内在动力，领导者常常借助绩效目标来激励员工，同时通过建立目标责任制形成一种内在压力。在绩效管理实践中，由于不同利益相关者存在利益冲突，常常出现"上有政策下有对策"的情况，从而使中央与地方、上级与下级之间不能全面实现激励相容，仍然存在与预期效果相背离的现象。① 其中，领导干部实施印象管理，推动政绩工程在很大程度上就是绩效问责博弈的结果，也凸显了政府目标责任制实施中的难点。②

(二) 目标责任制实践探索

目标责任制从引入至今，在我国一直都有广泛的应用。1988年，有13个大中型城市参与成立中国城市目标管理研究会，表明我国当时目标责任制已经有比较广泛的应用，但是，这个时期的系统研究和完整描述较少，仅有少量简评性的文章。到20世纪90年代，随着以经济建设为中心的绩效目标的明晰，我国政府组织制定了数字化的经济增长目标任务和绩效指标，并自上而下，层层分派下去，形成了一个金字塔形的目标责任体系。政府绩效明确聚焦经济目标极大地促进了我国经济的快速发展，但是也导致了不少问题。进入21世纪以后，科学发展逐渐成为政府工作的指导思想，政府绩效目标的内容也随之扩展，政治、经济、文化、社会、生态等多个领域都逐步进入政府绩效管理的范畴；当前，甚至有些地方已经取消GDP指标的考核，将政府工作重心转移到公共服务和民生领域。总之，目标责任制也成为政府推动新理念贯彻落实的有力抓手。我国很多城市都以目标管理为基础进行了政府绩效管理的探索，如杭州市和青岛市等就是典型案例。杭州政府绩效管理实践本书后面将详细介绍，在此介绍青岛实践。

为推动青岛市科学发展、和谐发展和率先发展，青岛市市委、市政府进行了一系列的绩效管理探索。③ 1998年，青岛市市委、市政府率先在全市各级机关和部门推行目标管理，到2003年，又出台了《关于加强目标管理绩效考核工作的意见》，将"三个文明"（物质文

---

① 田红云、田伟：《论中国政府部门目标责任管理的得与失》，《统计与决策》2011年第5期。

② 阎波、吴建南：《目标责任制下的绩效问责与印象管理——以乡镇政府领导为例的分析》，《中州学刊》2013年第12期。

③ 中共青岛市委、市直机关工作委员会：《高绩效机关之路：世界银行评价的中国金牌城市——青岛市的实践》，人民出版社2008年版，第1页。

明、政治文明和精神文明）建设中的重点工作纳入目标管理，建立了一个围绕"三个文明"的目标管理体系。青岛市目标管理绩效考核委员会采用具有科学民主的目标制定、审议和考核程序，建立了严格的目标层次体系和责任体制。

青岛目标管理实践中的目标体系主要包含两个方面的内容：一是市委、市政府部署的重点工作任务，具体包括经济社会事业发展、党风廉政建设、精神文明建设、维护社会稳定等方面；二是有关职能部门的目标和责任，具体包括年度重点工作目标、经济责任、重点建设项目、公务员管理与队伍建设等，还包括部门在履职过程中的依法行政、政务公开、工作效率、服务态度和服务质量等方面的要求。[①] 为了突出体现不同类型单位的特点，增强目标管理的合理性、科学性和一致性，青岛市对不同市（区、县）在评价指标、指标分值和权重的确定上有所侧重，重点突出不同地区发展方向和全市战略布局的要求。

从2003年到2004年2月，青岛市市委、市政府共成立了11个目标考核组，对全市12个市（区、县）和84个市直部门、单位的2003年"三个文明"建设情况进行了综合评价。在绩效管理过程中，青岛实践强调监控督察和年终考核相结合：监控督察又分为日常监控、季度调度和半年督察；年终考核由市目标管理委员会统一领导，市目标考核办公室具体实施，参与考核的单位和部门进行了明确的职责分工。另外，青岛实践还强调考核结果的运用。青岛市采取单位主要领导政绩评价与本单位评价结果直接挂钩的办法，使绩效评价与干部评价紧密挂钩，将评价结果量化到每一位市管领导干部。考核结果分为优秀、良好、合格、基本合格和不合格五个档次。完成年度工作目标的优秀单位将受到精神奖励和物质奖励，对当年未完成工作目标的单位的主要领导实行诫免，连续两年未完成工作目标的单位，其主要责任人将被待岗、降职、免职或责令辞职。

---

① 周志忍：《公共组织绩效评估：中国实践的回顾与反思》，《兰州大学学报》（社会科学版）2007年第1期。

第二节 关键绩效指标

20世纪80年代,管理学界开始关注通过绩效管理来实施组织战略;在管理实践中,注重通过管理技术有效融合结果导向与行为导向的优点,注重工作行为有效管理与目标达成。在这种背景下,关键绩效指标(Key Performance Indicators, KPI)应运而生。

一 关键绩效指标的概念

(一)关键绩效指标的内涵

所谓关键绩效指标,就是将组织战略目标经过层层分解而产生的用以衡量组织战略实施效果的、可操作性的关键指标体系,其目的是通过建立一种机制,将组织战略转化为内部流程和活动,从而不断增强组织的核心竞争力和推动组织持续发展。关键绩效指标的基本假设是二八原理,即组织战略的实现往往依赖于关键成功领域(Key Result Areas, KRA)的某些关键绩效要素(Key Performance Factors, KPF),其管理精髓就在于抓住关键、以少治多,从而实现组织战略目标,进而打造持续的竞争优势。

关键绩效指标作为一种战略性绩效管理工具,包括以组织战略为导向的三个层面的内容,即关键成功领域、关键绩效要素和关键绩效指标,三者的关系如图3-1所示。关键成功领域是指为了实现组织战略而必须做好的几方面工作;关键绩效要素是指对关键成功领域的细化和定性描述,同时又是制定关键绩效指标的依据;要求关键成功领域、关键绩效要素和关键绩效指标始终坚持战略导向,关键绩效指标就是组织战略的衡量体系。

(二)关键绩效指标的类型

根据不同的标准可以将关键绩效指标分为不同的类型,在管理实践中最常见的分类方式有两种。

按照组织层次,可以分为组织关键绩效指标、部门关键绩效指标和个人关键绩效指标。这三个层次的指标共同构成了完整的关键绩

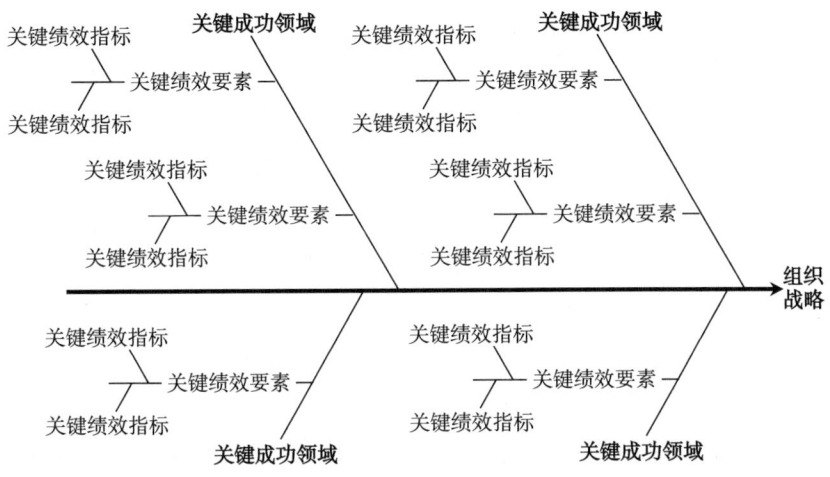

图 3-1 基于组织战略的 KRA、KPF 和 KPI 的关系鱼骨图

效指标体系。其中,组织关键绩效指标来自对组织战略的分解,部门关键绩效指标来自对组织关键绩效指标的承接和分解,个人关键绩效指标则来自对部门关键绩效指标的承接和分解。

按照指标性质,可以划分为不同的种类。这类划分方式的类型名称可能根据情况不同而存在差异,比如企业关键绩效指标可以分为财务指标、经营指标、服务指标和管理指标等,政府可以分为结果性指标、实现路径指标和保障性指标。

二 关键绩效指标的实施

(一)关键绩效指标的实施基础

关键绩效指标作为一个战略性绩效管理工具,在绩效管理实践中得到了广泛应用。通常关键绩效指标法用得比较好的组织,有助于发挥战略导向的牵引作用,形成对员工的激励和约束机制。成功实施关键绩效指标需要有以下基础。

1. 强调战略导向性

关键绩效指标体系直接源于组织战略,目的在于推动战略目标的实现,这就要求组织必须有明确的战略。很多组织在实施关键绩效指标时,虽然强调战略导向性,但是战略却并不明确。关键绩效指标作为一个技术性工具，对战略的界定往往聚焦于组织目标，对组织的使命、核心价值观和愿景的关注不够，这也可能导致组织在战略检验和调整时缺乏根本标准。因此，组织实施关键绩效指标时，要切实反思是否组织的战略准备度问题，从而真正地保障战略导向性。

2. 注重系统思考

组织管理具有高度的复杂性和不确定性，要求从整体性视角对思考的深度、广度（空间维度）和角度（时间维度）进行系统思考，聚焦于管理实践面临的问题，从而推动组织更好地实现组织战略目标。在管理实践中，由于关键成功领域相对独立，常导致各个领域之间缺少明确的逻辑关系。同时，关键绩效指标也因此相对独立并且缺乏明确的因果关系，从而可能导致关键绩效指标对员工行为的牵引方向不一致。因此，需要领导者注重系统思考，从而更好地发挥其优势，并弥补关键绩效指标法本身的缺陷。

3. 注重组织协同

在绩效管理实践中，组织、部门和个人三个层次关键绩效指标关系，总体上讲，是"自上而下层层分解、自下而上层层支撑"的关系。关键绩效指标的成功实施，要注重组织绩效、部门绩效和个人绩效的协同，确保个人绩效与组织绩效保持一致。组织协同体系建设要能克服复杂性，能够做到抓住主要矛盾或"牛鼻子"，并通过开展有效的监控，从而保障组织获得持续稳定的高绩效。

（二）关键绩效指标的建立过程

实施关键绩效指标，在管理流程上需要建设完整的计划、监控、评价和反馈的管理闭环，无论是成功实施关键绩效指标，还是关键绩效指标体系的开发。鱼骨图是关键绩效指标体系的建立过程中的基本方法。完整的指标建立过程包括六个基本步骤。

1. 确定关键成功领域

确定组织实现战略目标或保持竞争优势所必需的关键成功领域，既是制定关键绩效指标的第一步，也是关键的一步。如何确定组织的关键成功领域，主要回答以下三个问题：一是这个组织为什么会取得成功，成功靠的是什么；二是在过去那些成功因素中，哪些能够使组织在未来持续获得成功,哪些会成为组织成功的障碍;三是组织未来追求的目标是什么,未来成功的关键因素是什么。使用鱼骨图对组织战略进行分析,通过对组织的战略制定和规划过程进行审视,对所形成的战略目标进行反思,进而成功地找出有效驱动战略目标的关键成功领域。

2. 确定关键绩效要素

关键绩效要素是对关键成功领域的进一步解析和细化,对组织战略实现路径进行更深入的描述。如何确定关键绩效要素,主要回答如下四个问题:第一,每个关键成功领域包含的内容是什么;第二,如何保证在该领域获得成功;第三,达成该领域成功的关键措施和手段是什么;第四,达成该领域成功的标准是什么。

3. 确定关键绩效指标

确定关键绩效指标是将关键绩效要素细化为可衡量的评价指标,然后根据筛选基本原则选定关键性的指标。甄选关键绩效指标应遵循三个原则:第一,有效性原则,即所设计的指标能够客观地、最为集中地反映要素的要求;第二,重要性原则,通过对组织整体价值创造业务流程的分析,找出对组织价值具有增值作用并且影响较大的指标;第三,可操作性原则,即指标必须有明确的定义和计算方法,容易取得可靠和公正的初始数据。

4. 构建组织 KPI 库

将前三个步骤分析所得出的关键成功领域、关键绩效要素和关键绩效指标汇总成一个完整的组织 KPI 库,作为进行组织绩效管理的依据。

5. 确定部门 KPI 和 PI

政府组织 KPI 必须全部由职能部门(或下级政府)来承担,否则遗漏了组织 KPI 必然会导致重要工作遭到忽视。通常,组织 KPI 通过分解和承接两种方式就可以得到部门 KPI,即有些组织级 KPI 能被某职能部门承接,而有些组织级 KPI 却不能被职能部门直接承担,而是需要按照职能部门的职责或工作流程进行进一步分解。部门绩效指标也不全由 KPI 构成,同时还需要制定来自部门职责、流程和制度的一一般绩效指标，从而建成完整的部门绩效指标体系。

6. 确定个人 KPI 和 PI

一般公共服务人员个人 KPI 确定方式与职能部门 KPI 的确定方式一样，也是通过对职能部门 KPI 的承接或分解获得；同样，也要制定来自工作职责的一般绩效指标，从而建立完整的个人绩效指标体系。领导干部的个人 KPI 与职位层级联动，政府领导班子成员的 KPI 来源于政府组织级 KPI，而职能部门领导班子成员的 KPI 来源于职能部门 KPI。

总之，经过完整的六个步骤，组织战略就通过组织、部门和个人三个层级的关键绩效指标体系，最终落实到各级公共服务人员个人行为之中。

（三）指标权重分配与责任担当

关键绩效指标对组织和个人行为都有引导及规范作用。由于不同指标在工作中的重要性存在差别，常常通过设定不同的指标权重来体现该指标的重要程度，从而引导资源分配和规范个人行动方向。政府组织和职能部门的 KPI 数量需要根据战略任务确定；个人关键绩效指标数量却通常应该限制一个合适的范围，一般应该控制在 5—10 个。指标数量过少常常导致重要工作遭到忽略；指标过多则可能分散资源和注意力，导致不能抓住关键。

不同的权重分配也体现在不同指标上的责任担当。因此，单个指标不宜分配过高权重，比如超过 30%，这样就可能导致"抓大放小"的现象发生，从而忽视其他重要工作；但指标权重太低则对评价结果影响力小，也容易产生无法突出重点工作的现象。不同层级的公共服务人员的指标权重分配需要考虑不同的情况，领导班子成员的指标权重分配需要根据分工，对所在组织 KPI 的权重进行再分配；一般公共服务人员则根据指标重要性进行权重分配，通常反映其工作绩效结果和行为过程的关键绩效指标的权重分配不一样，结果性指标通常会分配到更高的权重系数。

三 政府关键绩效指标的实践

一级政府的工作涉及政治、经济、文化、社会、生态等众多领域，并且各项工作的衡量也相对困难。政府绩效主要表现为竞争、时间、质量、创新、效率、效果、公平、成本等要素[①]，并且将这些要素置于"资源—输入—活动—输出—成果—影响"的管理过程中，从而造成了政府绩效管理具有高度的复杂性。[②] 在绩效管理实践中，常常需要通过抓住主要矛盾，促进各项工作的化繁为简或以简驭繁，从而更好地实现政府战略目标。因此，虽然在政府绩效管理实践中，政府全面使用关键绩效指标法的案例不多，但借鉴关键绩效指标思想的实践却比较普遍。政府实施关键绩效指标需要重点关注以下两个方面的内容。

（一）绩效指标体系的制定

关键绩效指标为绩效计划中资源配置提供方向指引，为绩效监控和绩效评价提供基本依据及标准，为绩效反馈提供重点方向。在关键绩效指标的实施过程中，最核心的内容是绩效指标体系的制定。

在政府绩效管理实践中，重要任务和折子工程都需要通过有效的机制保障各层次落实。通常，这些目标都会转化为关键绩效指标，根据政府组织层级自上而下层层分解，强调指标体系的系统性和完整性，具体包括组织、部门和个人多个层次的关键绩效指标体系；强调通过关键绩效指标体系来促进政府绩效管理系统始终坚持明确价值指引和战略导向，并通过关键绩效指标实现对政府战略目标的增值。

政府基于关键绩效指标开发绩效指标体系通常包括以下三个步骤：

第一，需要根据政府战略目标，确定政府需要重点抓住的关键成功领域和把握关键绩效要素，进而制定出政府组织关键绩效指标。需要特别注意的是，政府所有绩效指标都应该是关键绩效指标。

第二，需要根据政府组织关键绩效指标确定政府各职能部门的关

---

① Fitzgerald, L., Johnston, R., Brignal, S., Silvestro, R. and Voss, C., "Performance Measurement in Service Businesses" [M]. The Chartered Institute of Management Accountants, Unwin, Surrey, 1991.

② 吴建南、阎波：《政府绩效：理论诠释、实践分析与行动策略》，《西安交通大学学报》（社会科学版）2004年第31期。

键绩效指标。同时,职能部门还需要根据部门职责确定其一般绩效指标(Performance Indicators,PI);职能部门绩效指标体系就包括关键绩效指标和一般绩效指标两部分。

第三,公务员个人的关键绩效指标来源于部门关键绩效指标和部门一般绩效指标。另外,每个职位的具体职责也规定了个人绩效指标;个人绩效指标体系由关键绩效指标和一般绩效指标构成。基于关键绩效指标的政府绩效指标体系如图3-2所示。

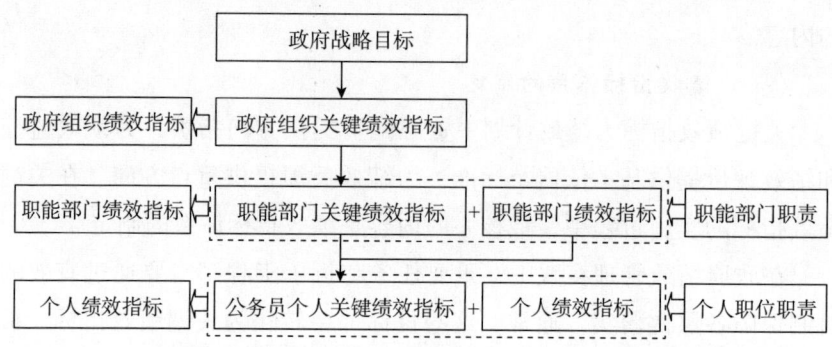

图3-2 基于关键绩效指标的政府绩效指标体系

在关键绩效指标实践中,关键在于发挥政府战略目标的牵引作用,通过组织、部门和个人完整的指标体系,促进政府与公务员绩效的协调一致,并建立起公务员激励和约束机制。

(二) 与其他绩效管理工具的整合

关键绩效指标实施过程中也存在诸多缺陷,比如,战略导向不完整和不明晰;各关键成功领域的逻辑关系不明确,从而导致指标对绩效管理系统的牵引方向不明确;过多地关注结果,而忽视了对过程的监控。为了克服这些缺陷,常常与其他绩效管理工具配合使用,比如通过与目标管理结合来强化绩效沟通,通过与标杆管理结合设置绩效标准,通过与平衡计分卡结合确保更好的战略导向和更明晰的内在逻辑。

关键绩效指标与平衡计分卡配合使用在绩效管理实践中比较普

遍。这两种工具结合又存在两类侧重点：一类是以平衡计分卡为主体框架，仅在指标选择时采用关键绩效指标的思想，弥补平衡计分卡的指标更加注重面面俱到的缺陷，而强调通过抓住少数关键指标以少治多，强调简单高效地实现绩效目标。另一类是以关键绩效指标为主，通过引入战略地图来强化关键绩效指标的战略指引和明晰各个关键成功领域的内在逻辑。罗双平（2010）就这两种工具的融合写了系列文章，提出了将政府战略目标转化为政府关键绩效指标的基本思路；该思路是：首先，借鉴平衡计分卡思想，强调通过对政府使命、核心价值观、愿景的完整陈述，促进政府战略目标的形成，并通过战略地图四个维度，来规范绩效目标的逻辑体系；其次，按照关键绩效指标的逻辑，确定关键绩效要素和关键绩效指标，如图3-3所示。

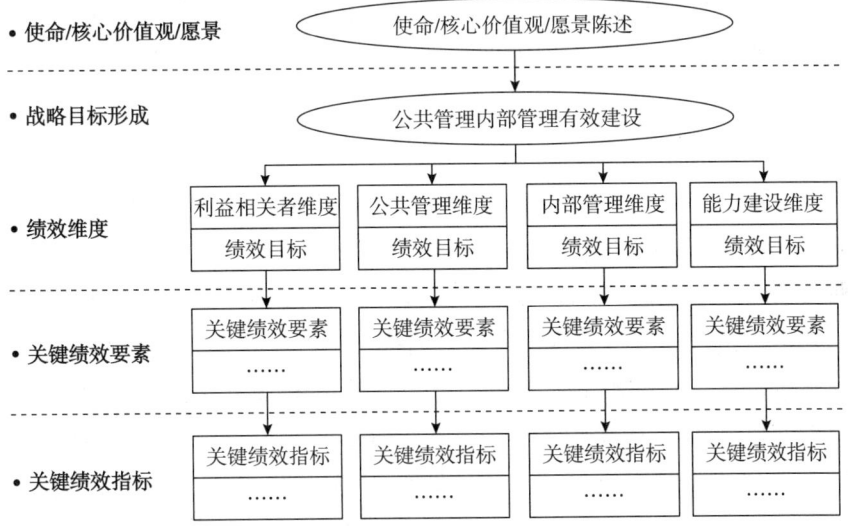

图 3-3　战略目标转化为关键绩效指标的基本思路

资料来源：根据罗双平《政府组织平衡计分卡绩效考评应用技术之二——如何将战略目标转化为关键绩效指标》，《中国人才》2010年第10期改编。

关键绩效指标在政府绩效管理实践中的有效应用，应该注重两个方面的作用：一是注重关键绩效指标对政府资源配置的指引作用，强调将有效资源配置到关键领域，强调关键绩效指标的方向指引作用；二是通过对关键绩效指标的监控和评价，促进政府抓住主要矛盾，解决重要问题，推动政府绩效的持续提升。

第三节　平衡计分卡

20世纪90年代，随着知识经济和信息技术的兴起，无形资产的重要性日益凸显。在此背景下，美国哈佛大学商学院教授罗伯特·卡普兰（Robert Kaplan）和RSI公司总裁戴维·诺顿（David Norton）针对企业的组织绩效评价创建了平衡计分卡，并经过近20年的努力，将平衡计分卡发展成为以战略为核心的系统完备的战略管理和绩效管理工具。目前，平衡计分卡在企业、政府、军队、非营利机构等各类组织中都得到了广泛的应用。

一　平衡计分卡概述

（一）平衡计分卡的发展历程

1990年，美国毕马威会计师事务所（Klyneld Peat Marwick Goerdler，KPMG）的诺兰诺顿研究所（Nolan Norton Institute）资助了一个名为"未来的组织业绩衡量"的研究项目，诺兰诺顿的CEO戴维·诺顿担任该项目的负责人，罗伯特·卡普兰担任学术顾问。项目开始后，小组成员查阅了大量的有关绩效衡量系统创新的案例研究，最终把目光锁定在模拟设备公司（Analog Devices）的"企业计分卡"上。这张卡不仅包括传统的财务指标，还包括与交货时间、制造流程的质量和周转期、新产品开发效率等相关的业绩指标。小组成员经过反复的讨论，对计分卡的内容进行了扩展，形成了一个具有四个独特层面的绩效衡量系统。在项目结束后，卡普兰和诺顿总结了小组的研究成果，在《哈佛商业评论》（1992年1—2月号）上发表了《平衡计分卡——驱动业绩的衡量体系》，标志着衡量组织绩效的平衡计分卡正式问世。此后，平衡计分卡得到管理界人士的广泛认可，迅速风靡全球，成为近百年来最具影响力的管理理论之一。

围绕平衡计分卡，卡普兰和诺顿团队进行了近 20 年的持续研究，形成了一批极具价值的研究成果，五本专著是平衡计分卡发展历程的标志性成果：

（1）《平衡计分卡——化战略为行动》（1996 年）标志着平衡计分卡从绩效衡量工具转变为战略实施工具，也标志着平衡计分卡理论体系的初步形成。

（2）《战略中心型组织——如何利用平衡计分卡使企业在新的商业环境中保持繁荣》（2000 年）系统地阐述了建立战略中心型组织的五个基本原则，使组织拥有了新的管理中心、新的协调机制以及新的学习模式，致力于实现整体价值大于各部分价值的总和。

（3）《战略地图——化无形资产为有形成果》（2004 年）创造性地解决了化无形资产为有形成果的技术路径问题，厘清了传统战略管理理论中存在于战略制定和战略执行之间的模糊地带。战略地图（Strategy Map）将平衡计分卡由菱形结构改为四个矩形叠加的逻辑结构，通过四个层面目标之间的因果关系来描述战略，为战略沟通和战略描述提供了一个可视化工具，从而为人们提供了一个清晰、逻辑性强并且经得起考验的描述战略的工具。

（4）《组织协同——运用平衡计分卡创造企业合力》（2006 年）阐述了一整套以战略地图和平衡计分卡为工具的治理框架，通过在纵向上将组织、部门、团队和个人协调和整合起来，在横向上将组织中的业务单元、支持单元、外部合作伙伴等利益相关者协调和整合起来，获得"1+1>2"的协同效应，为深入挖掘组织协同所产生的衍生价值提供了技术指导。

（5）《平衡计分卡战略实践》（2008 年）描述了公司怎样以战略与运营进行连接的所有关键流程为突破口，实现战略与运营之间的无缝对接，从而使员工的日常工作能够支持战略目标的实现。可以说，除平衡计分卡之外，还没有对一个管理工具开展如此持续深入的研究和探索。

（二）平衡计分卡的概念

1. 平衡计分卡的内涵

平衡计分卡的内涵有狭义和广义之分。狭义的平衡计分卡是指该工具问世时的基本内涵，主要是就绩效管理工具而言的，是与战略地图相并列的一种管理二维表格。广义的平衡计分卡是就理论体系而言的，其本质是通过构建以战略为管理核心的管理体系实现组织整体协同，从而建立化战略为行动的完整管理体系，具体包括战略地图和狭义的平衡计分卡。本书从广义视角来理解平衡计分卡。对平衡计分卡特点的把握，有利于深入把握平衡计分卡的内涵，而平衡计分卡的特点主要体现在以下三个方面。

（1）始终以战略为核心。平衡计分卡注重建立完整的战略管理流程，通过全面阐述战略衡量、战略管理、战略描述、战略协同、连接战略与运营等，始终围绕战略核心开展管理工作。

（2）重视协调一致。为了实现化战略为行动的目的，平衡计分卡将协调一致提升到了战略的高度，认为协同不仅是创造组织衍生价值的根本途径，也是实现客户价值主张的必要保障，有必要形成一套严谨的协同机制以确保战略"落地"。具体来讲，一是从逻辑上明晰协同思路，围绕"为谁创造价值"和"如何创造价值"，构建一套在横向和纵向都协同的管理体系；二是从体系上整合协同主体，即通过确定外部协同和内部协同中四种不同的协同关系，建立覆盖组织的完整架构体系；三是从机制上保障协同效果，即通过建立包括管理工具、管理流程、保障机制、沟通机制、监测和控制机制以及激励政策等管理机制保障组织协同效果。

（3）强调有效平衡。平衡计分卡所强调的平衡，不是平均主义，不是为平衡而平衡，而是一种有效平衡。这种有效平衡是指在战略的指导下，通过平衡计分卡各层面内部以及各层面之间的目标组合和目标因果关系链，合理设计和组合财务与非财务、长期与短期、内部群体与外部群体、客观与主观判断、前置与滞后等不同类型的目标和指标，实现组织内外部各方力量和利益的有效平衡。

2. 平衡计分卡的功能定位

在管理学界和实践探索者的共同努力下，平衡计分卡逐渐被发展成为一个集大成的管理工具，集中体现为战略管理工具、绩效管理工具和管理沟通工具三种功能定位。

（1）战略管理工具。通过绘制战略地图，实现对战略的可视化描述；通过建立战略地图、平衡计分卡和仪表盘指标的协同机制，有效地连接战略与运营，从而将战略转化为员工的日常行为，进而确保战略落地。

（2）绩效管理工具。通过战略地图和平衡计分卡，可以构建组织、部门和个人等层面的绩效管理体系，为绩效管理提供了完整的解决方案，在目标制定、行为引导、绩效提升等方面也具有明显的管理优势，能够为组织绩效目标的达成提供有力保证。

（3）管理沟通工具。平衡计分卡为组织全方位立体化的沟通奠定了基础：一是建立了一套层次分明、意义明确、表述清晰的统一的概念和术语，如使命、核心价值观、愿景、战略、企业价值主张、客户价值主张、战略主题、无形资产等，通过严密的语言体系保证了信息沟通的统一和规范；二是构建了完整的沟通机制，比如，通过运营回顾会、战略回顾会、战略检验与调整会等管理设计，并对沟通的渠道、传播媒介、沟通方式和频次以及沟通管理等内容做出了明确的界定。

二　平衡计分卡的实施

平衡计分卡涉及组织"化战略为行动"的全过程。在《战略中心型组织》一书中，卡普兰和诺顿提出了一套战略管理框架，并确立了构建基于平衡计分卡的管理框架的五项管理原则：高层领导推动变革、将战略转化为可操作的行动、使组织围绕战略协同化、使战略成为每个人的日常工作、使战略成为一个持续的流程，即从动员、转化、协同、激励和管控五个方面构建完整的战略管理体系。很多使用平衡计分卡取得了卓越绩效的公司在具体构建战略管理体系时，通常完整地实施前三条原则，同时实施了第四原则和第五原则的一些活动。但是，第五项原则需要重新构建各种规划、预算和控制系统，因此，很多组织是在实施平衡计分卡一段时间之后，才开始导入第五项原则。在《平衡计分卡战略实践》一书中，卡普兰和诺顿提出了包括"开发战略、诠释战略、围绕战略协同组织、规划运营、监控和学习、检验与调整战略"六个阶段的闭环式的战略管理流程。以战略管理流程为主线谋划和带动组织的全局工作，有利于建设稳定的高绩效系统，从不避免因领导更替而导致业绩的波动。

在绩效管理实践中，绘制战略地图和制定平衡计分卡（狭义）对在组织系统内形成全面协同的绩效管理体系尤为重要。[①] 管理实践者对战略地图和平衡计分卡（狭义）的构成和逻辑结构的深入理解，又是高效实施平衡计分卡的关键。

（一）绘制战略地图

1. 战略地图的构成

战略地图是对组织战略要素之间因果关系的可视化表示方法，是一个用以描述和沟通战略的管理工具，战略地图由包含"使命、核心价值观、愿景和战略"的顶层设计和"财务层面、客户层面、内部业务流程层面、学习与成长层面"四个层面的因果逻辑管理体系构成。战略地图是一个"化战略为行动"的逻辑框架，能够帮助组织以连贯、整体和系统的方式来看待战略。

（1）顶层设计的构成。战略地图顶层设计包括使命、核心价值观、愿景和战略。使命和核心价值观描述了组织长期奉行的核心理念，愿景和战略描述了组织在特定期限内的发展蓝图和战略选择。

第一，使命。使命是指组织对"为人类作出什么样的贡献和创造什么样的价值"这一终极命题的价值追问，体现组织存在的根本价值和追求的终极目标。使命是一个简明的、重点清晰的内部陈述，但是却指向外部价值的创造。使命及伴随它的核心价值观在一段时间内是保持相对稳定的。

第二，核心价值观。核心价值观是指组织为回答"组织长期奉守

---

① 直观理解以平衡计分卡为基础的绩效管理体系模型，请参考本书第二章中"政府绩效计划总体设计"的"全面协同的政府绩效计划体系"模型。

的坚定信仰是什么"，而在决策和行动坚守的永恒原则，体现组织态度、行为和特质。核心价值观一般源于领导人的个人信仰，是组织文化长期积累和沉淀的成果，为全体成员共同认可和遵从。

第三，愿景。愿景是组织为了回答"组织的中长期目标是什么"这一关键问题，而制定的宏伟蓝图，反映了组织对未来的期望，通常表现为对中长期目标的简明成熟。愿景是实现从使命和核心价值观的稳定性到战略的动态性的中间一环，它阐明了组织的方向，并帮助员工理解他们为什么及如何支持组织的发展。

第四，战略。战略是一种假设，是关于为或不为的选择，是组织在认识其经营环境和实现使命过程中所接受的显著优先权和优先发展方向，描述了组织打算为谁创造价值以及如何创造价值；从组织过去发展历程的角度来看，战略表现为一种模式。通过四个层面的主体框架，将战略性假设被描述成一系列清晰的和可行为化的因果关系；客户价值主张的选择是战略假设的核心，其精髓在于将客户价值主张通过不同的战略主题贯穿于价值创造全流程之中。实现战略的关键是组织内的每个人清楚地理解潜在的假设，将资源和假设协调一致，不断地测试假设，并在实际需要时进行调整。

（2）四个层面的构成。战略地图四个层面主体框架自上而下依次是财务层面、客户层面、内部业务流程层面、学习与成长层面。其中，财务层面包含两大财务战略，即财务层面的生产率提升战略和收入增长战略。客户层面提供了四种通用的客户价值主张，即总成本最低战略、产品领先战略、全面客户解决方案和系统锁定战略。内部业务流程层面设计了运营管理流程、客户管理流程、创新流程、法规与社会流程四类业务流程。无形资产层面则包括人力资本、信息资本和组织资本三种无形资产。至此，顶层设计、四个层面及其构成要素通过因果关系整合起来，就形成了企业战略地图的通用模板，如图3-4所示。公共组织战略地图的基本模板需要根据组织属性及相应的运营实际进行必要的调整。

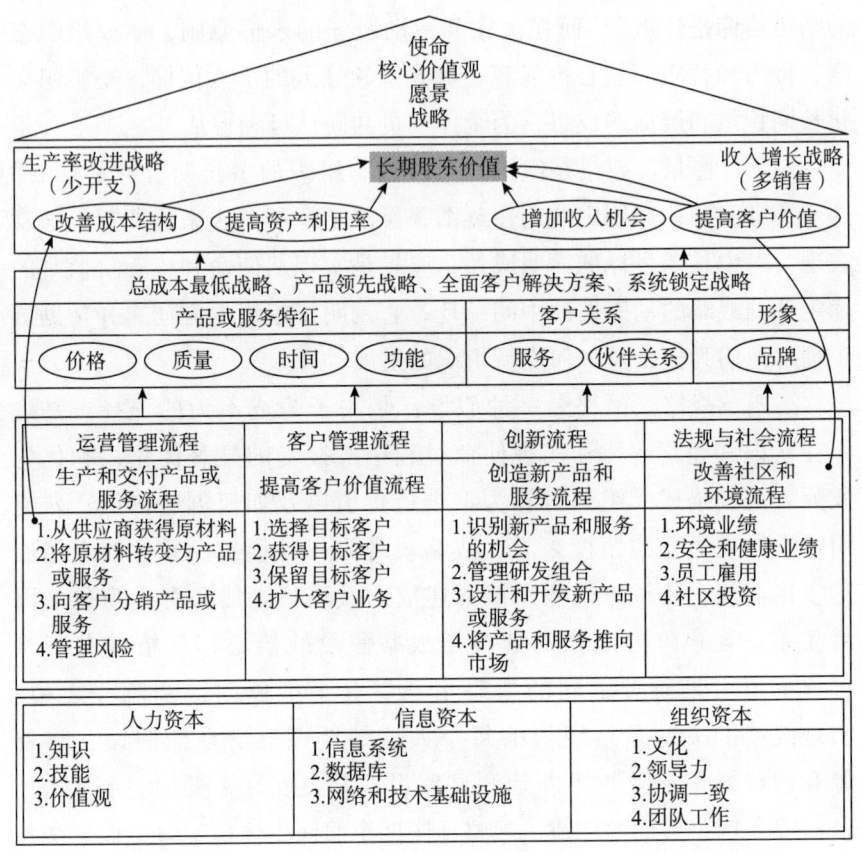

图 3-4 战略地图通用模板

资料来源：[美] 罗伯特·卡普兰、戴维·诺顿：《战略地图：化无形资产为有形成果》，刘俊勇、孙薇译，广东经济出版社 2005 年版，第 9 页。

第一，财务层面。对企业来说，平衡计分卡财务层面的最终目标是实现股东价值的持续提升。为了达成这一统领性目标，组织可以通过两种战略来改善财务业绩，即收入增长和生产率改进。收入增长即"开源"，可以通过两种途径实现：一是增加收入机会，企业通过销售新产品或发展新的客户创造收入增长。二是提高客户价值，即加深与现有客户的关系，销售更多的产品和服务。生产率改进即"节流"，也可以通过两种途径实现：一是改善成本结构，即企业可以通过降低直接或间接成本来改善成本结构，这可以使企业生产同样数量的产品却消耗更少的人、财、物等资源。二是提高资产利用率，即通过更有效地利用财务和实物资产，企业可以减少支持既定业务量水平所必需的流动资金和固定资本。相比而言，收入增长通常比生产率改进花费更长的时间。平衡计分卡强调在确定财务层面的目标时，必须同时关注收入增长战略和生产率改进战略，在竞争战略的指引下，实现四种途径的有机组合，使企业能够在短期利益和长期目标之间保持平衡。

第二，客户层面。客户层面由组织在市场上的预期绩效成果和驱动绩效达成的客户价值主张构成。预期绩效成果代表了组织希望在既定的细分市场上所取得的最终业绩，通常表现为组织针对预期成长和获利能力最大的目标客户群确定的概括性目标和指标。客户价值主张是一种针对竞争对手的战略模式，是企业经过战略分析，在界定细分市场和目标客户的基础上，为客户提供一整套有关产品和服务特征、关系和形象等方面的独特组合。差异化的客户价值主张不仅决定了战略所瞄准的市场群体，而且决定了企业如何使自己相对于竞争对手更具特色。因此，企业应当通过深入的市场调查，揭示不同的市场和客户群体及其对价格、质量、时间、功能、形象、品牌、伙伴关系和服务的偏好，进而针对自己所选择的客户和细分市场确定客户价值主张。通常，客户价值主张有一套鲜明的特征，这些特征主要可以归结为三类，即产品或服务特征、客户关系和形象。

客户价值主张的选择是战略制定的核心环节。不同的组织通过向目标客户群体提供的独特产品组合（价格、质量、可用性、选择、功能）、关系（服务、伙伴关系）和形象（品牌）等客户价值主张定义其战略选择，并形成与竞争对手的差异化战略。卡普兰和诺顿在前人研究的基础上总结出四种通用的客户价值主张：总成本最低战略、产品领先战略、全面客户解决方案和系统锁定战略。战略的本质在于选择，因此，组织应当在综合分析环境因素以及自身情况的基础上，选择一种合适的客户价值主张，并以此为方向指引制定目标、指标、目标值和行动方案，以便组织成员更深入地认识、更准确地把握体现差异化的战略要素，从而把客户价值主张落实到每个人的具体工作中。四种客户价值主张的内涵及相互间的区别如表3-1所示。

表 3-1　　　　　　　　　四种通用的客户价值主张

项目\类型	总成本最低战略	产品领先战略	全面客户解决方案	系统锁定战略
价值定位	为客户提供可靠的、及时的、低成本的、有限选择的产品和服务	为客户提供高品质的、领先的、选择多样化的产品和服务	为客户提供全面的、定制化的产品和周到的、持续的服务	为客户提供需要高额转换成本的、标准化的产品、服务或交流平台
差异化因素	关注价格、时间、质量、功能和品牌	关注时间、功能和品牌	关注服务、伙伴关系和品牌	关注功能、服务、伙伴关系和品牌
代表性企业	丰田、松下电器、西南航空、戴尔、麦当劳、沃尔玛	宝马、奔驰、耐克、索尼、英特尔	IBM、高盛、美孚石油	微软、苹果、思科、eBay、黄页、美国运通、威士、万事达
基本要求	具有很强的成本控制能力，善于调查大众消费偏好	具有很强的创新和产品研发能力，能快速将产品投入市场	善于客户关系管理，强调同客户建立长期的友好关系	拥有专利、许可协议或专有知识，能够创建行业标准并持续创新

第三，内部业务流程层面。流程是指一系列活动的组合，这一组合接受各种投入要素，包括信息、资金、人员、技术等，最后产生客户所期望的结果，包括产品、服务或某种决策结果。平衡计分卡的内部业务流程阐述了创造价值的少数关键业务流程，这些流程驱动着企业的两个关键的战略要素，即向客户生产和传递价值主张，降低并改善成本以实现生产率改进。根据创造价值时间的长短，内部业务流程又被划分为运营管理流程、客户管理流程、创新流程和法规与社会流程四类，每类流程由若干个子流程构成。运营管理流程是指生产和交付产品或服务的流程，具体包括以下四个子流程：一是从供应商获得原材料；二是将原材料转变为产品或服务；三是向客户分销产品或服务；四是风险管理。客户管理流程是建立并利用客户关系以提高客户价值的流程，它反映了组织选择、获得、保留目标客户并不断扩大客户规模的能力，具体包括以下四个子流程：一是选择目标客户；二是

获得目标客户；三是保留目标客户；四是扩大客户业务。创新流程是指开发新产品、新服务、新流程和新关系，它是提升客户获得率和增长率、创造客户忠诚和增加利润的必要条件，具体包括以下四个子流程：一是识别新产品和服务的机会；二是管理研发组合；三是设计和开发新产品或服务；四是将新产品和服务推向市场。不管企业战略如何选择，都应该设计创新流程，只是对于采取产品领先和系统锁定战略的公司，创新流程的业绩可能是最具决定性的成功因素。法规与社会流程主要是指改善社区和环境的流程，如遵纪守法、满足社会期望、建立繁荣的社区等，具体包括以下四个子流程：一是环境业绩；二是安全和健康业绩；三是员工雇用；四是社区投资。有效的法规与社会流程可以驱动长期股东价值创造，也有利于提高效率和降低运营成本。

第四，学习与成长层面。学习与成长层面描述了组织的无形资产及其在战略中的作用，阐释无形资产如何成为持续性价值创造的决定性因素。所谓无形资产，是指没有实物形态，但能被所有者占有、使用并带来经济效益的非货币性长期资产；一切与企业生产经营有关，能为企业带来经济效益，不具备物质实体的资产，都属于无形资产。无形资产是组织价值创造的源泉，是任何一个持久转变的真正起点，其重要性容易被大家认可。但是，对如何定义、衡量和实现相关目标，人们的认识程度还较低，且常常难以达成共识。经过对大量实践案例的分析和总结，卡普兰和诺顿将无形资产划分为人力资本、信息资本和组织资本三种类型。在平衡计分卡中，人力资本被划分为知识、技能和价值观三个方面；信息资本可以分为"硬件"和"软件"两个部分，即信息系统、数据库以及网络技术基础设施和信息应用程序；组织资本被定义为执行战略所要求的动员和维持变革流程的组织能力，即组织拥有的能力和技术协同起来以实现战略目标的能力，具体包括文化、领导力、协调一致和团队工作等。战略准备度是平衡计分卡引入的一个新概念，用以描述无形资产支持组织战略的程度，具体是指支持战略优先任务的无形资产需求状态与组织现有状态之间的比率。根据无形资产的类型，战略准备度可以细分为人力资本准备度、组织资本准备度和信息资本准备度,准备度比率越高,说明无形资产支撑价值创造的力度越大。

2. 战略地图的逻辑关系

战略地图是一个有严密逻辑的管理工具,系统把握其内在逻辑对战略地图的科学绘制和有效实施都有重要的作用。

(1) 顶层设计的内在逻辑。顶层设计是一个连续统一体,各要素也有严密的内在逻辑。使命和核心价值观描述了组织存在的根本原因以及管理决策和行为的基本准则,是战略形成的基本依据。愿景是对组织未来远景的生动描绘,它反映了稳定的核心理念向动态战略转化后的图景。而战略则解释了实现愿景的逻辑,具体通过目标、指标、目标值、行动方案和预算等系统性的管理措施,使抽象的使命表述、价值理念和发展蓝图转化为员工的日常工作行动。简言之,使命指引核心价值观的形成,使命和核心价值观指引愿景和战略的形成,愿景指引战略的形成。

(2) 四个层面的内在逻辑。从总体上讲,平衡计分卡强调财务、客户、内部业务流程、学习与成长四个层面的目标要按照战略主题形成若干条因果关系链,从而对战略进行具体描述。从各层面的目标体系来看,四个层面的目标自上而下层层牵引,自下而上层层支撑,从而形成以战略为核心的、因果关系明确的框架体系。围绕四个层面的主要内容,针对四个层面的目标体系追问一系列的问题,从而进一步明晰四个层面的目标体系的内在逻辑,这些问题如图3-5所示。

四个层面的逻辑关系还可进一步归纳提炼,即前两个层面描述了组织所期望的最终成果,后两个层面则描述了如何实现战略的过程。具体来说,就是财务层面和客户层面分别描述了组织期望达成的财务绩效和市场绩效,描述的是组织希望达成什么样的结果,可以归结为结果因素;内部业务流程层面和学习与成长等界定了组织如何创造价值,以及创造价值需要什么样的无形资产,这两个层面描述了如何才能实现战略,属于达成结果的驱动性因素。结果性目标为过程性绩效目标制定提供了依据,过程性绩效目标则为结果性目标的实现提供了支撑。管理者必须按照逻辑框架,有效地组合战略主题,通过抓住创造价值的少数关键业务流程，以客户价值主张为指引构建包含绩效结果和驱动因素的完整的价值创造链，助推战略目标的顺利实现。

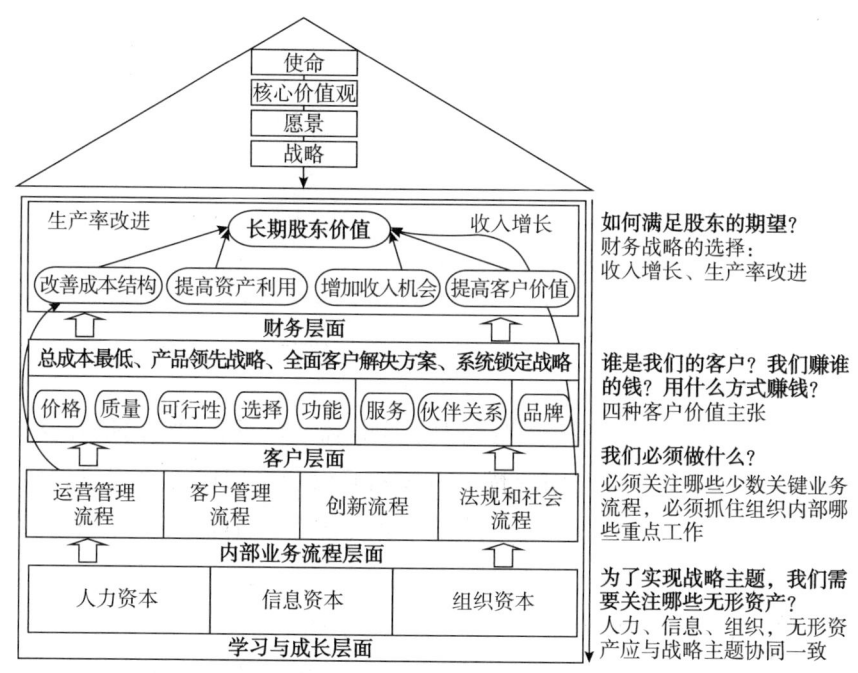

图3-5　战略地图四个层面回答的四个问题

（二）制订平衡计分卡

1. 平衡计分卡的构成

平衡计分卡（狭义）是一张二维表格，纵向是财务、客户、内部业务流程、学习与成长四个层面，横向是目标、指标、目标值、行动方案和预算等，如表3-2所示。通常，明确绩效管理责任制也是平衡计分卡的重要构成要素。平衡计分卡中的目标全部来自战略地图中所制定的目标，还通过将战略地图四个层面的目标转化为衡量指标和目标值，并制订行动方案和预算计划。因此可以说，平衡计分卡是"化战略为行动"的管理工具。

表3-2　　　　　　　　　　平衡计分卡（样表）

要素 层面	目标	指标	目标值	行动方案	预算
财务					
客户					
内部业务流程					
学习与成长					

（1）目标及其类型。目标是对组织使命、愿景和战略的展开及具体化，是组织在一定时期的特定绩效领域内所希望取得的预期成果，是战略的重要组成部分。目标需要围绕战略主题协同起来，形成若干个战略绩效领域，共同支撑组织战略的实现。目标也可根据不同的分类标准进行分类。根据组织层次不同，可分为组织目标、部门目标、个人目标；从组织的纵向协同来看，平衡计分卡是通过分层进行承接和分解的方式，把战略转化为三个层次的目标体系。根据价值创造周期不同，可以分为长期目标、中期目标和短期目标；内部业务流程四个战略主题就是按照时间周期的长短进行划分，这要求整个价值创造流程必须与之相呼应。按照分工与协作情况，可分为共享目标、分享目标、独有目标等。

（2）指标及其类型。指标是衡量目标实现程度的标尺，是对绩效因子或绩效维度进行提炼后形成的评判绩效状况的媒介。通常对单个指标进行评价所形成的结果只能反映绩效的某个方面，只有从工作的数量、质量、时间、成本、效率、效果等不同维度进行指标设计和组合，才能得到一个综合的评价结果，从而真实地反映目标的预期绩效与实际绩效的吻合程度。在平衡计分卡中，指标也可划分为不同类别：一是财务指标与非财务指标；二是客观指标与主观判断指标；三是前置指标与滞后指标；四是计分卡指标和仪表盘指标；五是评价指标和监控指标。

（3）目标值。目标值是指目标在相应指标上的期望标准，也是组织所期望的绩效结果，一般用一个带有时间限制的、有具体数值的标准。如果说目标描述了实现战略所需做好的事项，指标显示了如何追踪和评价目标的实现程度，那么目标值则规定了衡量目标的指标应该做到何种程度。目标值对绩效任务的明确描述，不仅指明了前进的方向，还刺激员工付出努力以达成相关标准。

（4）行动方案。所有为非财务目标至少都需要一个行动方案来支撑。目标界定向度，指标描述维度，目标值说明力度，行动方案则将具有时间限制的、量化的目标值转化为具体的行动，因此，行动方案的制订要兼顾目标、指标、目标值的要求。需要注意的是，组织中存在数量众多、形式多样的行动方案，管理者必须对行动方案进行筛选、管理和评估，确保所选择的行动方案能够有效地支撑战略目标并切实得到有效执行。其中，战略行动方案是指有时间限制的、自主决定的项目或计划，旨在确定达成战略目标的途径，从而帮助组织实现目标绩效，应该与组织的日常运营计划和活动区分开来。

（5）预算和责任制。所有行动方案都需要预算支持，同时确定责任制是为了明确战略行动方案管理和执行的责任人及其职责。平衡计分卡主张将组织的战略规划过程和预算制定过程结合起来进行，而不是作为两个完全独立的流程。利用平衡计分卡来驱动预算程序，可以使组织明确制定预算的根本目的是什么，确保组织将有限的资金分配给那些最重要的战略行动方案。在为战略行动方案提供资金保证的同时，组织应该建立起有关战略执行的责任机制。通过建立包括计划、执行、监测、评价、调整和问责等环节的管理闭环，为战略的实现提供了清晰路线和有力保障。

2. 平衡计分卡的逻辑关系

平衡计分卡的逻辑关系包括两个方面：一是四个层面及其目标之间在纵向上因果关系与战略地图是一致的；二是目标、指标、目标值、行动方案和预算之间的横向推导关系。从整体上看，平衡计分卡的逻辑关系呈现为一个由纵向因果关系、横向推导关系和指标关联关系构成的网状结构，如图 3-6 所示。

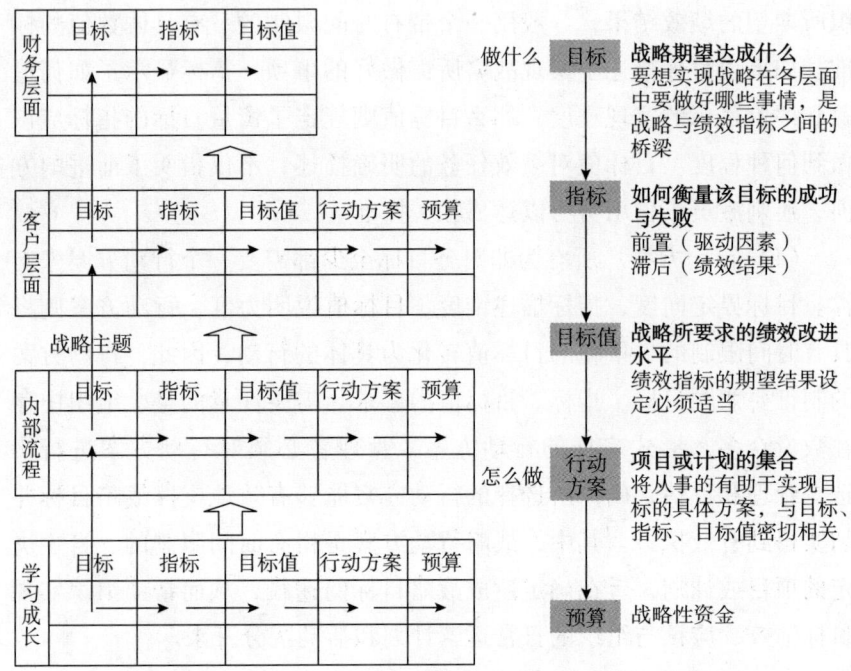

图 3-6 平衡计分卡的逻辑关系

目标的纵向因果关系需要在战略地图中理解，而在平衡计分卡中则需重点把握横向推导关系。目标是战略与绩效指标之间的桥梁，它说明了战略期望达成什么，即要想实现战略在各层面中要做好哪些事情。指标则紧随目标，用以衡量该目标的实现程度；由于指标是由目标推导出来的，而目标之间具有因果关系，因此，指标之间也形成了一定的关联关系。目标值是针对指标而言的，说明了该目标在特定指标上的期望绩效水平；行动方案说明了怎么做才能实现预定的战略目标，制订行动方案要综合考虑目标、指标和目标值；预算则说明了实施行动方案所需的人、财、物等资源。

三 政府平衡计分卡的实践

卡普兰和诺顿认为："虽然平衡计分卡最初的焦点和运用是改善营利性企业的管理，但是，平衡计分卡在改善政府部门和非营利性组织的管理上效果更好。"美国、英国、澳大利亚、奥地利、日本、韩国和新加坡都有地方政府或者职能部门，中国台湾、中国香港和黑龙江省海林市等地方政府或行政部门都使用平衡计分卡构建其绩效管理体系。由于政府绩效管理系统的高度复杂性，使用平衡计分卡构建政府绩效管理体系具有很多优势。

（一）绘制政府战略地图

1. 政府战略地图的通用模板

政府战略地图在顶层设计上与企业战略地图并无二致，都包含使命、核心价值观、愿景和战略等要素。差别在于企业与公共组织创造价值的逻辑存在差别，企业的结果指标最终表现形式是财务目标，而公共组织财务目标显然不可能是最终的目标，并且"客户"的内涵也不一样，构成也更加复杂。另外，公共组织创造价值的流程与企业价值创造流程也有差别。因此，如何绘制战略地图需要在坚持因果逻辑理念的基础上进行探索。

关于政府战略地图的设计，卡普兰和诺顿认为，应该将战略地图调整为包含实际成本、价值创造和合法性支持三个层面。Dodor 和 Gupta 等开发了政府组织平衡计分卡，四个层面自上而下分别是财务状况、服务选民、内部运营和学习与成长。保罗·尼文（Paul R. Niven）对卡普兰和诺顿的公共部门平衡计分卡框架进行了修正，将战略地图模板分为顾客层面、内部业务流程层面、学习与成长层面和财务层面。[①] 韩国富川市在设计战略地图时，同样，将财务目标作为提升客户满意度的一项重要驱动因素，将财务层面放在与内部业务流程层面并列的位置予以关注。

我国与西方在政治体制和政府职能等方面存在显著差异，根据我

---

① ［美］保罗·尼文：《政府及非盈利组织平衡计分卡》，胡玉明译，中国财政经济出版社 2004 年版，第51页。

国国情和实际情况对平衡战略地图的基本模式进行重构显得尤为必要。方振邦等在黑龙江海林市和北京市延庆区实践的基础上,总结出了战略地图中国化模式。该战略地图模板的顶层设计仍然包括使命、核心价值观、愿景与战略,战略地图主体框架设计为利益相关者、实现路径和保障措施三个层面,如图3-7所示。① 利益相关者层面作为绩效结果层面,具体反映政府、企业、社会和公民个人等利益主体在公共价值链中的结果性目标。由于"内部业务流程"一词与政府组织的沟通风格相悖,而使用"实现路径层面"刚好体现驱动战略与结果层面的基本内涵,也能体现创造公共价值的流程性特征。经典战略地图的学习与成长层面设置人力资本、信息资本和组织资本显然不符合我国的国情。我国实行"东南西北中,党管一切",并且在"四个全面"战略布局中,全面从严治党属于保障措施。因此,最底层命名为保障措施层面,具体设计政府自身建设、党的建设和财政资金三个战略主题。

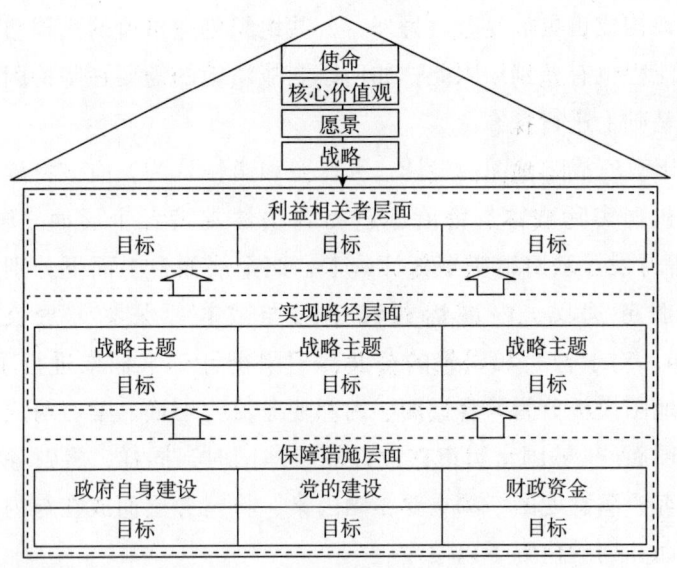

图3-7 地方政府战略地图模板

---

① 方振邦、罗海元:《政府绩效管理创新:平衡计分卡中国化模式的构建》,《中国行政管理》2012年第12期。

2. 政府战略地图的实践案例

政府战略地图通用模板适合于地方政府组织。在政府绩效管理实践中，需要根据实际情况设计战略地图。下面以北京市延庆党委政府战略地图为例说明。

（1）背景与定位。北京市延庆县[①]是我国首都西北重要的生态屏障，有着北京"夏都"之美誉，北京市经济与社会发展五年规划对延庆县发展有诸多规划；延庆围绕首都生态涵养发展区功能定位，经济发展也聚焦于绿色经济，始终坚持生态立区理念，全面实施生态文明发展战略，将"美丽延庆"作为最高目标。延庆县据此编制了经济与社会发展五年规划，并以规划为基础制订了年度工作计划。

（2）绘制党委政府战略地图。县委、县政府可以根据区域战略定位和战略目标，确定区域顶层设计和年度工作计划，并绘制县委、县政府的战略地图（延庆2012年的战略地图如图3-8所示）。[②] 战略地图顶层设计包括使命、核心价值观、愿景和战略，战略地图包括利益相关者、实现路径和保障措施三个层面的目标体系，用可视化模式全面展示县委、县政府的绩效目标体系，为县委、县政府各项重要工作确立时间表和路线图，从而为全县绩效计划体系的制定奠定坚实的基础。

（3）绘制乡镇级政府战略地图。县委、县政府的战略地图和平衡计分卡为乡镇政府、街道、职能部门（统称"乡镇级政府"）战略地图的绘制奠定了基础。乡镇级政府可以根据县委、县政府战略地图和平衡计分卡，结合本单位的战略规划和基本职责，绘制本单位的战略地图。乡镇级政府与县委、县政府战略地图的基本结构和要求基本一致，因此，案例在此不再赘述。

---

① 2015年年底，国务院批准延庆撤县设区。
② 该战略地图绘制于2011年，2016年是愿景的时限，目前延庆先后获得"全国绿化模范县""ISO14000运行国家示范区""国家园林县城""国家卫生县城""北京市可再生能源示范区""国家生态县"等荣誉称号，成为"全国控制农村面源污染示范区""全国生态文明建设试点县""国家水土保持生态文明县"。已经取得的成就说明当初制定愿景目前已经实现。

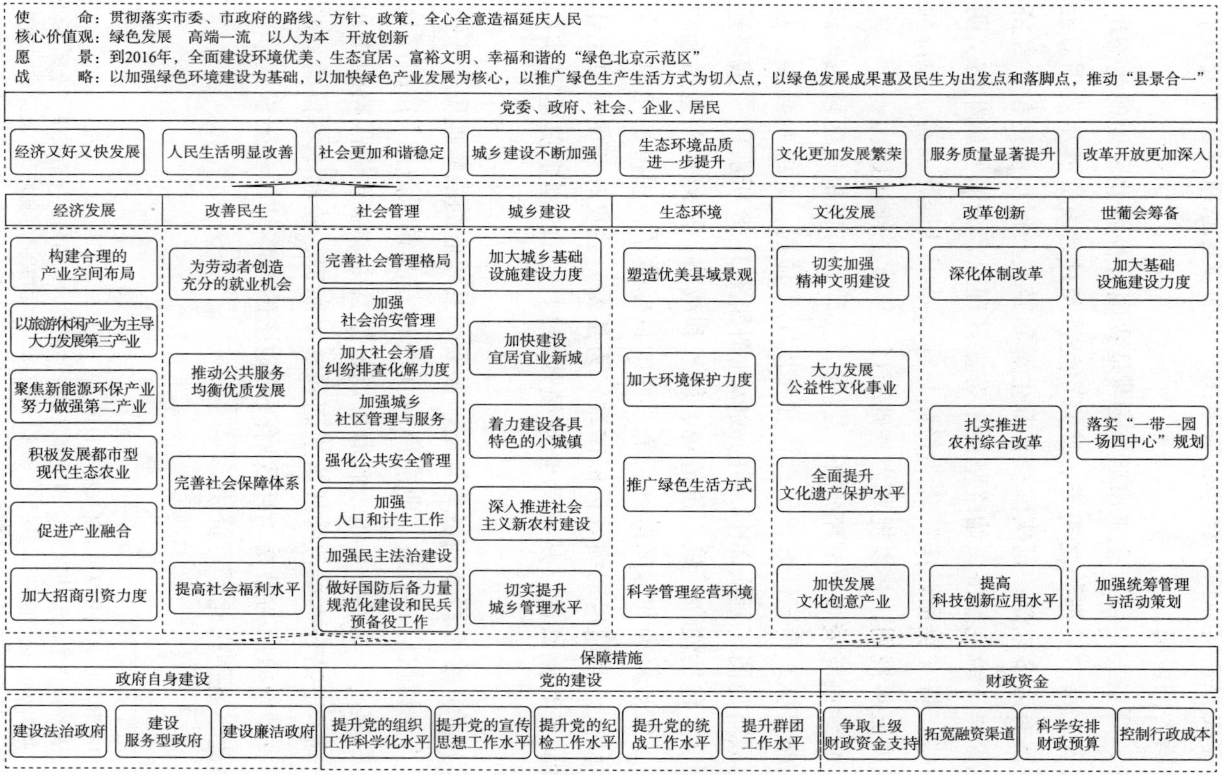

168 | 政府绩效管理：理论与实务

使命：贯彻落实市委、市政府的路线、方针、政策，全心全意造福延庆人民								
核心价值观：绿色发展，高端一流，以人为本，开放创新								
愿景：到2016年，全面建设环境优美、生态宜居、富裕文明、幸福和谐的"绿色北京示范区"								
战略：以加强绿色环境建设为基础，以加快绿色产业发展为核心，以推广绿色生产生活方式为切入点，以绿色发展成果惠及民生为出发点和落脚点，推动"县景合一"								
	党委、政府、社会、企业、居民							
	人民生活明显改善	社会更加和谐稳定	城乡建设不断加强	生态环境进一步提升	文化更加繁荣发展	服务质量显著提升	改革开放更加深入	
	改善民生	社会管理	城乡建设	生态环境	文化发展	改革创新	世葡会筹备	
经济发展	为劳动者创造充分的就业机会	完善社会管理格局	加大城乡基础设施建设力度	塑造优美县域绿色景观	切实加强精神文明建设	深化体制改革	加大基础设施建设力度	
构建合理的产业空间布局	推动公共服务均衡优质发展	加强社会治安管理	加快建设宜居宜业新城	加大环境保护力度	大力发展公益性文化事业	扎实推进农村综合改革	落实"一带一园一场四中心"规划	
以旅游休闲产业为主导产业大力发展第三产业	完善社会保障体系	加大社会矛盾纠纷排查化解力度	着力建设各具特色的小城镇	推广绿色生活方式	全面提升文化遗产保护水平	提高科技创新应用水平	加强统筹管理与活动策划	
聚焦新能源环保产业，努力做强第二产业	提高社会福利水平	加强社区管理与服务	深入推进社会主义新农村建设	科学管理经营环境	加快发展文化创意产业			
积极发展都市型现代生态农业		强化公共安全管理	切实提升城乡管理水平					
促进产业融合		加强人口和计生工作						
加大招商引资力度		做好国防后备力量规范化建设和民兵预备役工作						
政府自身建设		保障措施						
建设法治政府	建设廉洁政府	建设服务型政府		党的建设		财政资金		
				提升党的党情工作科学化水平	提升党的纪检工作水平	提升党的思想工作水平	提升党组织工作水平	提升群团工作水平
						争取上级财政资金支持	拓宽继续筹集渠道	科学安排财政预算	控制行政成本

图3-8 延庆县委县政府战略地图

资料来源：方振邦：《战略性绩效管理》，中国人民大学出版社2014年版，第92页。

(二) 制订政府平衡计分卡

1. 政府平衡计分卡的基本模式

政府部门平衡计分卡是一张二维表格。在纵向上，需要与战略地图保持一致，具体包括利益相关者、实现路径和保障措施三个层面；在横向上，通常包括绩效目标、绩效指标、目标值、指标类型、指标等级、主管领导、责任部门、行动方案等栏目。虽然在绩效管理实践中，不同的公共部门可以根据需要增减横向上的栏目设置，但是，目标、指标、目标值和行动方案四个栏目始终是必不可少的。另外，行动方案可以与政府绩效预算融合编制，财政部门作为重要的机构介入进来，并做必要的技术指导；责任部门可以与绩效审计对接，审计部门和纪委作为重要机构介入进来，并做必要的技术指导。

平衡计分卡需要与战略地图配套制定。绘制战略地图之后，就需要制定相应的平衡计分卡。与战略地图采取分级开发一样，平衡计分卡同样需要采取分级开发。组织层面的战略地图和平衡计分卡设计完成后，还需要将其逐级分解，依次建立部门及个人层面的战略地图和平衡计分卡，使战略目标能够层层落实，比如，市级政府平衡计分卡分级开发模型如图3-9所示。分级开发战略地图与平衡计分卡，促进战略目标在纵向上将组织、部门、团队和个人协调和整合起来，同时，注重直线部门和职能部门的协同和整个，最终建立完整的绩效管理体系。

2. 政府平衡计分卡的实践案例

在分级开发平衡计分卡的实践中，关键是一个层级平衡计分卡的开发逻辑有深入了解，然后就可以据此开发完整的平衡计分卡体系。比如，延庆党委、政府战略地图绘制完之后，紧接着就制定党委、政府平衡计分卡，然后就制定延庆党委、政府领导班子个人平衡计分卡。领导班子平衡计分卡通过"承接、分解"的方式确保由具体的领导干部承担目标责任，同时补充少数领导干部独有的绩效目标，就可以制订领导班子成员个人平衡计分卡。延庆党委、政府战略地图和平衡计分卡、领导班子成员个人平衡计分卡的开发逻辑如图3-10所示。同理，乡镇级政府和领导班子个人的平衡计分卡开发流程也是一样的。在此不再赘述。

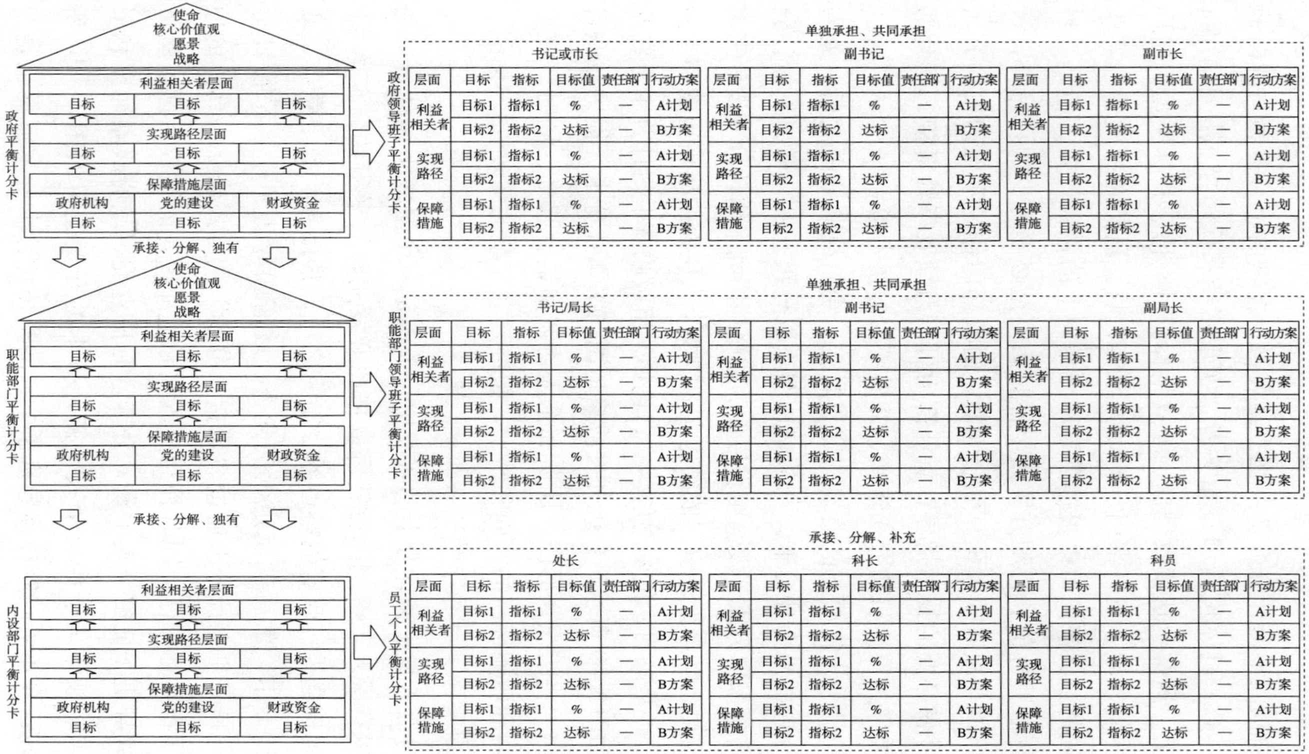

170 政府绩效管理：理论与实务

图 3-9 分级开发平衡计分卡

资料来源：根据方振邦、葛蕾蕾《政府绩效管理》（中国人民大学出版社2012年版）第69页改编。

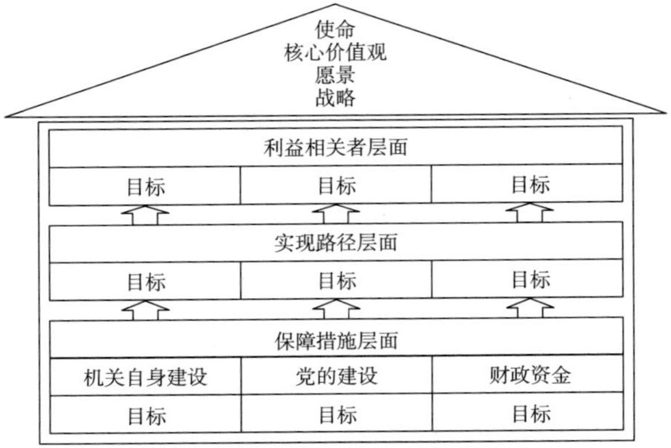

党政领导班子战略地图

层面	目标	指标	目标值	主管领导	行动方案
利益相关者	目标1	指标1	%	赵××	A计划
	目标2	指标2	达标	钱××	B方案
实现路径	目标1	指标1	%	孙××	A计划
	目标2	指标2	达标	李××	B方案
保障措施	目标1	指标1	%	王××	A计划
	目标2	指标2	达标	刘××	B方案

党政领导班子绩效计划

承接（共同或单独）—分解—补充

书记或县长

层面	目标	指标	目标值	责任部门	行动方案
利益相关者	目标1	指标1	%	—	A计划
	目标2	指标2	达标	—	B方案
实现路径	目标1	指标1	%	—	A计划
	目标2	指标2	达标	—	B方案
保障措施	目标1	指标1	%	—	A计划
	目标2	指标2	达标	—	B方案

书记或县长绩效计划

副书记

层面	目标	指标	目标值	责任部门	行动方案
利益相关者	目标1	指标1	%	—	A计划
	目标2	指标2	达标	—	B方案
实现路径	目标1	指标1	%	—	A计划
	目标2	指标2	达标	—	B方案
保障措施	目标1	指标1	%	—	A计划
	目标2	指标2	达标	—	B方案

副书记绩效计划

副县长

层面	目标	指标	目标值	责任部门	行动方案
利益相关者	目标1	指标1	%	—	A计划
	目标2	指标2	达标	—	B方案
实现路径	目标1	指标1	%	—	A计划
	目标2	指标2	达标	—	B方案
保障措施	目标1	指标1	%	—	A计划
	目标2	指标2	达标	—	B方案

副县长绩效计划

图 3-10 延庆党委、政府平衡计分卡体系

在管理实践中,组织、部门和个人的战略地图与平衡计分卡需要配套制订,设计的基本逻辑也需要统一,以便于形成相互协同的绩效系统。下面以延庆县委、政府的平衡计分卡为例了解平衡计分卡的基本结构。根据战略地图中所制定的三个层面各项绩效目标,延庆县委、政府与相关单位对绩效指标、目标值(绩效标准)、指标等级、指标类型、主管领导、责任部门和行动方案等内容进行了反复协商和深入研究,最终达成共识和形成了完整的绩效计划。另外,还确定了三个层面绩效指标的权重比例分配:利益相关者层面占50%,实现路径层面占30%,保障措施层面占20%。延庆县委、政府绩效计划的基本框架和举例如表3-3所示。

表3-3　　延庆县委、政府绩效计划(示例/有删节)

■利益相关者层面(50%)

目标	指标	目标值	指标等级	指标类型	主管领导	责任部门	行动方案
经济又好又快发展	地区生产总值年增长率	10%	县级	考核指标	略	发改委	略
	财政一般预算收入年增长率	10%	县级	考核指标	略	财政局	略
人民生活明显改善	城镇居民人均可支配收入年增长率	8%	县级	考核指标	略	发改委	略
	农民人均纯收入年增长率	9%	县级	考核指标	略	发改委	略

■实现路径层面(30%)

■经济发展

构建合理的产业空间布局	"一城一川两园四带"建设进展度	%	县级	监控指标	略	发改委	略
	万元GDP能耗同比下降	4%	市级	考核指标	略	发改委	略

■改善民生

为劳动者创造充分的就业机会	城镇登记失业率	<3.5%	县级	考核指标	略	人保局	略
	城镇失业人员就业率	>60%	县级	考核指标	略	人保局	略

续表

■社会管理							
健全社会管理格局	网格化管理覆盖率	%	县级	监控指标	略	相关部门	略
	新增服务类公益性社会组织数量	个	县级	考核指标	略	社会办民政局	略
■生态环境							
塑造优美县域景观	新增林地面积	2万亩	县级	考核指标	略	园林绿化局	略
	城市人均公共绿地面积	平方米	市级	考核指标	略	园林绿化局	略
■文化发展							
切实加强精神文明建设	精神文明先进单位数量	个	县级	考核指标	略	宣传部	略
	精神文明先进个人数量	个	县级	考核指标	略	宣传部	略
■改革创新							
深化体制改革	事业单位改革进展度	100%	县级	考核指标	略	编办人事局	略
	医药卫生体制改革进展度	%	县级	考核指标	略	卫生局	略
■世葡会筹备							
加大基础设施建设力度	基础设施建设投资额	元	县级	考核指标	略	发改委	略
	年内开工和建设工程数量	4个	县级	考核指标	略	住建委	略
■保障措施层面（20%）							
■政府自身建设							
建设法治政府	行政诉讼案件败诉次数	0次/年	县级	考核指标	略	法制办	略
	行政处罚案卷合格率	100%	县级	考核指标	略	法制办	略
■党的建设							
提升党的组织工作科学化水平	班子和干部队伍建设工作	达标	县级	考核指标	略	组织部	略
	人才队伍建设工作	达标	县级	考核指标	略	组织部	略

续表

■财政资金							
拓宽融资渠道	社会融资总额	元	县级	加分项	略	发改委财政局	略
控制行政成本	"三公"经费占总支出比重	%	县级	考核指标	略	财政局	略

资料来源：方振邦：《战略性绩效管理》，中国人民大学出版社2014年版，第343—345页。

指标权重分配在平衡计分卡制订中也是非常重要的工作。通常领导班子个人绩效计划权重分配应该需要更加明确和具体，也需要根据分管领域的差异，确定个人权重分配；权重分配的具体规则需要班子成员协商和讨论确定。比如，根据职责和分工不同，延庆乡镇政府和职能部门领导干部个人绩效权重分配的详细情况如图3-11所示。

党政工作部门领导干部个人绩效权重分配规则

		权重分配（%）		
		利益相关者层面	实现路径层面	保障措施层面
单位		50	30	20
职务	局长	50	30	20
	书记	50	50	
	专职副书记	30	70	
	副局长（党组成员）	40	60	
	副局长	40	60	
	纪检书记（组长）	20	80	
	工会主席	20	80	

乡镇党政领导干部个人绩效权重分配规则

		权重分配（%）		
		利益相关者层面	实现路径层面	保障措施层面
单位		50	30	20
职务	书记	50	20	
	乡镇长	50	30	20
	专职副书记	30	70	
	副局长（党组成员）	40	60	
	副镇长	40	60	
	武装部长	20	80	
	纪检书记	20	80	
	宣传委员	20	80	
	组织委员	20	80	
	工会主席	20	80	

图3-11 领导干部个人绩效权重分配规则

资料来源：方振邦：《战略性绩效管理》，中国人民大学出版社2014年版，第227页。

总体来讲，政府战略地图和平衡计分卡的开发是一项非常复杂的工程，通常需要"一把手"领导大力支持，才可能顺利推进各项工作。在管理实践中，也常借鉴关键绩效指标的思想，限制绩效指标的数量，以使平衡计分卡更加简洁和实用。

第四节　其他绩效管理工具

除目标管理、关键绩效指标和平衡计分卡三个系统性的绩效管理工具之外，还有众多非系统性的绩效管理工具在绩效管理实践中使用也非常普遍。本书重点介绍标杆管理、目标与关键成果法和欧盟通用评价框架三个绩效管理工具。

一　标杆管理

（一）标杆管理的概述

1979年，美国施乐公司在学习日本的运动中首创了标杆管理法。施乐公司将标杆管理定义为"一个将产品、服务和实践与最强大的竞争对手或者行业领导者相比较的持续流程"。在经过美国生产力与质量中心系统化和规范化之后，标杆管理发展成为一个重要的支持企业不断改进和获得竞争优势的管理工具之一。美国生产力与质量中心则将标杆管理定义为："标杆管理是一个系统的、持续的评估过程，通过不断地将企业流程与世界上居领先地位的企业相比较，获得帮助企业改善经营绩效的信息。"

事实上，标杆管理不仅是一个信息过程和评估过程，而且涉及规划和组织实施的过程。通常，标杆管理可以被看成通过不断寻找和研究同行的最佳实践，并以此为基准与本单位实际情况进行比较、分析、判断，促使本单位绩效得到持续改进，从而赶超最佳实践并创造优秀业绩的良性循环过程。标杆管理的本质就是向同行最佳实践学习，通过学习推动本单位绩效持续改进，并创造自己的最佳实践，实际上就是一个"模仿—创新—赶超"的过程。

对最佳实践的准确理解是标杆管理的核心内容之一。最佳实践就是选择学习和赶超的对象；首先，通常要求在全行业范围内，甚至是全球范围内选择最佳实践或者最优标准作为标杆；其次，通过与标杆进行全面的比较和分析，找出差距，制订超越方案，实施超越。这种最佳实践通常来源于组织外部，但也可能来源于组织内部；既可能是一种职能，也可能是一个管理流程；还有一种就是选择一个最佳实践的组织作为标杆，做整体性研究，实现整体性超越，但是，这实施起来比较困难。领导者应该根据本单位的需要取整体最佳还是部分最佳的实践作为标杆，然后做出必要的改进来达到或超越这些标准。

（二）标杆管理的政府实践

随着标杆管理在企业实践中取得成功，西方国家在20世纪90年代将其引入政府管理改革之中，如英国政府视标杆管理为进行"政府现代化"长期改革项目的关键要素之一，将其作为推动政府绩效改进的重要管理工具。[1]

在美国政府绩效管理实践中，也有运用标杆管理提升政府绩效的实践案例。帕特里夏·基利等将公共部门的"最佳实践"当作标杆管理进行研究，以期探索突破政府绩效的"瓶颈"。他们认为，公共部门导入最佳实践，需要做好以下五个方面的准备：标杆管理方面的准备、文化方面的准备、实施方面的准备、运作方面的准备和技术方面的准备。美国盐湖城将系统的、正式的标杆管理包括在该市甄别和引进最佳实践的计划中。为了对这种尝试进行管理和监察，盐湖城市领导将一批重要的利益相关者任命为新组建的测评委员会委员，其主要职责就是监控整个城市的公共服务指标。其重要工作是根据"盐湖城优先选择标杆管理备选组织的程序标准"，选出35项关键程序作为标杆管理的备选对象，最终选出"处理投诉（解决问题）"和"清除垃圾和固体废弃物"两个方案来实施标杆管理。[2]

我国改革开放以来，强调对改革成功的具体实践进行学习和推

---

[1] 张梦茜：《标杆管理：推进地方政府绩效评估改进的有效途径》，《科技管理研究》2009年第4期。

[2] ［美］帕特里夏·基利、史蒂文·梅德林等：《公共部门标杆管理：突破政府绩效的瓶颈》，中国人民大学出版社2002年版，第75—77页。

广，其基本理念也近似于标杆管理。我国也有地方政府明确地引入标杆管理。早在 2001 年广州黄埔区就进行了标杆管理探索实践。通过对区政府业务实践中良好的做法和经验予以公开，促进树立内部标杆；为实现"教育强区"的目标，树立深圳的宝安区为竞争型标杆；通过向企业最佳实践学习，提升政府服务质量，树立功能型标杆。[①]

二 欧盟通用评价框架

（一）欧盟通用评价框架的概述

随着各种在企业绩效管理中取得良好效果的管理工具引入政府绩效管理实践，并为推动政府管理现代化，提高政府管理水平做出积极贡献，欧盟成员国公共管理局局长会议成立了一个非正式的工作小组——公共服务创新小组，公共服务创新小组在欧盟质量管理委员会"卓越模型"的基础上推出了通用评价框架（Common Assessment Framework，CAF），主要作为公共部门自我评价的模型，即作为公共部门自我诊断的管理工具。与关键绩效指标、平衡计分卡等管理工具不一样，通用评价框架是专门为政府绩效管理量身打造的；该框架从 2000 年发布试用版以来已经经过多次修订，并在欧盟得到了广泛的应用。

欧盟通用评估框架与欧盟卓越质量模型（European Foundation for Quality Management，EFQM）的逻辑框架是一致的，包括驱动要素和结果要素两大类，合计九个编制组成，如图 3-12 所示。具体来讲，驱动要素包括领导力、战略和规划、人力资源管理、外部合作伙伴和资源、流程和变革管理五类要素，结果要素包括员工结果、顾客或公民导向结果、社会结果和关键绩效结果四类要素。图中的箭头强调模型的动态特性，驱动因素考虑的是组织如何进行关键活动，起着驱动绩效结果的作用，而结果则考虑的是组织运行的结果是什么；对结果要素的全面考察，并通过学习和创新促进绩效的持续改进，从而形成一个封闭的绩效控制环路。各要素之间的逻辑关键具体体现为：五个驱动要素发挥作用的程度决定着前三个结果因素的实现程度，而前八

---

① 陈小钢、夏洪胜：《标杆管理方法在政府管理中的运用——以广州市黄埔区政府为例》，《开放导报》2005 年第 3 期。

个要素之间的协调互动决定着关键绩效结果。因此,在结果导向的绩效管理实践中,我们需要监控每一个驱动因素,并通过结果因素反映的优势和不足,通过有针对性的学习与创新,推动实现绩效的持续改进。

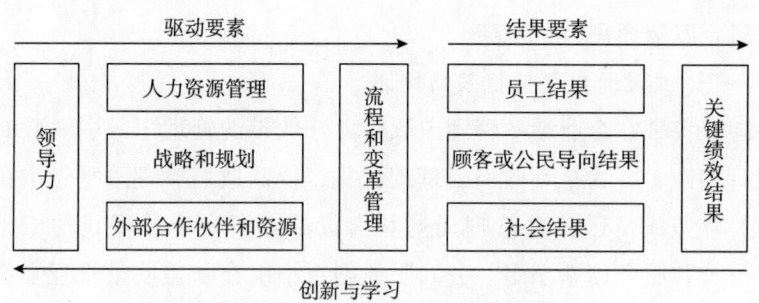

图 3-12 通用评价框架的逻辑框架

资料来源:李瑛、杜逢明:《通用评估框架的价值理念——基于组织学角度的分析》,《兰州学刊》2010 年第 1 期。

欧盟通用评估框架包含两大类九个要素的框架体系为开发评价指标体系提供了逻辑基础,并且这个框架体系保持稳定,具体的评价指标体系则根据研究和实践进行了动态调整和不断完善。2000 年的试用版共包括 43 项评价标准;对 2002 年 5 月通过的新版通用评价框架精简到了 27 项评价标准,如表 3-4 所示。这个指标体系仍然还需继续完善,比如欧盟行政学院的克里斯蒂安·恩格尔博士就认为,评价标准还需更简化、要素说明还需更明晰等。

表 3-4　　　　　　　通用评价框架指标体系

要素类别	要素名称	评价标准	例证	评分
驱动要素	1. 领导力	1.1　在开发和传递组织愿景、使命和价值观方面给予的指导		
		1.2　开发和实施组织管理系统		
		1.3　激励和支持员工并担当起恰当角色		
		1.4　协调与政治家和相关利益者之间的关系		

续表

要素类别	要素名称	评价标准	例证	评分
驱动要素	2. 战略和规划	2.1 收集与相关利益者当前和未来需求有关的信息		
		2.2 开发、评估和修正组织的战略和规划		
		2.3 在整个组织内实施战略和规划		
	3. 人力资源管理	3.1 规划、管理和改进与战略和规划密切相关的人力资源		
		3.2 围绕个人、团队和组织的目标,确认、开发和运用雇员能力		
		3.3 面向雇员开展对话和授权		
	4. 外部合作伙伴和资源	4.1 开展和实施关键的合作伙伴关系		
		4.2 与公民或顾客开展和实施合作伙伴关系		
		4.3 知识管理		
		4.4 财务管理		
		4.5 技术管理		
		4.6 房屋和资产管理		
	5. 流程和变革管理	5.1 确认、设计、管理和改善过程		
		5.2 面向公民/顾客开发和提供服务和产品		
		5.3 对现代化和创新的规划和管理		
结果要素	6. 顾客或公民导向结果	6.1 顾客或公民满意度测量的结果		
		6.2 顾客或公民导向的测量指标		
	7. 员工结果	7.1 员工满意度和激励度测量的结果		
		7.2 员工结果的指标		
	8. 社会结果	8.1 社会绩效结果		
		8.2 环境绩效结果		
	9. 关键绩效结果	9.1 目标的取得		
		9.2 财务绩效		

资料来源:根据孙迎春、周志忍《欧盟通用绩效评估框架及其对我国的启示》[《兰州大学学报》(社会科学版)2008年第1期]改编而成。

通用评价框架对每个要素的含义都进行了明确界定,并通过关键内涵解释来确定评价标准,为使比较抽象的各项评价标准便于实施评价,对于每项标准又列举了数量不等的例证,并明晰了各项标准的评分方式。比如,"领导力"是指在一个组织中领导人员的行为不仅有助于建立组织目标的明确性和一致性,还能够为组织及其成员创建优良的环境。具体包括"在开发和传递组织愿景、使命和价值观方面给予的指导"四个评价标准,同时对所有的考察因素用例证的形式进行阐释,而各项评级标准的评分均由驱动要素小组进行评分,如表3-5所示。

表3-5　　　　　领导力的评分标准及考察因素(示例)

要素名称	评价标准	例证	评分
1. 领导力	1.1 在开发和传递组织愿景、使命和价值观方面给予的指导	为包括利益相关者和员工在内的组织确立并规划其使命(我们的工作目标是什么?)和愿景(我们要实现的愿景是什么?);将组织的使命和愿景转化为(中、长期的)战略规划以及(具体的和短期的)可操作性目标和行动;建立一个价值框架,包括透明度原则、道德观念和公民服务以及一套包括所有利益相关者在内的行为准则;在领导人员、管理人员和员工之间加强相互的信任与尊重(如确定良好的领导艺术标准);为有效沟通创造条件。保证将组织的使命、价值观、愿景、战略及可操作性目标广泛地传达给组织中的所有员工和其他利益相关者;定期评审组织的使命、价值观、愿景,以适应外部环境的变化;通过确认利益冲突的潜在问题并向员工提供指导的方式管理"利益冲突"	由驱动要素小组进行评分
	1.2 开发和实施组织管理系统	略	
	1.3 激励和支持员工并担当起恰当角色	略	
	1.4 协调与政治家和相关利益者之间的关系	略	

资料来源:孙迎春、周志忍:《欧盟通用绩效评估框架及其对我国的启示》,《兰州大学学报》(社会科学版)2008年第1期。

总体上讲，欧盟通用评价框架具有评价内容全面、操作简单、成本低和兼容性较强等特点，不仅有利于公共部门进行绩效自我评价和促进绩效的持续改进，还有利于不同的机构进行相互借鉴和学习。

(二) 欧盟通用评价框架的政府实践

在具体的评价实践中，运用通用评价框架进行绩效评价也有不少需要关注的重点。第一，使用该框架进行评价，一般要花 2—5 天的时间，共分 3 个月完成。第二，不同的要素打分的方式存在差别。驱动要素按照"计划—执行—检查—行动"循环（PDCA 循环）打分，评分幅度在 0—5 分；而结果因素则需要对被评价部门绩效目标以及与同类组织绩效结果进行比较之后，再进行评分，评分幅度通常细化为 0—100 分，以便于更加准确和精细地评价实际绩效表现。

欧盟通用评价框架得到了欧盟各成员国以及候选国的普遍认可，并得到广泛的应用。应用通用绩效评估框架的最大障碍不是来自框架本身，而是组织机构自身的状况，比如现行的绩效管理体系与绩效评价框架不兼容，造成了额外负担等；公共组织需要更清楚的信息共享和改善沟通对于改善政府绩效有帮助，因此，选择通用评价框架也有优势。我国哈尔滨铁路检察院、厦门市思明区政府、辽宁省林业厅和深圳市龙岗区等地也以该框架为基础进行了探索，积累了一些有益经验。但是，总体来讲，我国使用该框架实施绩效管理实践的成功案例还相对较少，还需要进一步探索和积累。

三 目标与关键成果法

(一) 目标与关键成果法的概述

1976 年，英特尔公司 CEO 徒安迪·格鲁夫在借鉴德鲁克目标管理思想的基础上，实行了"目标和关键成果"（Objectives and Key Results，OKRs）管理法，谷歌公司将 OKRs 引进来一直沿用至今，并将 OKRs 发扬光大。OKRs 定义和跟踪目标及其完成情况的管理工具和方法，也是一套绩效沟通和管理执行的工具，而不是一种完整的绩效管理工具，其评价结果一般不用于晋升。OKRs 包括两个部分，目标就是需要完成的具体任务，具体是指某件事情，通常用动宾词组表示，这是引导组织资源配置的方向，即将资源引向哪儿的。关键成果是衡量目标达成必须达成的产出结果，必要时对于未达成的关键成果还应列出待办事项，主要体现如何达成目标。

实施OKRs的关键在于设定组织上下都达成共识的目标体系。OKRs的目标体系通常需要达到如下基本要求：一是可量化，即能够通过几个关键成果衡量出目标是否达成。二是有挑战性，即完成60%—70%的目标为正常，完成80%以上为优秀，完成60%以下为不达标，完成低于40%不一定就代表失败，如果100%完成则说明目标过于简单。更重要的是检验项目是否重要，是否需要继续实施该项目；还有就是目标是否具有挑战性，能否全面激活目标责任者的全部潜能。在一般情况下，组织内各个层级均不应超过五个目标，每个目标不超过四个关键成果。

（二）目标与关键成果法的政府实践

OKRs目前主要在高科技、互联网企业推广比较多，在政府实践中还鲜有应用。但是，在高度连通的社会中，政府同样需要应对复杂且不确定环境，需要对人民群众的需求做出敏捷回应。我国政府可以把OKRs当作一个管理工具和沟通工具，坚持问题导向，全面激发公共服务人员的公共服务动机，变"要我服务"为"我要服务"，从而更好地践行"以人民为中心"的发展思想和"全心全意为人民服务"的根本宗旨。

在借鉴OKRs设计绩效管理体系时，特别需要注意具有挑战性的目标的实现程度与较低要求的绩效目标具有本质要求。很多企业实施"能跑多快跑多快"的管理模式，就是鼓励员工设定具有挑战性的绩效目标，从而激发员工个人和组织的内在动力。

第四章　外国政府绩效管理实践

政府绩效管理理论与实践都起源于西方发达国家。随着世界各国政府改革的不断深入，很多发达国家都引入企业绩效管理思想和工具，取得了丰硕的实践经验，也积累了不少失败教训。通常，不同国情的国家在绩效管理模式上都会有一定的差别，对典型发达国家政府绩效管理实践经验进行追踪和总结，有利于我国政府绩效管理理论研究的深化和绩效管理实践的进步。

第一节　美国政府绩效管理实践

科学管理思想在美国可谓深入人心，追求高绩效成为政府绩效管理立法和政府改革的总的指导思想。美国是世界上最早探索政府绩效管理的国家之一，通过管理实践和立法的形式，形成了具有美国特色的政府绩效管理体系。

一　美国政府绩效管理概述

（一）美国政府绩效管理发展历程

美国政府绩效管理可以追溯到布鲁尔（Bruere）等成立纽约市政研究院致力于促进政府提高工作效率的探索，从1906年开始，定期向市政府提交市政管理和公共工程绩效报告，起初比较简要。1912年的绩效评估报告有了测量公共项目投入、产出与结果的具体数据，并与其他城市做了可比性研究，对纽约市公共资源配置的合理程度做了分析，提出要对有些低效率的部门进行行政问责。① 此后，美国在政府绩效领域开展了持续深入的研究和探索。

关于美国绩效管理实践百余年的漫长发展历程，不少学者将其划分为不同的发展阶段，以便于更好地把握其特征。美国行政学家尼古拉斯·亨利（Nicholas Henry）以如何测量公共生产力为依据，从管理视角将政府绩效评价划分为五个阶段：效率政府时期（Efficiency for Good Government，1900－1940），致力于好政府建设；预算控制成本时期（Budgeting to Control Costs，1940－1970），以控制政府支出为目标；管理效率和有效性时期（Managing for Efficiency and Effectiveness，1970和1980），以提高效益和效率为目标；民营化小政府时期（Privatizing for Less Government，1981－1992），以精简政府机构为目标；新公共管理时期（A New Public Management，1992年至今），以重塑政府或再造政府为目标。② 蓝志勇和胡税根（2008）将政府绩效评价分为四个阶段：萌芽阶段（20世纪初至40年代）、起步阶段（20世纪40年代至70年代）、发展阶段（20世纪70年代至80年代）和深化阶段（20世纪90年代至今）。③ 无论如何划分，美国国会1993年通过《政府绩效与结果法案》都是美国政府绩效管理全面实施的标志性事件，该法案规定联邦政府所有部门都要在试点基础上建立和实施绩效管理系统。

从美国政府改革的历程来看，美国推行绩效管理的动机也发生了变化，即从单纯的"追求效率和控制成本"逐步转变为"效率与效益"的有机结合，最终深化为"减少政府开支""提高公共责任、效率、效益以及回应性"等多目标的综合体系。④ 另外，自20世纪80年代以来，政府绩效管理的学术研究呈"爆炸式"增长，一大批著名

---

① 高小平、贾凌民、吴建南：《美国政府绩效管理的实践与启示——"提高政府绩效"研讨会及访美情况概述》，《中国行政管理》2008年第9期。

② ［美］尼古拉斯·亨利：《公共行政与公共事务》，张昕等译，中国人民大学出版社2011年版，第60—68页。

③ 蓝志勇、胡税根：《中国政府绩效评估：理论与实践》，《政治学研究》2008年第3期。

④ 范柏乃：《政府绩效评估与管理》，复旦大学出版社2007年版，第36—37页。

高校和研究机构开展政府绩效评估与管理项目的研究,对政府绩效管理的方方面面都进行了研究和探索,并取得了丰硕的研究成果。

(二) 美国政府组织

1. 联邦制国家体制

美国在政治上实行立法权、行政权和司法权三权分立,通过三权分立的权力制衡系统,防止任何一种职权受到滥用和出现越俎代庖的情况。行政权实行总统制,由总体组阁政府;规定美国总统拥有行政决策权,其主要职责为"监督法律之忠实执行"。立法权是指国会的上下议院制度,主要行使立法和税收运用的权力。司法权规定由法院行使审判案件与争论的权力。虽然美国宪法并没有规定各州政府也需要将权力三分,但是,大部分州政府均奉行三权分立,有着州立法会、行政机关与州法院。

美国是联邦制国家,美国政府分为联邦政府、州政府和地方政府三大类,其中地方政府又包括市、县、镇、村、学区和特别区等。美国宪法划分了联邦政府和州政府的主权,唯独没有提及地方政府的权力。自从1789年宪法被采纳后,一个地方治理体系就发展起来。该体系依赖于对地方的正式授权以及赋予其广泛的非正式权力的地方自主传统。在美国的50个州内,每一个州都有一套独特的地方政府体制,划分了州和各级地方政府之间的权力及责任。[1] 严格来说,美国不存在中央制国家那种具有最高权威的中央政府。正因为各级政府间一般不存在领导与被领导关系,联邦与地方政府矛盾的解决才更加艰难。

2. 政府绩效管理主管部门

美国联邦政府绩效管理部门包括政府问责办公室、管理与预算办公室、人事管理总署以及各部门内设的计划与评价办公室。

(1) 政府问责办公室(Government Accountability Office,GAO)。《政府绩效与结果法案》规定,国会拥有高度的权力,包括可以建立、

---

[1] [美]布莱恩·E. 亚当斯:《美国联邦制下的地方政府自治》,王娟娟、荣霞译,《南京大学学报》(哲学·人文科学·社会科学版)2012年第2期。

修正、延迟和废除政府绩效目标。《政府绩效与结果法案》规定，审计总署（General Accounting Office，GAO）接受国会委托，代表国会对政府各部门进行年度绩效评价，对部门计划、项目及专项工作的绩效进行专题评价，还可授权政府部门内设的绩效评价机构对该部门的绩效计划、项目进行评价。根据 2004 年美国审计总署人力资源改革法案修正案，自 2004 年 7 月 7 日起，美国审计总署正式更名为政府问责办公室，其职责也不仅局限于审计工作，而是在更大范围内对政府绩效进行评价，并向国会和公众公布评价结果。

（2）管理与预算办公室（Office of Management and Budget，OMB）。管理与预算办公室主要协助总统工作，监督各部门提交年度预算和年度绩效报告，并要求各部门将部门预算和绩效报告提交总统，再由总统签署后提交国会审议和批准。

（3）政府部门。美国联邦政府部门内设的计划与评价办公室，主要负责联邦政府部门的战略计划、年度计划和绩效评价事宜。提交年度绩效计划和年度绩效报告，作为部门预算和申请拨款的基本文件；收集、整理绩效结果信息，提出制定或修订政策的建议；受政府问责办公室的委托，评价本部门的计划项目等。为了更好地开展绩效管理工作，联邦人事管理总署（Office of Personnel Management，OPM）还需要提供政府绩效管理相关培训，帮助相关政府绩效管理人员更好地实施战略计划，开展项目绩效评价。

（三）美国政府绩效管理的管理体系

美国是一个预算国家。1921 年，美国国会通过了《预算会计法案》，第一次赋予了联邦政府正式的行政预算过程。1950 年，国会通过了《预算和会计程序法案》，确定了在联邦机构中推广项目或绩效预算，该法案明确了行政部门的会计责任和审计总署的审计责任，使美国初步进入新的预算时代和审计时代。此后，美国预算改革还经历了目标预算（Budgeting by Objectives，1972 – 9177）、零基预算（Zero – Base Budgeting，1977 – 1980）和目标基准预算（Target Budgeting，1980 – 1992）等阶段。

1993 年，《政府绩效与结果法案》不仅确立了结果导向的预算，还要求联邦政府部门都要制订战略规划和年度绩效计划,确定政府战略目标和绩效目标体系。通常,联邦政府部门的战略性绩效目标来自政府战略规划,操作性绩效目标来源于部门职责,而战略性绩效目标和操作性绩效目标都要受联邦预算的影响;而联邦高级公务员和其他公务员则通过绩效协议体系,来承接政府部门的绩效目标,具体如图4-1所示。

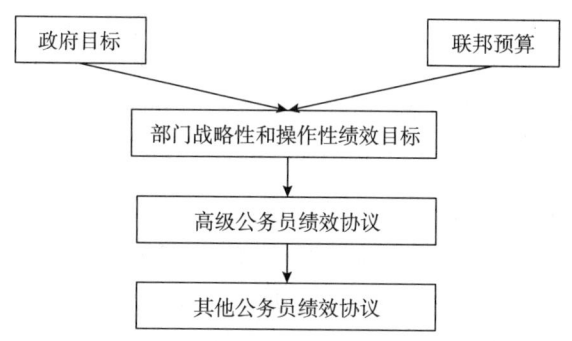

图4-1 联邦预算、政府目标与公务员绩效协议的协同体系

资料来源:Anne Ketelaar et al., "Performance-based Arrangements for Senior Civil Servants OECD and other Country Experiences". *OECD Working Papers on Public Governance*, OECD Publishing, 2007.5。

美国的上下级政府之间的绩效管理体系更加独立,难以在整个政府组织体系内形成一个完整的协同管理体系。不过,无论是联邦政府,还是州政府和地方政府的绩效管理实践,都需要将政府预算、政府目标、公共项目和公务员绩效联动起来。因此,对美国政府绩效管理实践的研究,需要分别了解不同类型政府绩效管理的经验。

二 美国联邦政府绩效管理

(一) 基本管理体系

1993年,美国国会通过的《政府绩效与结果法案》(GPRA),确立了美国联邦政府绩效管理的基本内容,具体包括战略规划、年度绩效计划和年度绩效报告三项报告制度。2010年,美国国会在继承GPRA优势的基础上,通过了《政府绩效与结果法案修正案》(GPRA Modernization Act of 2010,GPRAMA),对GPRA存在的缺陷进行了修正和完善。GPRAMA 关于战略规划、年度绩效计划和年度绩效报告的修订是绩效管理体系的重要内容。①

1. 战略规划

（1）战略规划的周期。GPRA 对战略规划的内容要求十分具体，要求部门负责人将五年内的战略规划提交给管理与预算办公室主任和国会，并每三年更新和修订一次。GPRAMA 关于战略规划的修订主要体现在：期限改为每四年一次，并且修订期限与总统任期进行调适。

（2）战略规划的内容。GPRA 规定，联邦各部门的战略规划主要由以下内容组成：关于涵盖了机构主要职能和运作方式的全面任务描述；关于机构主要职能和运作方式的总体目标，包括与产出相关的目标；关于目标如何达成的描述，包括为达到目标所需的运作程序、技能和技术、人才、资本、信息和其他资源的描述；关于后面所要求的绩效计划的绩效目标如何与战略规划中的目标挂钩的说明；关于能对总目标实现产生重大影响的部门外部的或无法控制的关键因素；关于为制定和修改总目标而进行的项目评价和未来项目评价的时间表。GPRAMA 规定，除 GPAR 的规定外，还要求对任务、绩效目标和长期目标进行全面描述，并且详细描述机构目标是如何支撑政府宏观优先目标（Agency Priority Goal，APG），并明确这些目标如何与国会和相关单位相融合的。特别需要指出的是，GPRAMA 专门对联邦政府和机构优先目标（Agency Priority Goal，APG）进行了规定，对政府部门资源优先配置的战略性方向，绩效管理实践者应引起高度重视。

2. 年度绩效计划

GPRA 的核心内容是年度绩效计划，规定一般在年初提交给总统和国会；年度绩效计划主要由管理与预算办公室主任监督实施。GPRAMA 规定，各部门在流程上首先递交给管理与预算办公室，并向国会递交一份完整的预算副本，同时保证预算公开；要求列举前后两个财年的绩效目标。

---

① U. S. Government Accountability Office, *Managing for Results：GPRA Modernization Act Implementation Provides Important Opportunities to Address Government Challenges*, 2011.

GPRA 对年度绩效计划内容进行了全面规定，主要内容包括：设定绩效目标并确定完成项目行动所要达到的绩效水平；将这些目标用客观的、量化的、可衡量的方式来表达，若得到授权可使用其他替代方式表达；简要地说明为达到绩效目标所需的运作程序、技能和技术、人才、资本、信息和其他资源；制定在衡量或评价各项目的产出、服务水平和成果时所使用的绩效指标；提出一个可以与所制定的绩效目标进行比较的标准；说明用于检验和验证衡量绩效价值的手段。GPRAMA 关于绩效计划的修订则主要增加了为实现政府优先目标建立相应的绩效目标，明确组织机构、规范制度、项目活动、具体政策等是如何帮助实现政府优先级目标的，确定政府优先目标的主责机构和主责官员，确立项目评价进程的绩效指标，明确各类机构必须直面的挑战及相应的解决对策；同时还增加了顾客服务评估、效率评估等专业术语。

3. 年度绩效报告

GPRA 要求每一个机构在一个财政年度后向总统和国会提交一份前一财政年度的绩效报告。GPRAMA 报告要求及时提交给总统和国会，并确保在网上及时更新相关信息；关于报告的及时性，规定最迟提交报告不能超过本财政年度末的 150 天。

GPRA 也规定了年度绩效报告的内容：通过对绩效计划中确立的绩效指标的全面陈述，比较预期绩效目标与绩效目标完成情况的差距；如果绩效目标是用替代的形式加以说明，就需要对绩效结果进行详细描述，比如是否达到最低、有效或成功的绩效标准；通过财政年度的绩效计划的实现程度，解释和描述绩效目标未能实现的原因，并根据评价结果，确定下一个财政年度的绩效计划。

（二）联邦政府绩效管理实践

美国联邦政府部门的绩效管理，从流程上讲，一般包括绩效计划、绩效监控、绩效评价和绩效反馈的完整流程。其中，绩效计划和绩效评价在整个绩效管理体系中受到重视程度尤为突出。

在绩效计划环节中，科学的目标体系在美国政府绩效管理体系中具有重要的地位。联邦政府部门都需要在部门使命的指引下，制定战略目标，并根据战略目标，制定绩效目标体系。由于美国联邦制的国家体制决定了美国公共服务在政府各层级中的指挥权很弱，这也导致很多政府工作都是通过公共项目来具体实施的。预算国家的特征也推动了美国政府通过项目来配置资源，即将联邦预算资金主要用在名目繁多的公共项目上。因此，公共项目的选择常常成了美国政府绩效管理体系的重要环节，项目目标常常与联邦政府部门战略目标、绩效目标、绩效指标和行动方案等共同构成一个完整的体系。比如，美国联邦住房管理局（Federal Housing Administration，FHA）在机构使命的指引下制定了完整的目标框架体系，很好地诠释了部门战略目标与绩效目标体系的内在逻辑关系，如图4-2所示。

在联邦政府目标绩效评价体系中，项目评价显得尤为重要。2002年，美国总统管理委员会（President's Management Council，PMC）和管理与预算办公室联合开发了项目等级评价工具（Program Assessment Rating Tool，PART）。PART是一套用来评价美国联邦政府项目绩效表现的调查问卷，具体通过项目目的与设计（Program Purpose and Design）、战略规划（Strategic Planning）、项目管理（Program Management）、项目结果与问责（Program Results and Accountability）四个方面的问题，将项目绩效与预算决策联系在一起。这四个部分的问题通常都包含共同性问题（所有类型的项目都适用）和特定性问题（某种特定项目类型适用），其中，共同性问题有25题，特定性问题根据项目类型不同，问题的数量就不同，但是，一般每份问卷大约合计30题。另外，这四个部分所有问题的权重分配比例分别是20%、10%、20%和50%。

在评价流程上，PART首先对单个项目进行评价，从而得到被评价项目的等级得分，然后将所有项目的等级得分通过"等级评分卡"汇集起来，从而得到联邦政府所有部门的得分等级。通过对所有项目等级得分的比较，得出这些项目属于高绩效还是低绩效。开发PART的目的，就是要通过对所有项目的绩效等级进行比较，实现对高绩效项目的激励和对低绩效项目的鞭策，最终促进联邦政府项目整体绩效的全面提升。

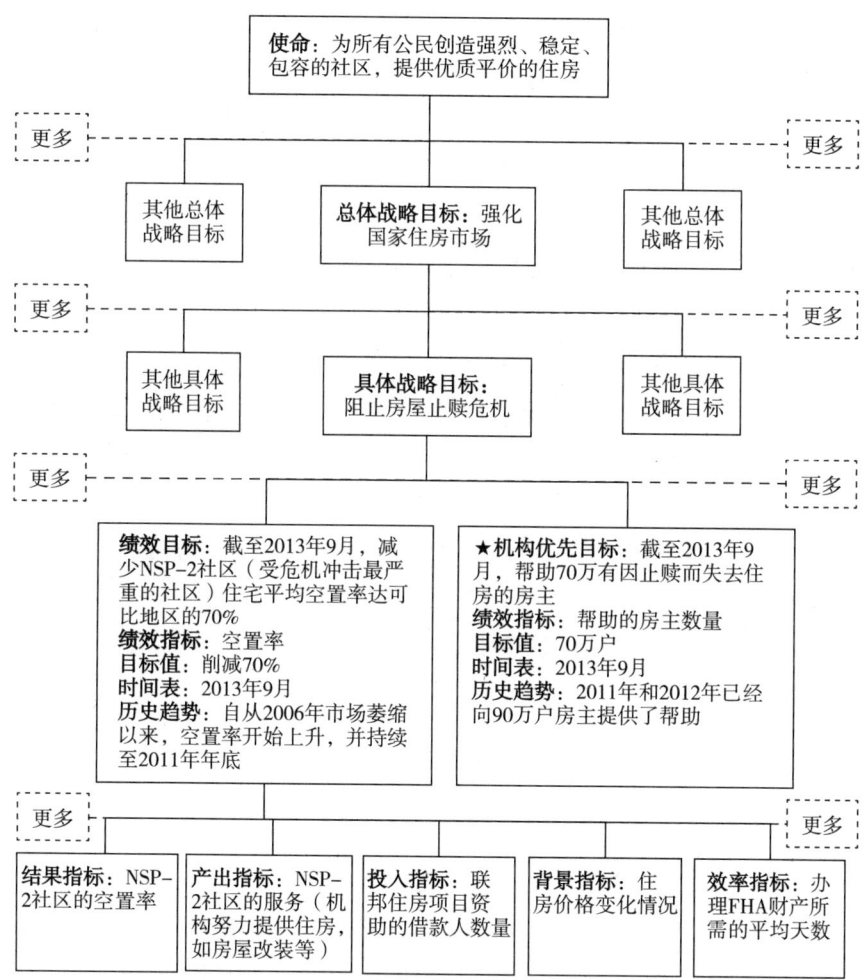

图 4-2　美国联邦住房管理局的目标框架（示例）

资料来源：GAO-15-602，*Managing for Results: Practices for Effective Agency Strategic Reviews*。

（三）联邦政府公务员绩效管理实践

联邦政府公务员绩效管理的基本依据是《1978 年公务员改革法》。该法案规定，联邦人事管理总署是联邦政府公务员的管理部门；规定每个部门都应该开发一个或多个公务员绩效管理体系，并将绩效评价结果作为公务员培训、晋升、降级和薪酬等决策的基本依据。

联邦公务员绩效管理体系包括一个完整的绩效管理流程，具体包括绩效计划、绩效监控、绩效评价和绩效反馈等环节：①绩效计划。每个联邦政府公务员都应根据其工作任务和职责制订书面的绩效计划，并通过绩效协议来最终确定下来；绩效计划应该包含绩效因素（关键绩效因素、非关键绩效因素、附加绩效因素等）和绩效评价标准等内容。②绩效监控。领导者需要对绩效水平处于接近合格的公务员提供帮助；也应对不合格的员工提供帮助促进其改善绩效。③绩效评价。根据各类绩效因素上的得分评出公务员的绩效等级，评价等级通常由低到高，分为一至五级。其中，第一等级为最低级，为"不可接受"；第三等级为中等，为"全部达标"或类似的描述；第五等级是最高级，为"杰出"或类似的描述。④绩效反馈。绩效评价周期结束后，应该尽快对每个公务员书面反馈评价结果；同时，公务员有权聘请律师或者其他代理人为自己进行绩效申诉。

三 美国地方政府绩效管理

本书将州政府和地方政府统称为广义的，"地方政府"。美国联邦制下的各州都有自己的法律体系，因此，本书对地方政府绩效管理仅做简要概述。

（一）地方政府绩效管理的基本特点

美国地方政府绩效管理虽然呈现出百花齐放的特点，但是，归纳起来，还是有一些基本特点。不少学者都对美国地方政府的管理实践进行了归纳和总结，其中，以下三个方面的特征尤为突出。

1. 绩效管理与政府预算挂钩

美国地方政府的财政收入主要来源于税收，地方政府需要向纳税人说明政府如何运用税款、支出是否合理以及结果如何等。因此，美国地方财政体系决定地方政府必须将政府绩效评价结果与预算挂钩，通过建立以结果为导向的绩效预算机制，理顺绩效信息循环系统，促进政府绩效管理水平的提升。也可以说，将绩效管理与政府预算挂钩的做法，为政府绩效评价活动的持续开展提供了制度性保障，并提升了政府绩效评价活动的规范性，减少了评价结果使用不足的情况。

从绩效管理实践上讲，得克萨斯州在绩效预算改革方面堪称先锋。早在 1991 年，该州就在工作量指标的基础上引进了绩效指标，并建立了绩效预算系统。随后，又率先建立了战略规划和绩效预算体系（Strategic Planning and Performance Budgeting System，SPPB），通过建立一个结果导向和目标驱动的绩效预算体系，将战略规划和绩效预算整合为一个完整体系。州政府和州议会可以利用 SPPB 对州内各政府机构达成预期目标的情况进行评价，并以此为依据做出拨款决定。SPPB 由战略规划、绩效预算（由拨款法案和机构运营预算构成）和绩效监控三个主要部分组成。战略规划通常包括组织的使命与目的、预期目标以及目标衡量的方法，其周期通常是五年。拨款法案根据战略规划中确立绩效评价标准和绩效目标，进行资金配置；政府机构的运营预算会提供由拨款法案分配下来的资金的细目分类信息和该机构的绩效计划。绩效监控主要由州议会预算委员会（Legislative Budget Board，LBB）和州长预算、规划与政策办公室（Governor's Office of Budget，Planning and Policy，GOBPP）执行，各政府机构需要提交季度和年度绩效报告；州审计局也会有选择性地对各机构提供的绩效信息进行审计。[①]

2. 注重绩效衡量

绩效衡量一直是美国地方政府绩效评价中的热点问题。很多绩效管理研究者和实践者都致力于开发绩效衡量工具，以便于更好地进行政府绩效评价。通常来讲，卓有成效的绩效衡量工具需要在既定的政府绩效评价框架之下，综合关注战略规划、绩效结果、投入产出等方面的内容。在具体建立绩效衡量系统时，通常具体明确的绩效目标和衡量目标成败的绩效标准是核心问题，最终致力于更加客观、公正和准确地衡量政府的真实绩效水平。

弗吉尼亚州的绩效管理在美国各州中处于领先地位。该州实施开发并实施了战略性和服务地区计划来支持各部门战略规划的实现及达

[①] 梁耀盛：《得克萨斯州战略规划与绩效预算体系研究》，《地方财政研究》2009 年第 1 期。

成。该州主要通过以下四种方式来衡量绩效产出：第一，关键衡量，与各部门的核心任务相关；第二，产出衡量，与核心业务职能的开支相关；第三，管理衡量，与关键的管理和服务类别相关；第四，其他衡量，与绩效和服务地区职能相关。针对每一个绩效领域，衡量结果都用不同的颜色表示不同的等级：绿色表示达到期望；黄色表示正在向着期望进步；红色表示未能达到期望；灰色表示数据不全。各部门根据事先制定的衡量标准对本部门的绩效进行评价，同时要求各部门的绩效管理资源在州政府的网站上进行公示。国会、联邦政府部门以及州长每年对这些评价进行审查。

3. **注重引入外部机构及专业研究人员参与评价**

由于没有明确的限制，美国各地方政府在聘请或加入何种绩效评价机构方面都有着绝对的自主权。在美国地方政府绩效评价活动中，非政府组织及公众充当了重要的参与者。专业评价机构也随着绩效评价实践的深入纷纷建立，理论家、实践者和评价专家都纷纷加入评价队伍，为推动政府绩效评价贡献力量。外部机构和专业研究人员参与评价，媒体及公众的参与监督，为评价结果的客观、公正和科学性提供了制度性保障。

为保障评价活动的规范有序开展，通常需要规范的绩效评价流程做保障。通常来讲，地方政府绩效评价活动将选择参与评价机构作为起点，然后共同商议确定评价框架，随之实施评价，并公开评价结果，及时向评价主体反馈情况，为新一轮评价奠定基础。完整的管理流程如图 4-3 所示。

(二) 地方政府绩效管理的实践案例

美国地方政府绩效管理实践案例非常多。比如，俄勒冈州的标杆管理战略模型；波特兰市在该模型的基础上开发了综合绩效测量系统，将政府的各项重要工作都围绕绩效测量和年度预算两项核心工作来展开，从资源数量、单位产出或单位服务量、服务质量与结果、单位输出成本或单位结果成本、环境因素五个方面对政府自身发展、部门战略规划和城市战略规划三项工作进行评价，并形成 SEA 报告。圣何塞市也开展以绩效导向的预算规划和结果导向的服务管理为核心的

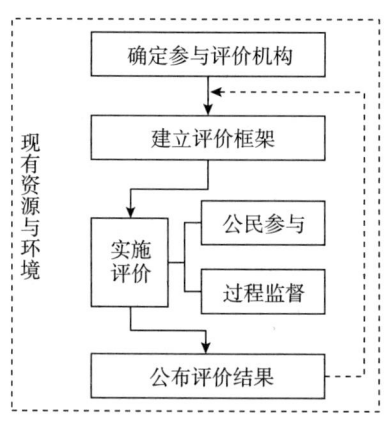

图 4-3 美国地方政府绩效评价流程

资料来源：马佳铮、包国宪：《美国地方政府绩效评价实践进展评述》，《理论与改革》2010 年第 4 期。

城市发展战略制定及实践探索活动，并且每年都会发布相关报告，向民众通报绩效评价结果。坎贝尔（Campbell）研究所作为第三评价机构，是独立开展政府绩效评价的典型代表；坎贝尔研究所运用政府绩效项目评价模型（GPP 模型），先后从财务管理、资本管理、人力资源管理、信息技术管理和结果管理五个方面对美国财政收入最高的 35 个市政府和 40 个县政府的绩效表现展开评价；评价结果从优到差分为 A、B、C、D 四个大级别，每一个大级别又分为三个小级别（如 A^+、A、A^-）；此项评价活动的宗旨、过程、评价标准、评分方式以及评价结果请参见汇总的研究报告。

关于美国地方政府绩效管理实践案例，本书重点介绍夏洛特市引入平衡计分卡开展政府绩效管理实践的案例。夏洛特市位于美国东南部的北卡罗来纳州，气候温和湿润，四季分明，享有"绿色城市"美称。20 世纪 90 年代初，夏洛特市议会就将"为市民提供高质量的服务"确定为公共部门的使命，并将愿景定位为"优选的生活、工作与休闲社区"。为了将有限的资源投入到那些能真正推动愿景实现的行动方案中去，1996 年，夏洛特市率先在美国政府部门中引进平衡计分卡。资深市政议员、市长和议会利用年会商讨，明确了一些战略主题来引导资源的分配和未来十年部门项目的投入，并经过讨论最终确定了五个战略主题：公共安全、城中之城（保存及改善老城区）、交通、政府重组和经济发展。副市长组建了一个核心项目小组，负责将五个战略主题细化为城市平衡计分卡的战略目标，如图4-4所示。

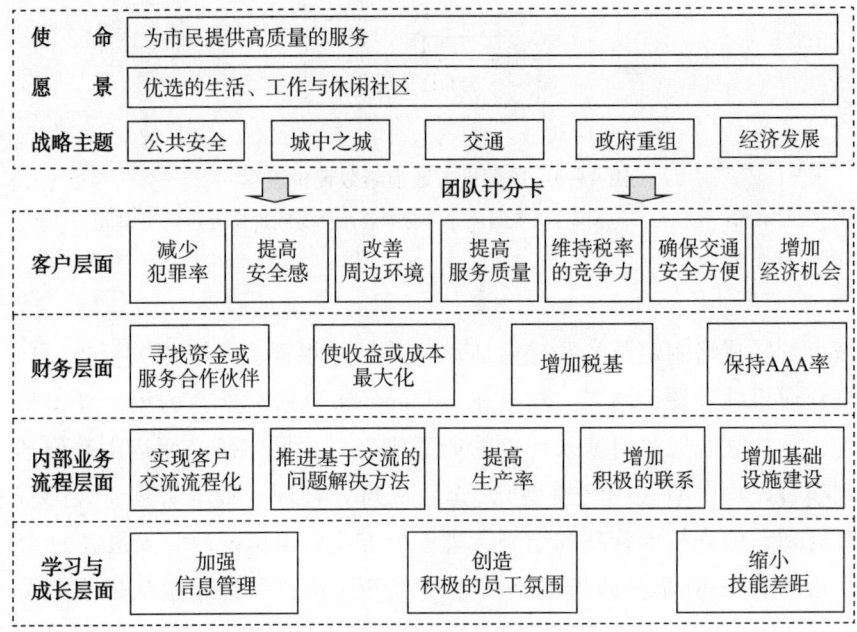

图4-4 夏洛特市的市议会战略地图

资料来源：根据［美］罗伯特·卡普兰、戴维·诺顿《战略中心型组织》（上海博意门咨询有限公司译，中国人民大学出版社2004年版）第111页改编。

项目小组还为五个战略主题分别开发了独立的平衡计分卡。以夏洛特市交通管理部门为例，该部门从夏洛特市整体平衡计分卡中承接了与其有直接关系的16个战略目标，并在每一个层面将其细化为前置性和滞后性衡量指标，共计32个指标，如表4-1所示。

表 4-1　　　　　　　　夏洛特市交通部门的平衡计分卡

层面	目标	前置性指标	滞后性指标
客户	C-1 维护交通系统 C-2 运作交通系统 C-3 开发交通系统 C-4 确定最佳系统设计 C-5 改善服务质量 C-6 加强社区建设	C-1 维修响应：维修回应行动 C-2 行驶速度：平均行驶速度 C-3 准点公交车：准点公共交通 C-4 引进项目：新引进项目数 C-5 回应：对市民意见的回应率 C-6 问题响应：明确交通部门应该找出、处理的社区交通问题和灵活性问题	C-1 高品质街道：路况评级每英里≥90 C-2 安全：事故率；事故多发路段数 C-3 基本灵活性：便利的公共交通 C-4 计划进展：2015年交通计划完成率 C-5 通勤时间：规定区域平均通勤时间 C-6 社区导向项目：解决社区问题的项目数
财务	F-1 增加非政府融资 F-2 收益或成本最大化	F-1 成本：与其他城市和私营领域的成本比较	F-1 融资杠杆：非政府来源的资金额 F-2 新基金来源：新来源资金额
内部业务流程	I-1 增加基础设施 I-2 寻找资金或服务的合作伙伴 I-3 提高生产率 I-4 提高与社区的正面联系	I-1 资本投资：目标区域投资额 I-2 利用资金或服务伙伴：已确认的新资金或服务伙伴 I-3 单位成本：单位成本 I-4 竞争性外包：预算招标比率 I-5 问题识别：原因和措施 I-6 客户沟通：数量、客户类别、频率	I-1 容量比：增加的容量与2015年需求之比 I-2 合作伙伴数：合作伙伴数 I-3 街道维护成本：每英里街道维护成本 I-4 运送乘客成本：单个乘客的成本 I-5 顾客调查：有关服务质量的调查结果
学习与成长	L-1 加强自动化信息系统 L-2 加强"现场"处理技术 L-3 缩小技能差距 L-4 向公务员授权	L-1 IT基础：交通部门建成相关的数据库 L-2 明确技能：在战略职能上核心技能的确认数 L-3 公务员氛围调查：公务员调查结果	L-1 信息获得：满足用户战略性信息需求的程度 L-2 信息工具：可用的战略工具对需求的满足率 L-3 技能迁移：工作中技能表现 L-4 公务员目标协同：培训和职业发展与使命相一致

资料来源：[美] 罗伯特·卡普兰、戴维·诺顿：《战略中心型组织》，上海博意门咨询有限公司译，中国人民大学出版社2004年版，第146页。

第二节　英国政府绩效管理实践

英国是开展政府绩效管理最持久、最广泛的国家之一，英国实践为世界很多国家绩效管理实践提供了经验借鉴。对英国政府绩效管理理论与实践进行探索，对推动我国政府绩效管理研究和完善管理实践有较大的积极意义。

一　英国政府绩效管理概述

（一）英国政府绩效管理的发展历程

根据绩效评价侧重点的不同，可以将英国政府绩效管理划分为以经济效率为导向的阶段和以质量为导向的阶段。

1. 以经济效率为导向的阶段

英国政府于20世纪60年代后期就开始了政府绩效管理的探索。英国的王室土地监督局、国内税务局以及就业局通过发布各部门的整体生产率指数，并拟定各种绩效指标用以衡量下属部门的工作。1979年以后，撒切尔政府针对当时政府内部低效和浪费严重的问题，开展了一系列激进的改革措施，借鉴企业绩效管理方法与技术来改进政府效率，减少财政支出，并提升政府在人们心目中的"合法性"。这一阶段政府主要以经济和效率为核心开展绩效管理实践，相继推行了一系列管理活动，以节省支出，提高行政运行效率。

（1）雷纳评审。为了提高部门组织经济和行政效率水平，1979年撒切尔上台伊始就任命雷纳爵士为首相的效率顾问，组建一个"效率工作组"，负责行政改革的调研和推行工作，对中央政府各部门的运作情况进行全面的调查、研究、审视和评价，这就是著名的"雷纳评审"。雷纳评审的程序为：选择评审对象，对现有行政活动提出问题和质疑，推动被评审单位及评审员围绕评审报告争论或辩论，对问题和改进措施达成共识以及落实改革措施这五个步骤。

（2）部长信息管理系统。赫塞尔廷先后在环境部和国防部建立了部长管理信息系统，由于取得显著效果而在行政部门推广。部长信息管理系统是一个融合目标管理和绩效评价等现代管理方法和技术于一体的信息收集与处理系统，其作用在于向部长即时提供全面、规范化的信息，为部门的绩效评价提供系统、可靠的信息基础。部长管理信息系统的一个周期为一年，具体包括以下三个步骤：

第一步，每个部门的负责人向部长交一份工作陈述，包括工作内容、所用人员、工作程序、工作目标及评价指标等；

第二步，部长审核各科的工作陈述，包括组织总目标和各部门目标的整合等，并就具体目标、指标和资源分配等方面与各科进行讨论，达成共识；

第三步，协议的执行，即各部门按既定计划进行工作，并定期向部长汇报进展，部长据此对目标、指标和资源分配等方面进行调整，找出工作的薄弱环节，并督促改进。

（3）财务管理新方案。1982年5月，为了提高公共部门的经济和效率水平，降低公共开支，英国财政部颁布了《财务管理新方案》。内阁办公厅和财政部为此联合成立了一个财务管理领导小组，负责指导新方案的实施及部门协调工作，该方案主要包括高层管理系统、目标陈述、绩效评价、财务分权与权力下放四个方面的内容。

（4）下一步行动方案。1983年，伊布斯接替雷纳出任首相的效率顾问，1988年，向首相提交了《改进政府管理：下一步行动方案》的报告。该报告论述了政府效率调查中发现的主要问题：行政部门内部管理体制不利于向公众提供便捷的公共服务；擅长政策分析和政策咨询的高级文官普遍缺乏向公众提供公共服务的经验和管理技能；部长的日常工作超负荷，以致经常无暇顾及重大政策和部门战略管理；高级文官普遍忽视内部管理工作；将庞大而多样化的公务员队伍作为一个单一实体进行管理，不利于调动公务员队伍的积极性、主动性和创造性。报告也提出了相应的改进建议：设立"执行机构"，剥离公共政策制定、评价职能和公共政策执行、公共服务提供职能；注重政府人力资源开发与利用，拓宽高级公务员来源渠道，保证高级公务员中既有具备政策咨询背景的知识型公务员，又有具备丰富基层管理经验的公务员；保持外部压力以推动持续性改进。

2. 以服务质量为导向的阶段

为了应对公共服务质量下降的突出问题，英国政府以提高公共服务质量和公众（顾客）满意度为宗旨，先后发起了公民宪章运动、竞争求质量运动以及政府现代化运动。

（1）公民宪章运动。1990年，梅杰出任英国首相。为了提高行政效率，改进公共服务，重塑政府形象，1991年7月，英国政府以白皮书的形式提出"公民宪章"，以宪章的形式把政府公共服务的内容、标准、责任等公之于众，接受公众的监督。为了保证公民宪章做出的承诺能够落到实处，英国政府采取了一系列措施：

一是加强组织协调，即在内阁办公厅下设立"公民宪章"小组，负责协调"公民宪章运动"的相关工作；

二是加强宏观指导，即采取多种形式对各个地区、各个行业的公民宪章运动进行总体协调与宏观指导，比如明确公民宪章运动的意义和宗旨，制定全国统一的指导原则和基本要求，指导各地区、部门和各行业制定具体标准，了解运动紧张情况，加强信息发布和经验交流总结等；

三是加强监督，即通过设立跨部门的独立监督机制，建立部门内部监察机构，帮助公众了解各类服务宪章的内容和顾客权益，并接受公众投诉；

四是建立奖励机制，即实施奖励优质服务计划，将实施服务宪章的部门和机构的雇员薪酬与服务绩效表现挂钩。

"公民宪章运动"极大地提升了英国政府的公共服务质量，改善了政府形象，被视为英国自新公共管理运动以来有关公共部门产出和绩效评价工作的高峰。

（2）竞争求质量运动。在公民宪章运动开始四个月后，为了进一步提高服务质量和公众满意度，保证公共资金的价值最大化，梅杰政府发表了《竞争求质量》白皮书，明确规定政府管理活动必须通过市场的检验和评价。白皮书强调内部承担的活动向竞争者开放，在确认活动的范围和性质、建立服务水平和质量标准的基础上，通过竞争和比较来确定由谁来提供公共服务。通过强制性竞争招标制（Compulsory Competitive Tendering，CCT)①来推行"市场检验"，这种通过建立市场机制，打破了传统的集中配置服务体制，给客户以自由选择的权利和便利，迫使公共部门为赢得"客户"而展开竞争。

（3）政府现代化运动。1999年，为了推动改革再上新台阶，打造一个能使人民过上更好生活的政府，布莱尔政府发表了《政府现代化》白皮书。白皮书确立了十年内打造一个"更加侧重结果导向、顾客导向、合作与有效的信息时代的政府"的宏伟目标，确立了"合作政府"新理念。合作政府要求通过财政部和各部之间签订公共服务协议、基于现代信息技术平台建立电子政府等措施，推动各政府部门形成合作共赢的协同体系，确保提高公共服务质量的承诺落到实处。布莱尔政府推动的"合作政府"改革，将传统官僚体制和现代治理思想结合起来，即通过建立跨越政府部门边界，融合公共部门、私人部门以及志愿者组织的力量进行合作治理机制，通过跨越组织边界进行工作，推动实现一个共同目标。合作政府既是组织机构的联合，也是组织运行机制的联合；更多的是一种合作行为，而不仅是联合在一起的组织。虽然不同政府部门的合作形式可能不同，但是，合作各方基本上都会围绕目标努力寻求协调一致。合作政府既强调中央掌控的、自上而下的政策提供，又注重自下而上的公共服务的供给与地方自治，还可能会影响到政府部门的组织结构、预算安排、目标设定以及地方政府部门的日常工作。②中央政府主要通过部门协商来实现合作，而地方政府则主要通过市民协商来实现合作。

（二）英国政府组织

英国是一个单一制国家，全国共有905个县及县以上地方政权机构，其中，有36个大都市区由中央政府直属管理。英国宪法规定，英国政府拥有单一最高权力基础，实行中央政府高度集权，地方政府

---

① 强制性竞争招标制即利用中央权威来使地方当局和其他公共机构在指定的领域实施竞争招标制。1992年《地方政府法》规定，在所指定的服务领域，地方政府必须实施竞争招标制。

② 曾令发：《合作政府：后新公共管理时代英国政府改革模式探析》，《国家行政学院学报》2008年第2期。

只能执行中央赋予的职责和权利，保证了重要政府政策的行之有效。在大多数欧美国家，除国家宪法明确规定不允许办理的事务以外，其他事务地方都有权办理。而英国的宪法却规定地方政府只能办中央允许办的事，活动范围被严格划定；从财政体制看，中央对地方预算实行较严格的控制，但是，中央政府也努力做到在各地区间公平分配。

英国地方政府权力结构中的政治层是民选产生的，主要向选民负责，所以，中央政府对地方政府的绩效管理所涉及的机构和人主要是地方政府中的行政层。英国的地方政府在某种程度上说是议政合一的。地方内阁（真正意义上的地方政府）领袖由地方议会多数党领袖担任，内阁领袖与其他阁员之间没有法律上的等级关系，主要负责地方政府各职能和内阁成员之间的协调工作；议会内阁聘任一名首席执行官。英国地方政府实行企业化的管理模式，首席执行官及其以下官员不属于公务员，属于合同制雇员。

（三）英国政府绩效管理的管理体系

英国中央政府与地方政府的关系在其历史发展中形成了一种二重性，即政治上的分权与行政上的集权。前者主要表现为地方政府是民选的而非中央任命的，因而首先对选民负责；后者则主要表现为中央政府对地方政府的行政行为进行严密的监控，其主要表现形式是进行全国统一的绩效管理。因此，在英国中央政府和地方政府都设有专门负责绩效管理的部门。英国政府绩效管理的体制结构体现了政治性监管和行政性监管的有机结合：政治性监管主要是议会及其所属的国家审计署对中央政府绩效进行监管，而行政性监管主要是指中央政府对地方政府及公共机构的绩效进行监管，如图4-5所示。

不同类型的组织有不同职责。中央政府主管绩效的机构是财政部，对地方政府和公共机构的绩效管理主要通过协商谈绩效目标并签订公共服务协议的模式进行；政府各部委也有权了解地方政府和公共机构在各相关领域的服务绩效并进行指导、监督。审计署作为全国性的独立公共机构，虽然主管审计署的委员由中央政府任命，但其职能和预算都是由议会通过立法确定的，这就保证了审计署的独立性；审计署是绩效评价体系的执行者。另外，英国地方政府联合会还成立了

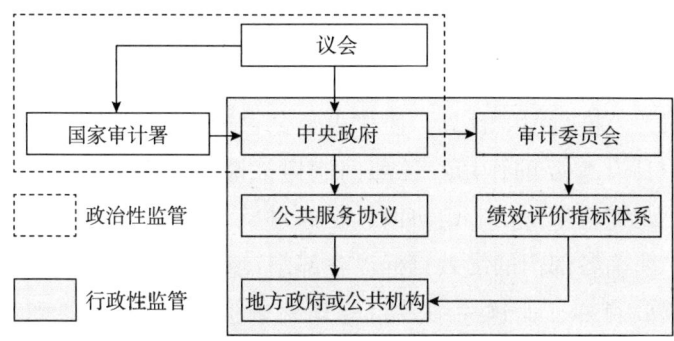

图 4-5 英国政府绩效管理的体制结构

资料来源：廖昆明：《英国的政府绩效管理体制和几点启示》，《公共管理高层论坛》2007 年第 1 期。

一个代理机构，名叫"改进与开发署"。该机构在绩效管理中的主要作用体现在以下三个方面：一是与审计署紧密合作，研究制定全面绩效评估的指标体系和评估方法；二是协助地方政府进行绩效管理，促进地方政府绩效的持续改进，并帮助其应对中央政府的监察和审计并；三是帮助绩效较差的地方政府改进和开发领导与管理能力。

二 英国中央政府绩效管理

在英国中央政府绩效管理实践中，财政部与各部门协商后，经全面支出审查（Comprehensive Spending Review，CSR）后，就需要与各部门和机构签订公共服务协议（Public Service Agreement，PSA），没有完成绩效目标的部门还需要签订服务改进协议。另外，英国高级公务员绩效管理框架与组织绩效管理体系保持高度关联。

（一）英国中央政府绩效管理体系

为了提升中央政府在公共政策及其执行中的控制力，保证政府部门有效地利用有限的公共资源，基于全面系统的、针对政府各个部门目标体系的财政预算方案，推动建立了以结果为导向的绩效目标体系。公共服务协议由 1998 年的全面支出审查推出，对促进公共服务传递和改进政府绩效水平具有重要作用。公共服务协议是财政部与其他各个政府部门之间所建立的协议，主要包括可以量化的、以效率和效益为标准的绩效目标。在英国政府绩效管理体系中，公共服务协议扮演着关键角色。

英国大力推行绩效预算，使作为资金管理部门的财政部在英国绩效管理中具有重要的作用。各部门制定战略规划和绩效目标草案之后，需要与财政部支出小组协商，在经过反复沟通之后，通过公共服务协议来明确各部门的绩效目标。各部门针对 CSR 制定明确的公共服务协议绩效目标，而这些绩效目标均要求遵循 SMART 原则。另外，英国政府内阁办公室和首相办公室也同时参与到了公共服务协议的框架中。

全面支出审查（CSR）每三年一个周期，并以白皮书的形式阐述英国政府的整体性绩效目标。比如，英国财政部的《2007 年全面支出审查》就确定了政府 2008—2011 年度的工作目标和计划，主要包括给全体人民创造机会公平，更高品质的生活，更强大的社区，一个更加安全、公平、环保而可持续发展的世界四个维度 21 个目标；同时还确定了"帮助人民和企业更快更好地渡过危机，以支持长期的经济发展和繁荣"这一全局性目标，这一目标主要由国家经济委员会牵头完成，负责为以上各项具体的目标提供支撑。

各政府部门通过与财政部签订"公共服务协议"来确定其在政府整体目标体系中的方位，而财政部将根据目标的优先级来配置资源。所有重要的政府部门都制定了不同数量的部门战略性目标，来支撑政府 CSR 确定的整体性绩效目标的实现。另外，各政府部门在注重其所担当的整体性目标的重点工作任务的同时，还需要通过完整的内部绩效管理系统来支撑部门绩效目标的实现。

英国政府通过对资金价值（Value for Money）的监控来管理政府绩效。英国财政部在 CSR 中确定中央政府各部门三年的资金价值目标，还负责监控各个部门绩效目标的实施情况，并且每年跟进更新。国家审计署负责对各部门的资金价值目标完成情况进行审计，审计的重点是公共资金使用的经济性、效率性和效果性，审计结果需要呈报下议院的公共账目委员会（Public Accounts Committee），各部门需要对审计的问题做出正式回应。

为了更好地满足公众和企业的需要，减少公众和企业获得服务时不必要的困难，英国政府要求各个部门签订服务改进协议，敦促各部门承担服务改进协议的责任，并做好各部门服务改进协议执行情况的日常监控、进展评价和项目管理等工作。强调基于数据来对政府服务水平进行监控，服务改进协议强调以下两种方法：一是减少"本可避免的接触"的数量；[1] 二是建立更好的信息化服务。

（二）英国国防部推行平衡计分卡的探索

建立部门绩效管理体系是获得财政部资金支持的重要条件。本书以英国国防部（Department of Defense，MoD）为例，对英国政府部门绩效进行说明。MoD 是全英国最大的政府机构，军民职员超过 30 万人，拥有 250 亿英镑预算。MoD 的使命是既要提供国家防御，又要促进国家和平与安全。为了实现绩效管理的规范化，助推更好地推行军队现代化转型，促进组织传达和沟通战略的效果，MoD 导入了平衡计分卡。

MoD 在绘制战略地图时，没有使用战略地图的四个层面经典表述，但是，借鉴了战略地图的因果逻辑思想。MoD 战略地图围绕"赢得战争的防御能力"这一战略目标展开，具体设置提高运作效率和资源最优利用两个战略主题；四个层面的每一个目标都是这两大战略主题的具体体现，如图 4-6 所示。MoD 将四个层面分别命名为提供成果层面、资源管理层面、促成流程层面和创造未来层面（相当于利益相关者层面、财务层面、内部流程层面和学习与成长层面）。四个层面的目标体系贯穿着代表因果管理的箭头符号，使目标之间的相互关系和因果关系得到了可视化呈现，这样，更有利于各级人员对结果达成的内在逻辑有更直观和深入的了解，从而便于提高组织运营效率。另外，也有利于资源在组织运行过程中的有效配置，从而使有效的资金得到最高效的运用。

---

[1] 由于公共部门信息公开不充分或者服务不到位，本来可以一次办好的事情，公众往往需要一次又一次地与之交涉，这样多次不必要的接触称为"本可避免的接触"。

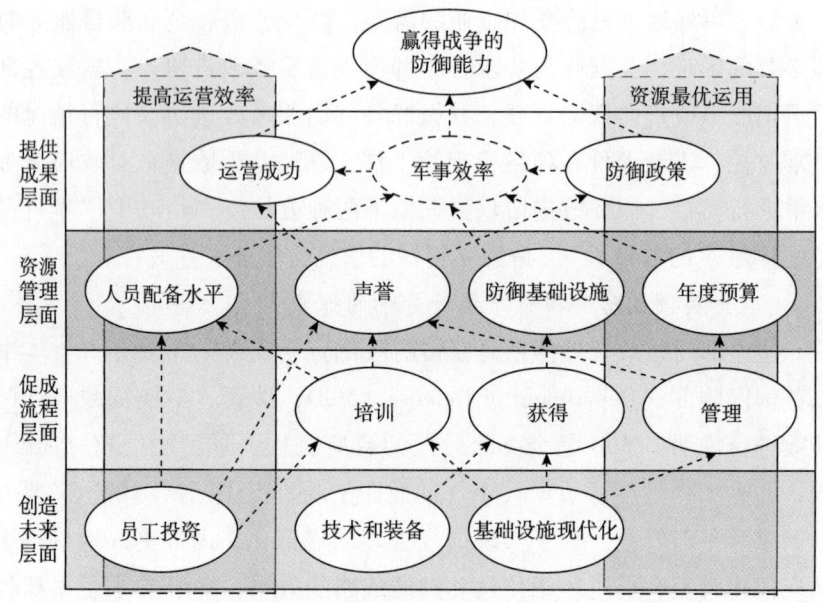

图4-6 英国国防部战略地图

资料来源：[美] 罗伯特·卡普兰、大卫·诺顿，《战略地图：化无形资产为有形成果》，刘俊勇、孙薇译，广东经济出版社2005年版，第341页。

四个层面的目标制定过程是为实现战略目标而进行的问题追问的过程。MoD根据四个层面自上而下，先后追问如下问题来制定目标体系：①我们正在提供政府想要的成果吗？②我们是雇员、声誉、防御设施和预算的最好管理者吗？③为了支持战略，我们应该建立或改善哪些流程？④为了支持战略，我们应该怎样对员工、技术和基础进行投资？但是，在实际战略执行过程中，需要自下而上层层支撑，因此，MoD完成战略和使命的能力从投资于适当的员工、技术和现代化基础设施开始。

战略地图和平衡计分卡对MoD产生了积极影响。MoD在与财政部争取资金支持时，运用战略地图和平衡计分卡，使各项目标体系清楚明确，使资助方案的讨论更加顺畅；这也便于政府在各项工作中确定优先支持方向。同时，战略地图和平衡计分卡改善了组织内部交流与沟通的效果，提高了决策能力和组织运行的效率。

(三) 英国高级公务员绩效管理框架

英国内阁办公室每年都要发布《高级公务员绩效管理指导手册》（以下简称《指导手册》），比如 2013 年 4 月就发布了 2013/2014 的《指导手册》。《指导手册》概述了高级公务员绩效管理的各项安排，规定了各部门必须执行的核心框架。英国高级公务员绩效管理通过多年的发展和完善，已经形成了一个成熟的管理框架。其中，"评价什么"由核心目标体系决定，"如何评价"则通过领导力框架来界定，而个人发展和政府专业技能（The Professional Skills for Government Framework, PSG）是重点发展方向，如图 4-7 所示。

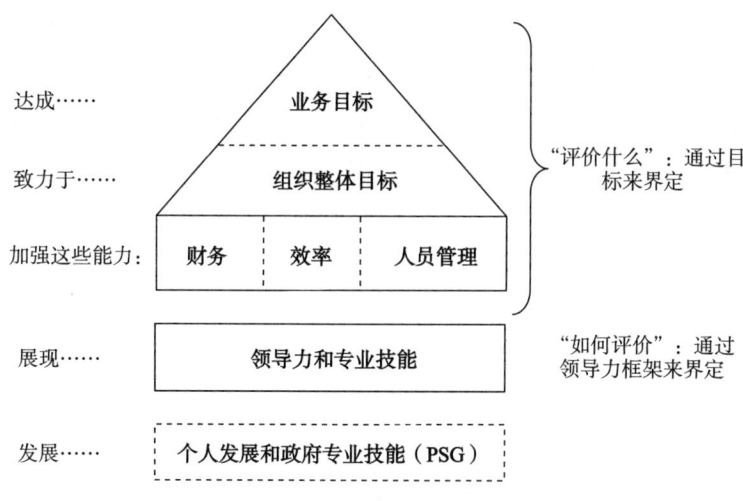

图 4-7 高级公务员绩效管理框架

资料来源：方振邦、葛蕾蕾：《政府绩效管理》，中国人民大学出版社 2012 年版，第 197 页。

核心目标体系包括业务目标、组织整体目标和个人发展目标。第一，根据相关公共服务协议和部门战略性目标设定的、能够反映业务重点的业务目标，同时包括下一年的资金价值目标；这些目标被置于顶端，层层传递至每一位高级公务员。第二，组织整体目标清楚地界定了领导活动方面的要求，该类领导活动能够促进有效的组织整体管理以及一个部门或公务员整体的凝聚力。第三，个人发展目标是指为实现业务目标和组织整体目标，还需要从财务、效率和人员管理等方面加强个人能力。

高级公务员的领导力是实现各类业务目标的基础。高级公务员在过去一年内展现出来的领导力也是绩效评价内容之一，该目标的设计显示了整个公务员体系对于领导者的期望。对于领导力的评价会在年终的领导力框架评价体系中体现。

政府专业技能框架（The Professional Skills For Government Framework，PSG）是由中央政府行业技能委员会在2005年发展起来的一种胜任力模型，它列出了所有级别、所有地域的公务员做好本职工作所应该具备的能力，因此，被广泛用于各级公务员的能力评价当中。政府专业技能框架包含领导力、核心技能、专业技能、更加广泛的工作经验四种普遍适用的能力。领导力是该模型的核心，主要包括四项内容：给组织提供方向；确保目标的达成；帮助组织培养应对当前及未来挑战的能力；为人正直。核心技能是指每一个公务员都需要一些核心技能以有效地工作必须拥有的重要通用技能，不同层级的人员技能要求不一样。专业技能是指具体职位和角色所需的专业技能。对于高级公务员或者是向往成为高级公务员的人来说，更加广泛的工作经验显得尤为必要。

《指导手册》还确定了高级公务员绩效管理的基本环节，具体包括绩效计划（Performance Planning）、绩效审查与考核（Performance Review and Assessment）、绩效区分（Performance Differentiation）三个环节，并且每个环节都有明确的要求和注意事项，如图4-8所示。

三 英国地方政府绩效管理

（一）英国地方政府绩效管理概述

英国政府管理呈现"小政府、大社会"的特征。中央政府逐渐向地方政府放权，并鼓励社区、社会机构和企业参与公共服务。新公共管理运动推动了英国政府管理的市场化导向非常明显。1999年，中央政府通过的《地方政府法》要求地方政府以经济、效率、效益的方式提供持续改进的服务，并实现明确的成本和质量标准，即达到"最佳

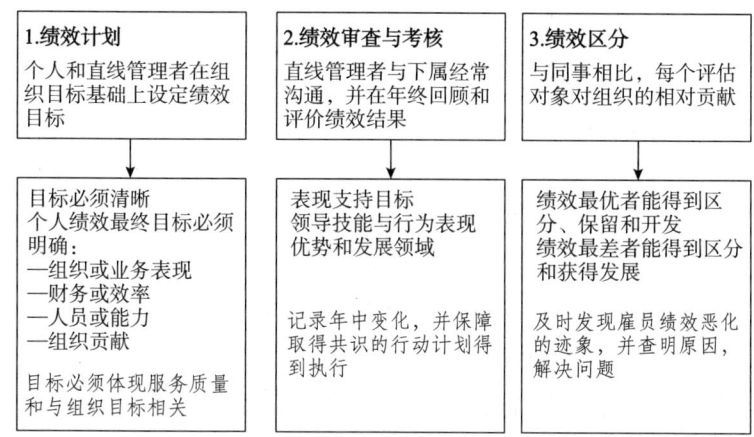

图 4-8 英国中央政府高级公务员绩效管理流程

资料来源：Cabinet Office, Performance Management arrangements for the Senior Civil Service 2013/14。

服务效果"。地方政府在 4Cs 原则（挑战、协商、比较与竞争）下，自由决定评价什么、何时评价及如何评价。

随着实践的深入，最佳价值评价实践逐渐受到质疑，集中体现为以下三个方面：一是评价指标数量太多，且主要是硬指标，给地方政府造成了严重的负担；二是由于各个地方政府面临的客观条件不同，导致许多指标的评价结果只能进行纵向比较，难以进行政府间的横向比较；三是评价指标只能反映某地方政府或公共组织的绩效现状，未能涵盖政府或公共组织的行政能力、内外形象与发展潜力等内容。[①] 作为对这些质疑的回应，英国国家审计署在保留和改进最佳价值指标的基础上，引入了战略使命（Strategic Ambitions）、改进能力（Ability of Improvement）等绩效评价的软指标，于 2002 年正式进行了综合绩效评价（Comprehensive Performance Assessment, CPA），2009 年 4 月综合地区评价（Comprehensive Area Assessment, CAA）取代了 CPA。

随着改革的推进，市场化弊端也逐渐显现，英国政府改革又从市

---

① 包国宪、周云飞：《英国全面绩效评价体系：实践及启示》，《北京行政学院学报》2010 年第 5 期。

场导向到公民导向转型。比如 2012 年，由保守党议员克里斯·怀特提交的《公共服务社会价值》提案经英国上议院终审一致通过。该法案对政府采购公共服务行为进行了严格的规范，并要求社会组织在履行公共服务合同时，必须综合经济、社会与环境效益。

地方政府绩效管理同样需要中央政府和地方政府之间通过协商谈判，最后签订基于地方政府绩效目标的公共服务协议（PSA）。在英国中央政府中，由社区及地方政府部（Department of Communities and Local Government，DCLG）负责与地方政府关系的管理。同时，英国国家审计署作为全国性的独立公共机构，是绩效评估体系的执行者，同时负有收集信息反馈、研究、设计、制定、修正和发布相关绩效评估体系的使命。社区及地方政府部致力于开发一个整合性的简约性绩效管理框架，并发布了《强大的和繁荣的社区——地方政府白皮书》，具体来讲，包括两个方面：一是在综合考虑了本地工作重点与国家工作重点后，地方政府与中央政府代表签订本地的地区协议，并针对协议中的目标和制订的战略计划、业务计划以及服务计划进行内部的自我评价；二是在审计署的领导下，综合地区评价项目组会对各个地区进行外部的绩效评价。因此，英国地方政府绩效管理实践中存在多套评价体系。

（二）英国地方政府绩效评价指标

1. 国家指标体系

英国社区及地方政府部曾声明，国家指标体系（National Indicators，NI）将成为中央政府考核地方政府绩效的"唯一"指标体系。该指标体系共包含 198 个指标，有 185 个指标自 2008 年 4 月开始执行，另有 13 个指标自 2009 年 10 月执行。NI 替代了之前的最优价值绩效指标体系（Best Value Performance Indicator，BVPI）。[①] NI 共涵盖

---

① BVPI 主要反映地方政府为社会所提供的、涉及国家利益的各种服务，其内容基本上是十分具体的硬性指标，如地方政府的税收增长率、与全国平均数相比的街道照明耗电量，等等。英国审计委员会公布的《2007/2008 年版审计委员会最佳价值绩效指标指南》显示，整个 BVPI 指标体系共有 100 多个指标，分为两部分：一部分是一般性指标，称为"总体健康状态指标"（Corporate Health Indicators），共有 15 个；另一部分针对各级地方政府和公共机构所提供服务的分类服务指标（Service Delivery Indicators），涉及教育、住宅、垃圾处理、环境、交通、文化以及社区安全等主要职能。

以下四个方面的内容：安全和强大的社区、儿童和青少年、健康社区和老年人、地方经济和环境可持续性。NI 的每个指标都有一个详细的指标卡，具体如表 4-2 所示。

表 4-2　　　　　　　　　　国家指标的指标卡

指标编号和名称			
数据是否由地方机构或者地方合作伙伴提供		是不是现行指标	
原理	针对该指标的内涵，给出说明		
定义	解释该指标应该如何被衡量、衡量什么以及任何特殊词语的精确含义；还包括所有与定义中的计算项目相关的信息，如果其他来源的数据被计算进去，数据提供者的情况会被提供		
计算公式	解释计算的方法		
实践案例	展示在实践中该定义和计算公式是如何应用的	良好绩效	指出良好绩效的代表性数字
信息收集间隔	说明收集信息的频率	信息来源	说明使用的数据系列、数据收集的表格以及此次收集是否专供国家性指标
返回格式	说明数据在格式上应该是什么样子的	小数点位数	小数点后的位数
报告机构	说明哪些组织提供绩效信息，例如，国家统计局或者那些进行数据交换的政府部门		
地域级别	说明哪些地区的数据将被报告		
进一步的指示	说明可以得到的进一步的信息		

资料来源：方振邦、葛蕾蕾：《政府绩效管理》，中国人民大学出版社 2012 年版，第 201 页。

NI 是一套综合性的指标体系，这些指标不仅要反映地方政府的战略性目标，还要体现其完成中央政府部署的重点工作，并通过地方政府与中央政府签订公共服务协议，来促进各项指标的完成。因此，NI 对确保地方政府完成各项支出审查目标具有重要的支撑作用。另外，地方政府也尽量将 NI 与地区协议整合起来，从而使绩效管理体系更加简约高效。

2. 综合地区评价

作为对《强大和繁荣的社区》中推出地方政府绩效评估框架的回应，同时弥补综合绩效评价（Comprehensive Performance Assessment, CPA）的缺陷。[①] 2007年4月，英国国家审计署与其他6个政府绩效管理机构联合提出用综合区域评估（Comprehensive Area Assessment, CAA）框架，并于2009年4月代替了CPA以及其他一些评价项目，从而正式成为英国重要的地方政府绩效评价指标体系之一。CAA反映国家审计署与教育标准办公室、护理质量委员会、警察督察局、监狱监察局和缓刑检查局等独立监督机构对当地公共服务的绩效表现进行联合评价，以及它们有多大的可能性来满足当地的优先事项。

总体来讲，CAA是一套检验当地公共服务机构与其所服务的公民合并，并满足其需求的绩效表现的指标体系。CAA关注的领域较多，包括当地的经济实力、劳动力市场、保障性住房、儿童福利、犯罪和安全情况、支持个人改善其健康状况、为处境艰难的人提供服务、当地环境质量等。这意味着CAA关注的领域比CPA要广泛得多。

CAA致力于绩效改进。它主要通过居民提供当地公共服务的基本状况，来帮助其在社区中做出是继续使用服务，还是选择其他地方的决策。这就要求公共服务提供者通过聚焦需要改进的事情来鼓励绩效改进，并及时分享其已经获得的成功事项。地方政府则通过CAA来保障公共资金的有效使用，并全面了解当地公共服务的改善程度。CAA关注的焦点将是本地人的真实服务结果，而不仅仅是个人服务的内部运作。

综合地区评价遵循一定的活动安排，使用蓝色或者红色的旗帜来标识评价结果，而不以分数作为评价结果。红色旗帜意味着对结果和未来存在重大关切，表示该问题未得到充分解决，仍需要采取措施来改进结果。蓝色旗帜表示取得优异绩效或者实施突出的改进。另外，

[①] CPA的缺陷主要有：绩效管理主体多元交叉，成本逐步扩大；绩效指标太多且缺少战略目标；绩效评估结果的信度呈下降趋势。详细情况参见孙庆国《英国推行综合区域评估框架的动因、方向及启示》，《国家行政学院学报》2008年第4期。

也表示那些推动绩效持续提升的创新实践。

第三节　其他国家政府绩效管理实践

日本、加拿大、新西兰、新加坡等西方国家的政府绩效管理都有各自的特色。为了用更少的篇幅介绍不同的政府绩效管理模式，本书不再全面介绍各国的管理实践，重点介绍日本政策评价①和新加坡政府绩效审计。

一　日本政府政策评价

（一）日本政府绩效管理概述

1. 背景

日本在政治体制上推行的是"多元官僚制"，即具有利益需求的私人先联合形成行业协会，然后行业协会将权力传递到其在官僚机构中相应的行业管理部门，即"原始部门"来掌管；这种由财界、官僚、政治家的精英分子组成的三角关系，在议会制度的模式之下逐渐演变成综合性的多元主义形式。日本政府管理在第二次世界大战之后，因为日本经济的迅速提升，一度广泛受到世界瞩目。②但是，从20世纪80年代末开始，社会长期陷入经济不景气的状态，为了能改变现状，日本积极探寻经济结构的变革，以实现经济的持续增长；日本公共行政管理也努力向以民为本，讲求效率及透明化方向进行转变。③

20世纪90年代，面对全球化竞争、经济泡沫的崩溃和经济危机的加深，日本尤其是一些地方政府陷入了严重的财政危机，为了压缩预算、重建财政体制机制、有效配置资源、提高财政运营效率、提升

---

① 本节内容主要参见袁娟《日本政府绩效评估模式研究》，知识产权出版社2010年版。在此统一致谢，后面有引用不一一标注。
② 金仁淑：《日本政治制度演化与经济绩效》，《日本学刊》2005年第6期。
③ 傅世春：《日本国家公务员制度改革从"年功序列制"到"能力绩效主义"》，《人才开发》2010年第2期。

公民的满意度和对政府的信任程度，以及突出重点工作进而提高行政效率，日本地方政府率先进行了绩效评价探索。因此，日本政府意识到只有把转变公务员的观念、改革政府组织体制、促进公民与政府机构的相互理解和相互协作几个方面有机地结合起来，加大行政改革的力度和步伐，才能迎接国内外的各种挑战。

国际上，由于20世纪80年代中期西方国家兴起的"新公共管理运动"，这引起了日本政府和学术界的广泛关注。日本对美国、英国等国家的政府绩效管理进行了深入的研究，作为日本国内政府绩效管理的参考。日本政府和学界认为，日本和英国的国情相似，因此，日本比较适合学习英国的国家主导的全国统一模式。但是，在具体操作上，日本地方政府则开始了一场以市场化为导向、旨在推行有效的绩效管理强调顾客至上，提升公众对政府的满意度政府改革运动；在具体操作过程中也借鉴美国的经验和模式。

2. 发展历程

日本地方政府绩效管理探索早于中央政府，日本政府绩效发展阶段都可以分为探索和发展阶段和法制化治理阶段。

（1）探索和发展阶段（1994—1999年）。1994年，日本静冈县率先开始了行政业务盘点活动，对政府具体业务进行清理。1995年，北川知事在三重县推行行政改革，次年就引入了事务及事业评价系统，并把这个系统当作行政改革的核心内容。1996年，神户市也导入了人事及事业评价；同年，北海道导入了适时评价；同时，也还有其他一些地区开始行政评价的方法，并进行导入试点。

中央政府绩效管理经历了一个探索过程。1997年12月，日本行政改革会议（桥本龙太郎内阁）最终报告建议导入政策评价，作为国家行政改革的一环，中央政府层级的省厅开始实施"再评价制度"。1998年6月，日本中央省厅等改革基本法形成，基本法也确立了政策评价制度作为中央政府改革的基本方针；并且发挥政策评价的作用也作为中央省厅改革的规划方针之一被确定下来。1999年5月，总务省行政监察局设置了政策评价推进筹备室，各府省政策筹备联络会议开始活动，并着手拟定关于政策评价实施办法等的标准指导路线草案。

1999年4月，内阁会议批准了《中央省厅等改革关联法案》，在此法案基础上，2000年，中央省厅等改革推进本部制定了《关于推进中央省厅等改革的基本方针》，并将总务省行政监察局改为行政评价局，该局具有跨越政府部门的职能，进行包含政策评价在内的行政评价，并对各省的政策评价行使检查职能。行政评价局的成立标志着日本中央政府开始了绩效评价。

（2）法制化治理阶段（2000年至今）。2000年5月，内阁会议发布的《政策评价及独立行政法人评价委员会令》规定了新设置与总务省政策评价及独立行政法人评价委员会的组织和主管事务等事项。2000年12月，向国会提出了《关于政策评价的标准指导意见方案》，明确记载了政策评价制度的法制化；同时各省政策筹备联络会表决并公布了《关于政策评价的标准指导意见方案》，关于政策评价方式方法研究会公布《关于政策评价制度构建的最终报告》。2001年1月，日本召开了政策评价各府省联席会议，表决通过并公布了《关于政策评价的标准指导意见》，之后，政策评价及独立行政法人评价委员会正式成立。2001年公布了《关于行政机关进行政策评价的法律》，规定自2002年4月1日起正式施行。2002年9月，内阁会议指定政策评价及独立行政法人评价委员会作为听取意见的审议会，拟订计划并着手推进政府开展政策评价的指导意见以及关于政策评价基本方针的草案；并且总务省行政评价局设置《关于行政机关进行政策评价的法律》实施筹备室，着手拟定关于政策评价的基本方针、有义务事前评价的对象政策等法规实行命令，12月内阁会议通过了《关于政策评价的基本方针》。2002年4月，《关于行政机关进行政策评价的法律》及《关于行政机关进行政策评价的法律实行令》正式实行，各行政机关依据法律、政令即基本方针制订基本计划和实施计划，正式实施政策评价。至此，日本政府绩效管理就走上了法制化、规范化道路。

地方政府绩效也在法制化体系下持续推进。2000年，由于日本实施《有关推动地方分权相关法律建设的法律》（《地方分权一览法》），日本地方县市广泛开展了政府绩效管理实践，比如，在2000年，都、道、府、县开始讨论导入"人事及事业评价"、滋贺县启动"滋贺评价标准"、福冈市实行"行政全面质量管理活动"等。2001年，官城县制定了日本首个《行政评价手续条例》，该县于2003年导入了"业务管理系统"。2002年，神户市经营品质管理。在这一时期，各都、道、府、县等开展了各式各样的改革和探索。

（二）日本中央政府政策评价

1. 组织机构

日本政府绩效评价职能主管机构是总务省，总务省设有政策评价与独立行政法制化评价委员会，对政策评价进行讨论和审议，总务省下设行政评价局作为专门的政府绩效评价机构。由于日本实行的是地方分权的行政管理体制，因此，《关于行政机关进行政策评价的法律》（以下简称《政策评价法》）只适用于中央政府，该法律规定的行政机关仅指中央政府的各府省，政策评价由各府省进行，但是，很多政策涉及多个府省，这类跨部门的政策评价则由总务省行政评价局进行评价，因此，总务省行政评价局在日本政府绩效评价实践中发挥着中枢和核心的作用。

总务省在全国各地还设立了辖区行政评价局，各辖区行政评价局又设有若干个行政评价事务所，正是这个全国调查网络，在政策评价、独立行政法人评价、行政评价和监督检查、行政咨询等方面发挥了核心引导作用。日本的政府绩效评价强调以民为本，目的是实现具有公信力、公正、透明、简朴、高效、优质的行政；日本政府绩效评价组织体系为践行这一绩效评价理念提供了组织保障，发挥了重要作用。

政策评价与独立行政法人评价委员会是在总务省设立的审议会，由具有较高学识和社会知名人士组成，下设政策评价分科会和独立行政法人分科会。政策评价与独立行政法人评价委员会有7名委员，政策评价分科会有14名委员，独立法人评价分科会有26名委员。总务省行政评价局负责处理委员会的日常事务。

政策评价与独立行政法人评价委员会的主要职能是：对行政评价局进行政策评价的重要事项进行调查审议，对各府省的独立行政法人评价委员会进行评价表述意见。政策评价职能主要包括以下七个方面：根据总务省设置法，按照总务省总务大臣的提议进行调查审议，并向总务大臣表述意见，审议关于政策评价的基本事项；审议干预行政评价局进行政策评价的重要事项，依据《政策评价法》，在制定或变更关于政府政策评价的基本方针时，向总务大臣表述意见。根据《独立行政法人通则法》，独立行政法人评价的职能是：处理权限内的事项，可以就各府省设立的独立行政法人评价委员会实施的独立行政法人评价结果表述意见，独立行政法人的中期目标期满时，可以对独立行政法人的主要事务以及事业调整总务大臣提出建议。

2. 日本各府省开展政策评价的法律规定

日本政府制定的《关于行政机关实施政策评价的法律》是各府省开展政策评价的依据；该法律对政策评价对象、实施主体、评价视角和评价方式等做出了具体规定。

（1）实施主体与评价对象。各府省是政策评价的实施主体，也是政策评价的实施对象，即日本的政策评价主要是各府省对本部门的政策进行自我评价。日本各府省均建立起相应的行政评价组织领导机制，设立由大臣或政务次官为首的政策评价委员会等机构，对相关重要事项进行审议；政策评价的具体实施则由各府省专业司局负责，再由各府省设立的专门负责政策评价的处室进行综合汇总。总务省行政评价局是政策评价的专门机构，执行行政评价监督和咨询的职能。

（2）评价分类。政策评价的"政策"是指各府省在其任务或职权范围内，为实现一定的行政目的而从事企划及立案等一连串行政行为时，所遵循的方针、政策或其他内容事项。各府省的政策评价分为事前评价和事后评价。事前评价的对象政策主要包括以研发、公共事业以及政府开发援助为目的的三个领域的单项政策以及其他行政命令的政策；这些对国民生活和社会经济影响巨大的政策和需要大量费用的政策，在开发预测未来的评价方法时，必须进行事前评价。各府省在制定政策时就必须制订基本计划和事后评价实施计划，并按照计划进行事后评价。为了完成任务，府省首长要根据社会经济形势，确定必须实现的、围绕主要行政目的的政策，这些政策是事后评价的对象；事后评价主要应用成本效益分析法进行，具体评价时间可以分为政策决定后五年或十年未完成的再评价和事业项目完成后的政策评价两类。

（3）评价的重点。日本在进行政策评价时，强调政策的整体性，要求各府省明确构建政策体系并公布出来。在具体评价时，强调要着力评价重点政策；根据日本《关于实施政策评价的标准指导意见》，政策评价要力求重点化、效率化，主要对重要政策进行评价。关于在施政方针中内阁的重要政策，要明确其与府省所掌管政策的关系，明确政策目标和基本方针，构建完善的政策体系，并及时准确地实施评价，尤其是在施政演说中列出数值目标的、设定了完成目标的政策，要明确政策手段，把握进展状况，进行必要的分析，通过评价时目标完成情况更加明朗。

（4）评价方式。适当的评价方式是政策评价准确性和有效性的保障；不同的政策需要合适的评价方式。《关于实施政策评价的标准指导意见》设定了事业评价、业绩评价和综合评价三种标准的评价方式，同时规定了评价方法：第一，事业评价。事业评价的评价对象是政策体系中的基础层次的新生事务和公共事业，是在决定各个事务事业之前以及事业事务完成之后，测量并分析对该事业后期的政策效果（效益）和成本，并与国民需求和政策目的相对照。第二，业绩评价。业绩评价的评价对象是政策体系中的中间层次的对策措施，以行政领域正在进行的政策措施为对象，目的是提供评价信息以及更改政策措施。一般采用目标管理法，根据组织使命和政策目标，对政策措施的实施状况进行评价。在具体实施评价时，需要注意以下几点：一是设立简明易懂的绩效目标（基本目标）；二是设定指标完成水准后的具体目标（完成目标），广泛参考国外案例，分析府省工作，具体界定目标完成水准，明确目标完成时间，设定目标完成度标准；三是目标设定时，充分考虑外部因素；四是定期对目标进行跟踪检查；五是为未完成的目标或存在的问题，深挖原因，进行分析验证。第三，综合评价。综合评价是对政策体系金字塔顶端的政策（狭义）进行评价，是关于特定的政策主体，从各个角度深入进行分析，了解其和分析原因，并进行综合评价。第四，评价方法。为了确保政策评级的客观性、效率性、有效性、优先性和公平性，政策评价要尽量采用定量评价方法；同时也要发挥第三方的作用，有效地运用有识之士的智慧。

3. 日本中央政府政策的制定和实施

（1）中央政府政策制定。政策制定主要包括定位和基本内容概要。《政策评价法》规定，总务大臣听取审议会议的意见，拟订基本方针草案，交由内阁会议裁决，政策评价的基本方针成为各府省制定政策评价基本计划的指导性意见。根据日本内阁会议出台的《关于政策评价的基本方针》，政策评价的基本方针的内容包括以下几个方面：一是实施政策评价的基本方针、基本事项；二是准确把握政策效果的基本事项；三是实施事先评价和事后评价的基本事项；四是积极运用有识之士智慧的基本事项；五是积极运用政策评价结果的基本事项；六是利用网络和其他方式公布政策评价信息；七是如召开联席会议、总务省与其他机关各司其职，完善基本方针等其他有关政策评价实施的重要事项。基本方针是日本各政府机关在制订本部门基本计划时的指导性意见，在进行绩效评价时，也要按照基本方针的指导意见去实施。具体包括以下八个方面。

第一，实施政策评价时，在政策评价中，要运用政策管理循环周期理论，坚持制订规划和计划、实施计划、进行评价、结果运用和下一周期的规划和计划等完整流程；为实现以民为本、高效优质的行政，要贯彻落实政务公开的责任，确保政策评价制度在日本获得完整实施，有效地推进工作并谋求制度的改进、完善和发展。

第二，进行政策评价时，按照政策的特点，合理运用事业评价、业绩评价和综合评价等评价方式，从政策的必要性、效率性和有效性等方面进行评价。

第三，为了准确把握政策效果，要尽可能使用定量评价方法；在难以定量时，可采用定性方法评价，但是，要尽可能地确保使用客观的信息、数据和事实，以确保评价的客观性。

第四，政策评价计划分为政策评价的基本计划和事后评价实施计划，其中基本计划的期限为"三年以上五年以下"；事后评价实施计划则必须每年制订。实施事前评价是为了对政策进行正确的取舍和恰当的排序，即使不在必须评价的范畴，也要积极进行评价方法的研发，以便逐步实现政策评价；实施事后评价是为了获得重新衡量和改进政策的信息，要选择合理的评价方法，适应社会经济形势的变化，适时实施评价。

第五，要充分运用有识之士的智慧。通过运用真知灼见、专业知识和能力，以确保政策评价的客观性和严肃性。

第六，政策评价的结果要反映到政策中，尤其是承担政策评价的责任组织，要在基本计划中明确规定评价结果的运用，为提高政策效果充分运用评价结果。

第七，要公布政策评价信息。评价报告的记载要尽可能具体，以便于从外部验证政策评价结果，政策评价结果的公布也要求尽可能具体，同时要公布根据结果所采取的改进措施。

第八，在政策评价的基本计划中，要明确政策评价的组织机制和评价体制，以确保政策评价的一体化运行；要配备和受理来自外部的关于政策评价的意见和要求的窗口；实施政策评价时，国家和地方要进行必要的信息交流和意见交换，进行适当的协作和合作。

（2）拟订实施计划。为了有重点、有计划地完成总务省行政评价局的业务，总务省依法指导并及时公布行政评价的三年规划和年度计划。三年规划一般根据形势的变化，每年度以滚动的方式进行重新研究和不断改进；规划具体包括实施评价的基本方针、在计划其内的评价对象政策、年度评价对象政策、评价实施的重要事项等。

（三）日本中央政府政策评价典型案例

1. 日本总务省行政评价局的跨部门政策评价

总务省和各府省在行政评价中各有不同的分工。各府省对本部门的政策实施事前评价和事后评价，总务省在与其他各府省进行本部门政策评价的同时，还要对跨部门的政策实施评价，以保证国家政策的统一性和综合性，并且为了政策评价的客观性和严肃性，在对各府省实施的政策评价进行汇总和分析之后，可以要求各府省对一些特定政策进行再评价。

总务省行政评价局需要为跨部门政策评价做一系列基础性工作，

具体包括以下四个方面：第一，政务公开。总务省的主页上的"政策评价综合窗口"既可以浏览到关于政策评价的信息，也可以了解各府省的政策评价信息，还公布各行政评价局、各管区行政评价局、行政评价事务所的名称、地址、电话等。第二，行政咨询。各行政评价局和评价事务所都设有行政咨询课，全国各地都设有行政咨询员。国民可以通过与咨询员的交谈、电话、邮件、传真以及书信等形式的交流，反映个人意见，咨询办理结束后必须通知本人。第三，研讨培训。总务省举办政策评价论坛和政策评价国际研讨会，从更广泛的角度对政策评价工作以及今后发展趋势等开展讨论，增进国民的理解。并且，举办"关于政策评价的统一研修"，对各府省政策评价职员进行培训，重点简介政策评价制度的现状与发展、评价方法与评价方式等。第四，宣传调研。开展政策评价的宣传活动，实施调查研究，提供研究成果；在实施政策评价时，总务省还提供政策评价参考辅导书和相关信息。

（1）跨部门政策评价的内容。与主管政策的各府省不同，总务省进行的政策评价主要是为了确保政府政策的统一性和综合性，总务省行政评价局从国家政府宏观角度，对各府省不能进行评价或不能充分进行评价的政策进行跨府省评价。

跨府省政策评价对象主要包括：根据法令和内阁会议决定，要求政府部门共同努力的行政课题；需要运用行政机关共同的行政制度和行政体系的政策；关系到多个行政机关主管的政策，且法令和内阁会议明确属于确保政策综合性的政策等，要对这些政策重点、有计划地实施评价，对行政评价计划规定和决定的今后三年的实施主题，要根据形势变化，每年进行重新研究。具体来讲，跨府省政策评价主要包括统一性政策和综合性政策两大类。

第一，统一性政策。统一性政策就是有两个以上的行政机关分别管理又具有共性的政策；比如循环经济政策，就涉及很多部门，为了确保政府宏观政策的统一性，在必要的情况下，有必要超越部门的界限，由专门的行政评价机构进行评价，以避免政出多门和各自为政。总务省行政评价局确保统一性政策评价，主要是从政府宏观的角度出发，评价法律法规中规定的、涉及各府省、地方政府、有关行业的政策措施。这类政策的评价则交由总务省行政评价局来执行。

第二，综合性政策。综合性政策就是由两个以上的行政机关共同管辖的政策。这是一种典型的跨部门政策，在政策推进过程中，往往需要各相关部门组成联席会议，相互协调，共同推进；比如，海归人才政策就需要多个部门共同推进，为了有利于整合推进，在必要的情况下，这一政策的实施效果需要专门的行政评价机构来进行评价。这类政策的评价则是交由总务省行政评价局来执行。

总务省行政评价局在进行跨部门行政评价时，一般会在政策评价报告中区分统一性政策和综合性政策，附上评价意见后递交有关府省，并向社会公布。比如，《关于保护大城市地区的大气环境的政策评价》（2006年3月）的政策评价报告，在评价主题后就附了"确保综合性的评价"，相关的府省有环境省、国土交通省、经济产业省、国家公安委员会（警察厅）等；评价结果为："大气环境标准的完成率逐渐增加，但是部分交叉路口的周边，对策效果应当明确的地区，二氧化碳的浓度长期没有得到显著改进。"评价意见为："当前主要课题是研究有效解决局部污染的对策，解释大气污染的原理；研究对策，限制外地非达标车辆的流入。"

另外，日本政策体系呈整合趋势。日本非常注重对政策进行梳理和整合，构建政策体系，然后再评价计划中确定的重点评价对象政策。为有利于政策评价的重点化、效率化，促使评价结果更容易与预算体系相联系，日本出现了政策整合的趋势。同时，随着政策的整合和政策体系的构建，日本的政策体系进一步呈现了战略化趋势。

（2）跨部门政策评价的方式。

第一，信息收集。总务省在进行政策评价过程中，全国调查网发挥了很大的作用。政策评价就是要对政策实施现场的具体情况进行客观验证。总务省通过设在所有都道府县的8个管区行政评价局以及39个行政评价事务所构成的全国调查网，收集政策效果的实证数据和相关信息。总务省行政评价局跨部门行政评价充分调动了管区行政评价局和行政评价事务所的力量，其中最主要的工作是开展调查，收集数据，进行研究和分析。从某种意义上说，日本总务省行政评价局所从事的行政评价活动与其说是评价工作，还不如说是调查研究工作，所提交的也是厚达上百页的调研报告。评价报告收集了全国管区的行政评价局即行政评价事务所收集的数据，可以详细地了解到政策效果的表现情况，包括在各地的实际情况。在广泛的调查研究和艰苦的数据分析等基础工作之后，所提出的仅仅是非常简短、提纲挈领的政策建议。

第二，跨部门评价的流程。总务省行政评价局主要评价跨多省的政策的必要性、效率性和有效性等方面。在评价报告中，首先要分析评价对象政策以及政策背景，需要分析政策特性，对准确把握政策效果进行政策评价。为确保政策评价的统一性和综合性，评价结果和政策意见要向相关府省进行反馈，建议相关府省进一步完善和改进政策，然后由总务省对情况进行跟踪。在进行跨部门政策评价时，要运用有学识、经验人士的知识和见解，确保评价的中立性和公正性，并提请政策评价及独立行政法人委员会进行调查审议。

（3）实施行政评价监督检查。日本各府省都要对本部门的政策进行评价，为了确保各府省政策评价的客观性和严肃性，总务省行政评价局要依法对各府省的行政评价工作进行监督检查，每年汇总各府省评价报告，进行检查并向社会公示检查结果，如果发现好的政策评价做法，会进行推广；如果发现存在问题，则要求相关府省进行再评价或政策改进。

第一，确保客观性的检查。为改进行政运行过程，达到最佳的行政运行效果，总务省从合规性、适当性、效率性角度，对各府省进行行政评价客观公正的监督检查。因为行政评价由各府自行评价，为了避免各府省进行"自利"的政策评价，总务省作为第三方对各府省的行政评价进行监督检查，有利于保证政策评价的客观性。总务省检查的基本流程包括如各府省自行评价、送交评价报告、总务省审查、客观审查等步骤，具体如图4-9所示。

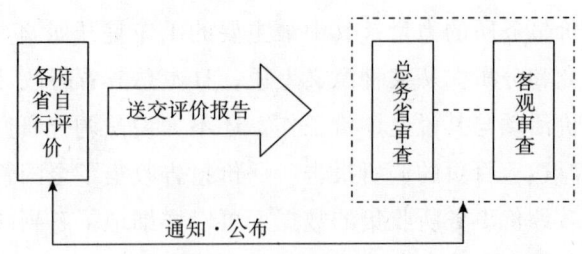

图 4-9　总务省行政评价监督检查的基本流程

资料来源：袁娟：《日本政府绩效评估模式研究》，知识产权出版社 2010 年版，第 43 页。

第二，评价方式检查。评价方式检查以提高各府省的政策评价水平为目的，检查对象主要是各府省实施的政策评价以及涉及示范事业的行政评价，提高各府省政策评价质量，推广先进的评价方法，发现并推广有助于各府省提升政策水平的典型案例；主要检查的评价目标的明确情况以及目标的量化程度，通过检查，清理各府省的整体工作情况，同时提出今后要改进的问题。

第三，评价内容检查。评价内容检查是对各府省政策评价"是否反映了社会经济的实际状态""是否掌握了应把握的效果""引导政策评价的理论是否明确"等评价内容进行检查；对评价有疑问的地方，要基于事实向各府省提出想法和询问；在疑问没打消的情况下，要"认定"进行重新评价的必要性；在疑问消除的情况下，关于这一过程明确的问题，也会要求各府省进一步修正和改进。评价内容检查有助于提高政策评价的质量，同时也关系到政策评价的可信度，并且体现了向国民解释说明的义务和责任。2005 年之后，各府省的评价方式有了较大的改进，总务省将检查工作的重点逐渐转到了政策评价的内容上。

2. 日本各府省所进行的政策评价

日本各府省政策评价是符合日本政府管理体制特色的政府绩效评价制度，旨在提高政策的可操作性和实效性，履行对国民的说明责任，实现以民为本的高效优质行政。目前，日本各府省政策评价工作已经取得了一定的进展，并在不断地改进和完善中。

(1) 日本各府省政策评价体系的构成——以环境省为例。日本强调政策成为一个体系或整体，这样，能保证政策的持续性和政策定位的准确性，在进行评价时也更加易于把握。在政策制定、政策分析和政策评价时，首先要明确组织的使命，在明确使命的基础上把握组织战略，在明确战略的基础上明确组织的基本政策。

一个基本政策就是一套政策体系，日本一般将政策体系区分为政策、措施和事务事业三个层次，三者互为目的和手段，共同构成一个完整的政策体系。政策是着眼于实现特定行政课题的基本方针以及实现这一基本方针的行政工作的总称；措施是实现基本方针的具体方针以及相关行政工作，即是实现政策的具体方法和对策；事务事业则是将各种具体的方法和对策具体化为某个行政手段，即行政事务和行政事业是行政工作的基础单位。基于以上思想，日本各府省制定和相应的政策体系。

比如，日本环境省"推进与自然接触"的政策体系，就包括狭义的政策、对策措施和事务事业三个层次，如图 4-10 所示。政策层面体现为"推进与自然接触"这一战略思想，是政策体系的塔尖，是各种措施以及事务事业的指导纲领；其主旨是"妥善管理国家管辖的原始自然保护区、地区环境保护区、国立公园，以保护原生态自然和自然风貌，同时要按照当地自然特点保护乡间山地、浅滩、湿地等二级自然环境"。然后该政策分解为若干具体的对策，在事务事业层面体现在三个方面。

(2) 各府省政策评价的基本计划和政策评价的实施。

第一，基本计划和实施计划。《政策评价法》第 6 条第 1 项规定，各府省的首长应依据《关于政策评价的基本方针》，对设计该府省主管的政策，制订三年以上五年以下的关于政策评价的基本计划；各府省首长制订的基本计划必须及时通知总务大臣，并进行公布；同时各府省的首长应每年制订关于政策评价实施计划。因此，各府省将长期的战略规划和时间工作的具体指导方针计划有机结合，既保证了政策评价的连贯性，又有利于政策的不断改进和完善。

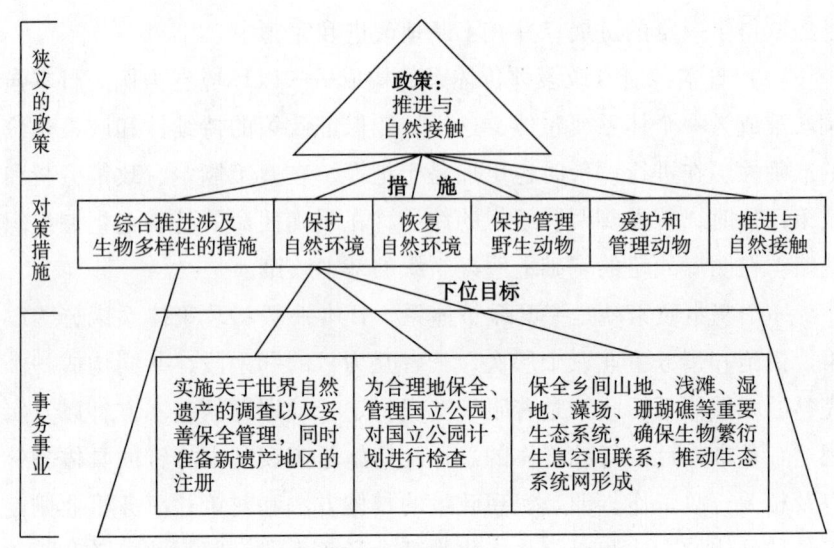

图 4－10　环境省"推进与自然接触"的政策体系

资料来源：袁娟：《日本政府绩效评估模式研究》，知识产权出版社 2010 年版，第 58 页。

政策评价基本计划应包括的内容有规定评价计划期间、实施政策评价的方针、政策评价的基本思想、关于准确把握政策效果、关于实施事先评价和事后评价对象政策及其他评价相关事项、关于积极利用有识之士的智慧、关于将政策评价结果体现到政策之中、关于利用网络及其他方法公布政策评价信息、关于政策评价实施体制以及其他必要的相关事项等。

第二，评价报告与结果公布。对照基本计划和实施计划，日本各府省需要严格按规定，实施政策评价；各府省必须形成评价报告，并迅速将评价报告送交总务大臣，同时公布该评价报告及其摘要，并确保评价结果在政策中运用。

评价报告的主要内容包括九个方面：政策评价的对象；承担政策评价任务的部局或机关；实施政策评价的时期；政策评价的着眼点及必要性、效率性、有效性等；政策效果的把握手法及结果；运用有识之士的智慧情况；政策评价过程中所使用数据及其他信息；政策评价结果；以及政策成本和政策效果等方面的内容。

二　新加坡政府绩效审计

新加坡实行议会共和制，其政治体系非常注重对公权力的监督和制衡，这为新加坡政府的高效廉洁奠定了制度基础。作为世界上最高效廉洁的政府之一，新加坡政府绩效审计为此做出了重要贡献。

（一）新加坡政府绩效审计概述

（1）政府绩效审计的历史沿革。在 20 世纪 70 年代以前，新加坡审计署主要致力于传统的合规性财务审计。为了减少浪费和腐败，新加坡审计署 1979 年 7 月派官员前往美国审计总署考察；随后，根据联合国发展项目的建议派员去美国审计总署和加拿大审计署培训绩效审计，并于 1983 年聘请了英国顾问制订绩效审计培训计划和课程，编制了《绩效审计方法手册》，并开展绩效审计人员培训。政府审计范围涵盖了从传统的财务核算到政府行政效率和效果的审查等极其丰富的内容。资金价值是绩效审计的核心理念，政府审计更加倾向于审查政府支出是否创造了价值及政府项目是否达到了计划目标。

（2）政府绩效审计的主管机关。新加坡政府绩效审计的主管机关是新加坡公共财政委员会和审计总署。每个财政年度结束之后，政府都须向国会报告本年度的财政收支状况。由于公共财政委员仅由八名国会议员组成，无法做到对海量财务信息的逐一审查，因此，由政府设立的审计总署来帮助公共财政委员会处理有关财务审计的具体事宜，并对国会负责。为保证政府部门审计的独立性，新加坡《宪法》规定，审计长由总理提名，由总统委任。在完成审计工作后，审计长须将审计报告上交至总统并由总统转呈国会。

（3）政府绩效审计的内涵。政府绩效审计关注政府支出行为是否达到预期目标以及支出本身是否能够获得收益最大化。为了完成绩效审计，审计官员需要评价被审计部门的工作效率及项目的目标达成度并监督其是否存在浪费公共资源的行为。新加坡审计总署要求政府绩效审计坚持 3E 原则：效果（Effectiveness）是指政府部门及政府项目在多大程度上达成既定目标；效率（Efficiency）是指公共资源是否得到合理的分配和最大限度的利用；经济（Economy）是指在购买谈判中政府最终接受的价格是否合理。

(4) 新加坡展开政府绩效审计的前提条件。新加坡政府绩效审计的前提条件主要包括如下四个方面：一是基于相对完善的政府预算管理体系下的财务审计已经实现了规范化和制度化；二是法律制度相对完善，财政财务活动中的违法违规问题相对较少，合规性审计已经不是审计的工作重心；三是政府职责相对明确，政府责任制度普遍建立，便于对责任开展考核评价；四是法治条件下，对政府绩效审计结果可以通过立法机关的监督得以落实。[①]

(二) 新加坡政府绩效审计实践

新加坡政府绩效审计的主要依据是《审计法》和《审计总署与被审计部门关系条例》，对新加坡政府部门绩效审计的内容、主体、周期、过程及结果应用进行了详细规定。

1. 政府绩效审计内容

审计总署的审计范畴非常广泛，包括财务审计、程序审计和绩效审计等，审计对象有国会及地方议会、国家机关、总理公署、政府部委、法定机构、国家基金及国有企业等。其中，政府审计主要是评价政府部门的日常开支、政策制定或项目是否坚持了公共资金的基本原则，是否达到预期目标，具体围绕如下问题展开：某项日常开支、政策及项目在其发生的时间点是否为必需，最终目标是否达成；为了确保资金价值，在做出某项决定时是否考虑过其他的意见和建议，是否考虑相应的管理措施；在达成目标过程中，资源使用效率是否达标。

2. 政府绩效审计周期

《审计法》规定，审计报告原则上一年提交总统及国会一次。政府各部部长应在年度财务报告完成之后立即将报告递交至审计长，如在财政年度结束后七个月内审计长尚未收到某部门所应提交的财务报告，审计长应就此事撰写报告，上报总统，总统应立即将此报告移交国会。审计总署对各部门财务报告进行审计并据此撰写审计报告，并

[①] 王英毅：《新加坡绩效审计》，《审计月刊》2006年第2期。

由审计长将审计报告提交至总统，总统应在收到审计报告的 30 天内将报告移交至国会。如国会处于休会期，则需在国会重新开会后 14 天内将审计报告移交。

3. 政府绩效审计过程

《审计总署与被审计部门关系条例》对绩效审计程序有严格的规定。新加坡政府绩效审计包括审计通知、信息收集、发送质询信和提交审计报告这四个步骤。

（1）审计通知。在绩效审计开展之前，审计部门应通过常规安排、书面通知或问卷调查的方式通知被审计部门。为完成某些特定内容的审计，审计总署可以委托商业审计员、咨询专家和技术专家以协助审计官员完成绩效审计。值得指出的是，法定机构及地区议会可以在审计总署的同意下自行安排商业审计机构对本部门进行财务审计，但不妨碍审计总署同时对该部门进行的绩效审计。由审计总署负责的绩效审计与由商业审计机构负责的财务审计互不干涉，彼此独立，但在必要时，审计总署可要求商业审计机构移交财务审计结果，从而为绩效审计提供必要的信息支持。

（2）信息收集。为了获取绩效审计的有效信息，《审计法》规定，审计总署有权与被审计部门的工作人员进行面谈，并获取纸质及电子版的文件、报告、书籍、票据、邮票、仓储信息等与审计相关的一切信息。此外，若通过安全检查，审计总署还享有实地调查的权力。在收集信息的过程中，审计官员应全程佩戴审计授权卡以表明其身份。协助审计的商业审计机构人员、咨询专家及技术专家则需携带审计总署开具的证明函。

（3）发送质询信。在初步调查之后，审计总署将给被审计部门发出质询信，要求被审计部门对审计总署所关心的问题进行逐一答复。质询信需同时发送给政府部门的常务国务大臣、法定机构的首席执行官及地区议会主席，并抄送至该部门的财务处。在涉及法定机构时，质询信还须同时发送给审计委员会主席及律政部常务国务大臣。在发出质询信之前，审计总署应要求被审计部门提供尽可能详尽的信息以保证初步调查中获得的资料切实可信。这项工作可以通过讨论会、电子邮件及质询信草案的方式完成。在收到质询信后,被审计部门应于21 天之内对质询信中提到的问题逐一进行回答。

(4)提交审计报告。在获得质询信答复后,审计总署据此撰写审计报告,被审计部门有权在审计报告提交总统前预览完稿。审计报告中涉及的部门信息除用于审计总署的绩效审计,未经授权,不得泄露给其他任何机构。为配合审计总署高效准确地完成绩效审计工作,《审计总署与被审计部门关系条例》详细规定了被审计部门应承担的义务:第一,应该与审计总署保持充分沟通;第二,应该按规定为审计总署提供信息;第三,应遵守法定时间期限,如确实存在特殊情况,被审计部门需在接到信息获取要求或答复要求的三个工作日之内以书面形式向审计总署说明情况。

4. 政府绩效审计结果应用

审计结果将以年度审计报告的方式提交给总统并由总统移交国会公共财政委员会审议,由该委员会做出绩效审计结果的处理决定。年度审计报告最终将定期向公众发布。

第五章　我国政府绩效管理实践

我国政府绩效管理实践的发展经历了萌芽、探索和发展过程。20世纪80年代中期到90年代初期，主要以地方自愿探索为主，以目标责任制为主要特征，中央政府没有统一的规范和要求。20世纪90年代初期至21世纪初，强调以经济建设为中心，强调经济目标自上而下层层分解，从而形成一个金字塔式的目标体系。进入21世纪之后，绩效评价体系的系统构建成为绩效管理实践的主旋律；这个阶段的一个突出特征就是通过目标责任制推动领导集体施政理念的贯彻落实，逐步将"化战略为行动"的现代绩效管理理念与管理工具融入管理实践之中。总体来看，我国政府绩效管理越来越重视整体性，管理实践也越来越规范和完善。本书基于绩效管理工具和评价类型差别，选择几个典型的绩效管理实践案例，为绩效管理实践者提供决策参考。

第一节　杭州市绩效管理实践

杭州市是国内较早开始绩效管理探索的城市之一，也是国务院政府绩效管理部际联席会议于2011年确定的试点城市之一。杭州市是我国第一个通过立法的形式确定了政府绩效管理基本体系的城市，杭州市政府绩效管理实践具有典型性和完整性，对杭州市政府绩效管理经验的分析和借鉴，对促进我国其他地方政府进行绩效管理探索与实践具有积极意义。①

一 杭州市政府绩效管理概述

（一）杭州市政府绩效管理的发展历程

杭州市政府绩效管理探索和实践比较全面地反映了我国地方政府绩效管理的发展历程和基本特征。杭州市政府于1992年开始探索目标考核制度的建立和完善；2000年开展满意不满意单位评选；2003年实施效能建设督察制度以来，经过不断发展和完善，取得了较好的成绩和效果；2005年，建立覆盖社会评价、目标考核、领导考评"三位一体"的综合评价体系；2007年之后，开始建立绩效管理新机制，形成了"公民导向，注重绩效"的绩效管理体系。归纳起来，杭州市政府绩效管理探索可以分为三个阶段，即初创阶段（1992—1997年）、发展阶段（1998—2004年）和深化阶段（2005年至今）。② 也有将杭州绩效管理实践总结为三次跨越：一是从机关目标责任制考核向满意不满意单位评选的跨越；二是从满意不满意单位评选向综合考评的跨越；三是从综合考评向绩效管理的跨越。③

本书对深化阶段予以重点关注。2005年，杭州市委成立了以市委副书记为组长的课题组对绩效管理改革进行研究。4月5日，杭州市委书记在杭州市"加强机关效能建设，争创人民满意单位"总结大会上指出："随着评选活动不断推进，评选办法仍然需要调整完善，但是'让人民评判、让人民满意'和'淘汰制+达标制'这两个基本内核一定要坚持。"2005年，还成立了杭州市综合考评委员会，作为全市综合考评的领导和协调机构，市委分管领导和有关部门主要负责人担任委员会成员。2006年杭州"十一五"开局之年，机关作风还需要进一步巩固，"破七难"还需机制化常态化运行，综合考评还需

---

① 对杭州政府绩效管理实践系统完整的研究较多，其中，杭州考核办主任武彬著有《综合考评与绩效管理：杭州的实践与探索》和《政府绩效管理：理论与实践的双重变奏》两部书，另外，杭州政府绩效考评网也是系统了解杭州实践的重要来源。本书关于杭州实践的相关内容主要参考了伍彬的著作和杭州考核网。在此一并致谢。

② 孙景森：《杭州市综合考评的实践与探索》，《中国行政管理》2007年第9期。

③ 杭州考核网：http://kpb.hz.gov.cn/showpage.aspx? id=221。

进一步全面推进。自 2007 年以来，在杭州市委、市政府领导下和考核办的组织及推动下，杭州市综合考评积极探索绩效管理新路径，完善绩效指标体系，深化社会评价，推进创新创优，增强诊断治理功能，强化绩效管理。并于 2011 年被确定为国务院政府绩效管理工作部际联席会议的政府绩效管理试点城市。

2015 年 9 月 25 日，经省人大常委会批准，《杭州市绩效管理条例》于 2016 年 1 月起施行，对绩效管理规划和年度绩效目标、过程管理、年度绩效评价、结果运用和绩效问责等内容进行全面规范。《杭州市绩效管理条例》是针对政府绩效管理专门制定的地方性法规，开启了我国地方政府绩效管理法制化新时代。

（二）杭州市政府绩效管理的价值体系

杭州市政府绩效管理的价值体系由宗旨、核心价值观、价值理念等组成[①]，为杭州市上政府绩效管理实践提供了系统的价值指引。

1. 宗旨

杭州市政府绩效管理的宗旨是"创一流业绩，让人民满意"。"创一流业绩"强调的是高质量的"绩"，强调坚持"以质量为本"的理念，旨在提升政府治理能力，提高政府服务质量，是效率和结果导向绩效理念的体现。"让人民满意"强调的是"效"，强调遵循"顾客至上"的服务理念，强调以群众意见和需要为政府工作的根本出发点和落脚点，以群众满意度作为检验政府工作好坏的根本标准。

2. 核心价值观

杭州市政府绩效管理的核心价值观是"让人民评判，让人民满意"。杭州市政府绩效管理坚持"运动员不能同时兼裁判员"的理念，认为政府的服务态度、服务质量、服务水平怎么样，强调"让人民评判"是最基本也是最有效的方式之一。其中，"社会评价"的权重占整个评价体系的 50%，就是确保这一核心价值观在制度和实践中得到落实的保障。另外，还通过确保参评人员的广泛代表性和多种群

---

① 伍彬：《政府绩效管理：理论与实践的双重变奏》，北京大学出版社 2017 年版，第 128—148 页。

众参与方式来确保这一核心价值观在实践中得以有效贯彻。"让人民满意"既是宗旨又是核心价值,具体表现为"人民满意就是前列、人民满意就是一流、人民满意就是第一"的价值理念。核心价值观的践行集中体现在"四问四权"的管理实践中,即坚持"办不办"问情于民、"办什么"问需于民、"怎么办"问计于民、"办得好不好"问绩于民,尽力落实社会公众的知情权、参与权、选择权、监督权。

3. 价值理念

杭州市政府绩效管理的价值理念主要包括四大导向和四大理念。

(1) 四大导向是指战略导向、公民导向、职责导向和创新导向。

第一,战略导向。即将绩效管理看成一种战略管理,强调绩效目标紧紧围绕中央和省、市党委、政府提出的战略目标和重大决策为核心,把服务大局作为争先创优的着力点,积极引导、推动各部门更好地贯彻落实科学发展观、正确政绩观、牢固群众观。

第二,公民导向。即强调在绩效管理实践中,以"让人民评判,让人民满意"为核心,要以群众满意作为工作的出发点和落脚点,引导市直各单位切实解决群众关心、关注的热点、难点问题,不断推动"让人民评判"的外压力转化为"让人民满意"的内动力。

第三,职责导向。即重视各地、各单位履行职责和完成目标的过程和结果,正确评价各地、各单位的工作实绩,强调依法行政、依法管理,促进机关工作作风的转变和效能的提高。具体来讲,就是通过履职尽责,有效治理慵懒散;通过推动依法履职,提高行政效能;通过推动科学履职,强化履职实际效果。

第四,创新导向。即开展创新创优目标绩效考核,营造创新氛围,培育创新精神,鼓励各地在思路理念、体制机制、方法手段上不断探索,用于创新,着力解决工作中遇到的突出矛盾和深层次问题,推进政府治理习题和治理能力的现代化。

(2) 四大理念是指开放、民主、责任和绩效。

第一,开放。政府绩效管理作为政府治理的有效方式之一,首先应该保持开放的价值理念。具体来讲,就是保障综合考评体系的开放性、多元性和参与性;在制度上体现为评价主体的广泛性、公众参与渠道的便捷性和绩效信息的公开性。

第二，民主。杭州市政府绩效管理实践中，将普通公民参与政策制定过程、影响政府决策作为公民参与的核心，构建了民情民意表达的制度化渠道，与社会公众形成良性互动，这是民主的集中体现。

第三，责任。杭州市政府绩效管理通过开展社会评价的方式，直接推动政府责任机制的建立和完善，从而推动"外部压力"转化为"内在动力"，并以制度化的形式推进公民诉求回应机制的形成。

第四，绩效。即始终坚持"创一流业绩，让人民满意"的宗旨。具体来讲，就是强调用最小的公共投入，获取最大的公共收益，重视结果和产出。

（三）杭州市政府绩效管理的基本特征

杭州市政府绩效管理的相关探索与实践成为提升政府管理水平和政府综合竞争力的有力抓手，在其发展历程和设计理念中，逐渐凝练和形成了比较鲜明的特征。杭州综合绩效考核委员会的领导者从不同的方面对杭州实践的特征进行了总结。

孙景森（曾任杭州市常务副市长、市综合考评委员会副主任）从杭州市综合考评体系运行角度认为，杭州实践具有六个方面的特点：一是体制创新，成立正局级的常设机构；二是内外结合，注重政府内部和第三方评价的有机结合；三是竞争公平，采取"细化分类，增进可比"的原则，促进各单位在同一起跑线竞争；四是结果公开，考评结果在考核网和杭州市主要媒体进行公布；五是奖惩分明，注重绩效结果的应用；六是管理科学，努力实现管理流程的科学和信息化。[①]

考核办主任伍彬将杭州实践取得成功的经验总结为四个方面：一是"方向正确"，即坚持"创一流业绩，让人民满意"的宗旨；二是"坚持不懈"，不断克服困难，持之以恒；三是"不断完善"，借助外脑，不断修正和完善考评体系；四是"体制保障"，考核办是专门设立的正局级常设机构，使相关管理具有独立性、权威性和专业性。

---

① 孙景森：《杭州市综合考评的实践与探索》，《中国行政管理》2007年第9期。

总体上讲，杭州市政府绩效管理实践的特征可归纳如下：站得高，将绩效管理看成政府战略管理；起步早，具有先发优势和比较优势；机制顺，即机制化运行，具有组织优势；动员好，具有群众优势和执行基础；效果好，具有持续开展的动力基础。

（四）杭州市政府绩效评价体系的主要内容

杭州市政府绩效管理通过建立健全"评价—整改—反馈"工作机制，强调对绩效目标的持续跟踪和绩效改进。杭州实践的特色主要体现在其评价体系上；杭州市政府绩效评价体系是在目标管理和满意评选基础上发展起来的综合评价体系。在具体方案设计上，既有总体规划，照顾了绩效管理流程；又重点突出，以"3+1"综合考评体系为重点为支撑点，具体包括目标管理、社会评价、领导考评和创新目标绩效评价等。

二 杭州市政府绩效综合考评体系方案设计

（一）综合考评"3+1"体系总体框架

杭州市政府绩效综合考评"3+1"体系分为适用于市直单位和区、县（市）两大类。市直单位综合考评"3+1"体系与区、县（市）综合考评"3+1"体系的总体框架设计理念、操作流程和维度设计（社会评价、目标考核、领导考评以及创新创优四个维度）都完全一致。只是根据单位性质不同，市直单位和区、县（市）两类考评系统的工作内容与权重分配有差别。市直单位的社会评价、目标考核和领导考评三个维度的权重分配分别是50分、45分、5分；区、县（市）综合考评强调实绩导向，社会评价的权重分配则调整为30分，目标考核的权重提升至65分，领导评价的权重还保持5分不变。

两类综合考评系统都是以考评主体为基础来构建的，下面以市直单位为例，对综合考评"3+1"体系总体框架进行详细介绍。杭州市直单位综合考评体系在考评体系上分为社会评价九大层面代表、市考评办目标考评小组、相关职能部门、市四套班子领导及法检两长、评估专家五大类；针对同一个考评对象设计社会评价、目标考核、领导考评和创新创优四个维度的考评内容，并设定每个考评维度的权重系数；同时，在整个考评体系中嵌入"评价—整改—反馈"的工作机制。杭州市直单位综合考评"3+1"体系的具体流程如图5-1所示。

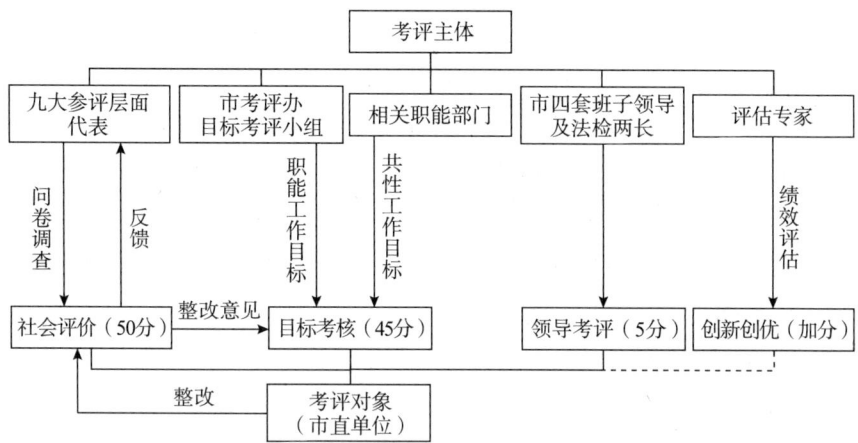

图 5-1　杭州市直单位综合考评"3+1"体系流程

资料来源：伍彬：《综合考评与绩效管理——杭州的实践与探索》，人民出版社 2012 年版，第 87 页。

考评对象的工作职能和单位性质不一样，也会设置不同的考评内容和权重分配。参加综合考评的市直各部、委、办、局以及各市直单位按照工作职能和性质的差别，分为综合考评单位和非综合考评单位两大类。按照单位工作属性进行分类，还可细分为十大系统：一是党群、人大、政协群团系统；二是市政府其他部门、直属单位；三是发改委系统；四是经委系统；五是农口系统；六是宣文教育系统；七是城建系统；八是旅贸系统；九是政法系统；十是统战系统、党派、工商联。①

综合评价体系基本架构也是一个持续优化的过程。杭州市政府绩

---

① 2013 年杭州市市直单位绩效考核目标．杭州考评网：http：//kpb.hz.gov.cn/showpage.aspxid=670．

效综合考评体系的指标体系也是一个不断进化的过程，主要分为试点①前和试点后两个大的阶段，如表5-1所示。首先，基本维度保持稳定，即调整前后均包含社会评价、目标考核、领导考评三个基本维度和创新创优（特色创新）一个加分维度。然后，杭州市考评办对市直单位绩效目标考核指标体系进行了重新架构，将原有的职能工作目标和共性工作目标改为绩效指标和工作目标；其中，绩效指标包括关键绩效指标、职能指标和通用指标，工作目标包括重点工作目标、专项协作目标、诉求回应目标和自身设定目标。另外，在社会评价部分增加了专项社会评价。

（二）综合考评各环节的整合机制

杭州实践是以"以公众评价为导向，以目标整改为主轴"的综合考评系统。在该系统中，通常是将其他环节的评价过程中存在的问题，整合到目标管理之中，形成下一绩效周期的目标进行考核（滚动式目标管理），经过系统改进之后，进行信息反馈，并在下一个绩效周期的评价过程中进行检验。杭州实践的经验是通过建立一个封闭环状、滚动式的绩效管理机制，促进辖区内政府绩效的持续改进，杭州市绩效管理实践者将杭州实践归纳、提炼和总结为"评价—整改—反馈"机制。

第一，评价机制。在评价上的公民导向，主要是要引导各级政府和部门"问政于民，问情于民，问需于民，问计于民"，确保公众的"知情权、参与权、表达权和监督权"。在具体做法上，主要通过年度社会评价、网上评议（公众可以在杭州考评网上对市直机关工作目标、整改目标、各民生工程随时进行评议）和公共服务窗口评价（在公共服务窗口设置电子评价器，对公共服务窗口的服务进行即时评价，并制定实施了《杭州市公共服务评价机制实施办法》）三种方式。

---

① "试点"是指"2011年，经国务院同意，确定北京、吉林、福建、广西、四川、新疆、杭州、深圳以及国家发展改革委、财政部、国土资源部、环境保护部、农业部、国家质检总局等14个地区和部门开展政府绩效管理试点。"

表 5-1　　杭州市政府绩效综合考评指标体系调整对照

考评维度	2013 年以前			2013 年（含）以后	
^	一级指标	二级指标	考评或评价指标内容	一级指标	二级指标	考评或评价指标内容
目标考核	职能工作目标	一类目标	关键指标	绩效指标	关键指标	市委、市政府确定的涉及本部门的相关国民经济与社会发展定量指标
^	^	^	市委、市政府确定的年度重点工作任务	^	职能指标	市直单位法定职责履行情况相关绩效指标
^	^	^	市委、市政府确定的中长期发展战略和重大决策部署中分解到当年的相关工作任务	^	通用指标	适用于各市直单位的部分综合性绩效指标，包括依法行政、电子政务、行政效率和简报信息质量等指标
^	^	二类目标	常规指标	工作目标	重点工作目标	省委、省政府对杭州市的重点考核目标
^	^	^	各单位职责范围内事关全市、反映部门主要职能履行情况的年度重点工作，包括牵头负责的专项工作	^	^	市委、市政府中长期战略目标和重大决策分解到当年的相关工作任务
^	^	^	协调配合工作（由若干专项工作组成）	^	^	市委、市政府确定的其他年度重点工作任务
^	^	^	^	^	^	市政府为民办实事项目
^	^	三类目标	通用指标	^	部门协作目标	市委、市政府重点专项工作
^	^	^	社会评价意见整改目标	^	^	由有关部门牵头、多部门协作配合的，事关全市、有明确年度目标任务，适于量化考核的阶段性工作目标，由若干专项组成
^	^	^	根据工作的重要性和必要性设置的其他涉及面广的综合性工作任务	^	^	^
^	共性工作目标		96666 投诉查办和明察暗访情况	^	诉求回应目标	信访和"12345"办理、社会评价意见整改（含市考评办跟踪督办意见整改目标）、效能投诉处理、公共服务窗口评价、建议提案办理
^	^		领导班子年度考核情况	^	^	^
^	^		违纪、违规、违法法案查处情况	^	^	^
^	^		领导批示及重大事项、重要工作监督完成情况；目标组织及考评管理	^	自身建设目标	领导班子建设、党风廉政建设、目标绩效管理（包括督察工作）、财政绩效评价、机构编制评估

续表

考评维度	2013 年以前			2013 年（含）以后		
	一级指标	二级指标	考评或评价指标内容	一级指标	二级指标	考评或评价指标内容
领导考评	总体工作实绩		主要考评各单位工作目标和市委、市政府交办任务完成情况	总体工作实绩		总体考评各单位工作目标和市委、市政府交办任务完成情况
社会评价		服务态度与工作效率		综合社会评价		服务态度与工作效率
		办事公正和廉洁自律				办事公正和廉洁自律
		工作实效和社会影响				工作实效和社会影响
						采用按事项评价的方法，一事一评
创新创优		创新目标			创新目标	原创性创新
						继承性创新
		创优目标（含提升服务质量项目）			创优目标	综合性表彰奖励成果
						提升服务质量项目
		克难攻坚目标			克难攻坚目标	经济社会热点、难点问题破解机关绩效改进难题破解

资料来源：伍彬：《政府绩效管理：理论与实践的双重变奏》，北京大学出版社 2017 年版，第 110—111 页。

第二，整改机制。促进绩效的持续提升是进行绩效管理的直接目的。分管市领导每年都会对社会评价意见整改情况进行点评、分析和进一步整改的部署；市委每年也会召开社会评价交流和整改推进会。在具体措施上，一是坚持"开门"抓整改，公开整改的情况；二是明确责任抓整改，坚持"一把手"负责，做到"件件有落实，实施有回音"；三是强化监督抓整改，考评办组织相关人员跟踪督察整改目标，并在年中开展定情检查；四是强化考核抓整改，根据《社会评价意见整改目标考核办法》，要求在年终对重点整改目标进行专项考核。

第三，反馈机制。杭州市综合考评涉及内部管理和外部评价两个方面，利益相关者众多，因此，在反馈机制上，需要照顾方方面面。杭州实践的具体措施主要体现为以下三个方面：一是建立社会评价意见报告发布制度,并且每次报告都发布上一年度各单位对社会评价意见的整改情况;二是公示社会评价意见重点整改项目,接受社会监督;三是健全绩效信息管理制度,加强绩效信息采集工作,创办《社情民意与绩效信息》作为沟通平台。

(三)"数字考评"系统

2009年,杭州市考评办依托全市电子政务网络平台,以信息整合为核心,以提高工作效率、提升服务管理水平为主线,启动了"数字考评"系统。该系统的总体原则是"总体规划、分步实施、先急先用、务求实效"。远景规划是:到2016年,全面建成综合考评和绩效管理业务、日常办公、门户网站为一体的,实现资源共享、实时监控、定量考核、全面管理的综合信息化管理系统。该系统通过将办公系统、业务系统和杭州市考评网有效整合起来,是对十多年杭州市实践总体设计的再次梳理,也是对现行的考核项目进行的系统整合和全面直观反映。其基本架构如图5-2所示。

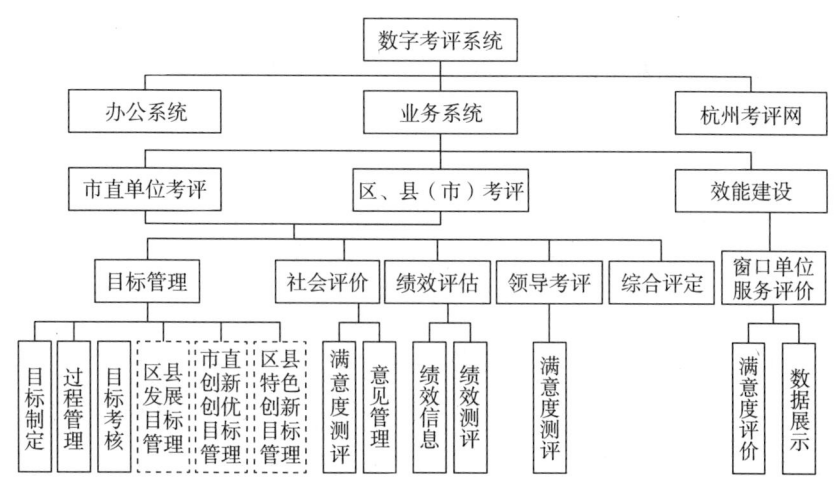

图5-2 杭州"数字考评"系统的基本架构

资料来源:伍彬:《综合考评与绩效管理——杭州的实践与探索》,人民出版社2012年版,第171页。

数字考评系统搭建了涵盖综合考评的全国过程的信息发布、沟通、交流、共享平台，取得了以下成效：一是规范了考评工作的工作流程，提升了工作效率；二是促进了考评工作的公开透明化；三是促进了考评主体与考评对象的合作；四是便利了对各考核项目的实时监控；五是为领导决策和部门改进工作提供了信息支持。

归纳起来，数字考评系统有以下六个主要功能：一是数据采集、审核、整理、加工功能；二是数据统计分析功能；三是绩效异常预警功能；四是信息传递与辅助决策功能；五是交流互动功能；六是个性化服务。总之，数字考评系统是杭州市政府绩效管理的重要基础平台，该系统的运行又在更大的程度上提升了杭州市政府绩效管理的水平，从而为杭州市政府绩效和地区发展做出了积极贡献。

三 目标管理

在杭州政府绩效管理实践中，目标考核非常重要，在区、县（市）综合考评体系中体现得尤为明显。虽然使用的是"目标考核"这一概念，但目标滚动管理使目标考核由传统的目标责任制升级为系统目标管理，全面体现了目标制定、目标监控、目标考核、市值创新优化目标管理与区县特色创新目标管理。

（一）目标制定

1. 目标制定的基本流程

科学的目标体系需要有完整的管理流程做保障。杭州市目标考核的目标制定流程通常包括目标申报、目标审核与反馈、目标审定和下达等环节。

（1）目标申报。各市直单位根据自身的年度目标和工作职责，市委、市政府的年度工作目标要求，按照SMART原则，提出本年度的工作目标。在目标申报时，需要注意以下三个趋势：一是目标突出战略化、适度指标化和指标属性化。其中指标属性化是指将指标分为约束性和预期性两种属性。二是约束性目标是指确保实现的目标，完成即得分，完不成则不得分。三是预期性目标是努力争取实现的目标，根据完成程度赋分。

（2）目标审核与反馈。市考评办对照审核标准（见表5-2），对各单位申报的目标进行逐项审核,并对各单位目标制定工作进行评估(在综合考评中占职能目标分值的5%),在必要时需要征询有关专家、相关业务主管部门或综合部门的意见。根据评估情况与各单位就目标调整进行沟通,必要时征求分管市领导的意见。在初步审核的基础上,各单位的工作目标内容将在"杭州考评网"和"中国杭州"政府门户网站上进行公示,在公开收集反馈意见之后,便于做出目标的最后审定。

表5-2 杭州市直单位绩效考核目标制定评估标准(100分)

评估维度	分值	评估内容	评估得分 高→低				
准确性	20	目标层次清晰,措辞准确,简明扼要;对考核内容及指标有明确的数量、质量和效果描述	20	16	12	8	4
完整性	20	申报表填写完整;各要素齐全、具体,情况属实,符合定量分析与定性描述相结合的设置要求;没有遗漏重点工作任务;没有遗漏相关附件	20	16	12	8	4
合理性	25	目标设置符合相关法律、法规,与单位主要职能密切相关,与实际工作需要一致,与市委、市政府、上级对口业务部门及其他相关部门的要求一致;目标切实可行、具有可操作性;重点突出,权重设置合理,目标能够反映部门履行职责的绩效情况	25	20	15	10	5
先进性	25	目标体现先进性、发展性,与杭州经济社会发展在全国、全省的地位、作用相一致;目标制定依据明确,定量数据有横向和纵向的比较	25	20	15	10	5
时效性	10	目标按时报送(按时得10分,未按时得0分)	10				0
合 计							

资料来源:杭州考评网:http://kpb.hz.gov.cn/showpage.aspx?nid=9296&id=217。

(3)目标审定和下达。市直单位上报的各类目标在经过审定之后,由市考评办统一下达,作为年度市直单位目标考核的依据,各单位不得随意调整。

2. 目标考核的指标体系

在杭州市被确定为绩效管理试点城市之后,杭州市综合考评目标管理指标体系做了总体的修改和完善;调整后的指标体系注重从目标实现程度和绩效测度两个维度对工作目标进行考评,并且每个目标(指标)均有明确相应的解释,同时还对指标权重进行了调整。其中,杭州市直单位目标考核的指标体系如表5-3所示。杭州市考评办通过指标体系调整,力图使绩效导向更加鲜明,重点更加突出,从而实现市直单位执行力、协作力、回应力和公信力的持续提升。

区、县(市)目标考核指标体系与市直单位总体一致,但也存在差别。首先,由于强调绩效导向,区、县(市)目标考核的权重提升至65%;其次,增加了发展目标,并赋予发展目标20%的权重,工作目标占45%的权重。由于工作目标与市直单位差别不大,下面重点介绍区、县(市)发展目标的实践经验。

表5-3　　　　　　杭州市直单位目标绩效考核指标体系

类型	分项指标	考核或评价指标内容	考核维度 实现程度[1]	考核维度 绩效测度[2]	目标(指标)解释	权重
绩效指标	关键指标	市委、市政府确定的涉及本部门的相关国民经济和社会发展定量指标	●	√	"两会"通过的杭州市国民经济和社会发展主要指标数据	20%
绩效指标	职能指标	市直单位法定职责履行情况相关绩效指标[3]	●	√	由各单位根据"三定"方案,结合我市实际,提炼反映本单位履行职能情况,体现效率、效益、效果等结果性的内容	20%
绩效指标	通用指标	适用于市直各单位部分综合性绩效指标,含依法行政、电子政务、行政效率和简报信息质量等指标	●	—	由"两办"、市法制办、市电子政务办公室、市效能办、市审改办、市阳光办等提供	20%

续表

类型	分项指标	考核或评价指标内容	考核维度 实现程度[1]	考核维度 绩效测度[2]	目标（指标）解释	权重
工作目标	重点工作目标	省委、省政府对杭州市的重点考核目标	●	√	以杭州市与省委、省政府签订的目标责任状为依据	80%
		市委、市政府确定的年度重点工作任务	●	√	市委、市政府确定的年度重点工作任务分解、可考核的目标任务（其中政府预算内投资重大项目评估由市发改委提供）	
		市政府为民办实事项目	●	√	按《市政府为民办实事项目考核办法》考核	
		重点专项工作	●	√	市委、市政府主抓的阶段性重点专项工作	
		跟踪督办社会评价意见整改目标	●	√	社会评价意见中梳理确定的市考评办年度跟踪督办意见整改目标	
	部门协作目标	由有关部门牵头、多部门协作配合的，事关全市、有明确年度目标任务、适于量化考核的阶段性工作目标，由若干专项组成	●	—	由专项工作牵头单位提出，按照必需、可行、有效和总量控制、有进有出的原则设置；专项目标由牵头部门提出具体的分解依据、考核内容和考核办法，经市考评办审核后下达，纳入相关单位年度绩效目标考核；专项牵头单位对该项目负总责；每一专项纳入时间不超过三年，每年根据实施情况动态调整	
	诉求回应目标	信访和"12345"办理、社会评价意见整改、效能投诉处理、公共服务窗口评价、建议提案办理	●	—	分别由市信访局、市考评办、市监察局和市政府办公厅、市人大提案委、市政协提案委、市委组织部牵头负责	

续表

类型	分项指标	考核或评价指标内容	考核维度 实现程度[1]	考核维度 绩效测度[2]	目标（指标）解释	权重
工作目标	自身建设目标	领导班子建设、党风廉政建设、绩效管理、财政绩效评价、机构编制评估	●	—	分别由市委组织部、市纪委（监察局）、市考评办、市财政局、市编办等牵头负责	80%

注：[1]"实现程度"是指目标（指标）实际完成情况与设定目标（指标）内容之间的比较，通过进度、工作量、覆盖面等反映，按实际完成百分比赋分。[2]"绩效测度"是指反映达成目标（指标）的挑战程度、工作质量、成果运用及效益性、满意度等指标。表中带√的栏目为可设置绩效测度的目标，分别按挑战指标、表彰奖励和绩效测评三种类型选定。[3]"职能指标"选择部分反映市直单位法定职责履行情况相关绩效指标，其中，党群政务类单位绩效指标重点反映贯彻落实、服务保障，突出工作的保障性、前瞻性、政务的质量和水平；执法监督类单位绩效指标重点反映公正、效率，突出职责法定、依法行政；社会管理和服务类的单位绩效指标重点反映公平、均衡，突出服务质量和群众满意度；经济管理类单位绩效指标重点体现科学发展，突出工作效率、公平；国有企业单位的绩效指标主要反映对城市的贡献度，突出体现在承担社会责任、城市公共服务水平、产业示范带动、城市空间优化布局等方面。

资料来源：杭州考核网：http://220.191.210.153:8023/m2012/allIndic2012.doid = 24234&year = 2013。

区、县（市）发展目标包括经济建设、社会管理和公共服务与发展潜力三个维度，每个维度又可以分解为具体的考核指标（表 5-4 为 2011 年的发展指标）。经济建设和发展潜力都是从经济角度考核区域当前和今后发展目标的实现程度或能力；社会管理和公共服务则体现了政府的民生导向和"以民为本"的施政理念。总体来讲，"发展目标"注重将规范性、可比性和各地的具体情况相结合。

表5-4　　2011年杭州区、县（市）综合考评发展指标设置

维度	编号	指标名称	性质	数据来源
经济建设	1.1	人均地区生产总值增长率★	正向	统计局
	1.2	地区生产总值增长率▲	正向	统计局
	1.3	人均地方财政收入增长率★	正向	财政局、统计局
	1.4	地方财政收入增长率▲	正向	财政局、统计局
	1.5	固定资产投资增长率	正向	统计局
	1.6	服务业占GDP比重	正向	统计局
	1.7	规模工业新产品产值率	正向	统计局
	1.8	城镇居民人均可支配收入增长率	正向	统计局
	1.9	农民人均收入增长率	正向	统计局
	1.10	社会消费品零售总额增长率▲	正向	统计局
	1.11	居民消费价格指数（CPI）★	逆向	统计局
社会管理和公共服务	2.1	刑事案件破案率	正向	公安局
	2.2	各类事故死亡人数占控制指标百分比	逆向	安全监察局
	2.3	群众上访诉求化解率	正向	信访局
	2.4	行政诉讼败诉率	正向	法院
	2.5	教科文卫支出占地方财政支出比重	正向	财政局
	2.6	15年教育普及率	正向	教育局
	2.7	社会保障支出占地方财政支出比重	正向	财政局
	2.8	城镇登记失业率★	逆向	人力社保局
	2.9	城乡居民医疗保险参保率★	正向	人力社保局
	2.10	城乡居民养老保险参保率▲	正向	人力社保局
	2.11	城市低收入家庭住房困难解决率★	正向	建委
	2.12	拆迁安置率▲	正向	住保房管局
	2.13	数字城管问题解决率▲	正向	城管委
	2.14	美丽乡村创建率★	正向	农办
	2.15	城中村改造完成率▲	正向	建委
发展潜力	3.1	科学实验（R&D）经费占GDP比重	正向	统计局
	3.2	人才发展指数	正向	人事局
	3.3	专利授权增长率	正向	科技局
	3.4	万元GDP综合能耗降低率★	正向	统计局

续表

维度	编号	指标名称	性质	数据来源
发展潜力	3.5	单位（规模以上）工业增加值能耗降低率▲	正向	统计局
	3.6	区域建设用地集约利用综合评价指数	正向	国土资源局、统计局
	3.7	地方政府性债务负债率	*	财政局
	3.8	环境质量综合评价指数	正向	环保局
	3.9	人口与计划生育工作水平评价指数	正向	人口计生委

注：标有▲的指标适用于 6 个老城区；标有★的适用于其他 7 个区、县（市）；标有 * 的根据达标线计分。

资料来源：伍彬：《综合考评与绩效管理——杭州的实践与探索》，人民出版社 2012 年版，第 115—116 页。

（二）目标监控

杭州实践对目标进行监控主要通过绩效信息动态跟踪和组织各种检查两类进行。

1. 对绩效信息动态跟踪

杭州市考评办通过数字考评系统对绩效信息进行动态监控。为了及时掌握各类工作目标进展情况和对目标进行动态管理，各单位需要在每月 10 日之前通过数字考评系统向考评办汇报一类目标和绩效考核目标的进展情况。对于社会评价意见整改专项目标和本单位牵头负责的专项目标进展情况，则分别于 7 月和 10 月 10 日以前报送。另外，考评办还会通过综合考评信息系统、绩效信息员等渠道收集媒体、社会各界、县官民意机构对市直单位目标管理工作的报道、评价、意见、建议和投诉等绩效信息，编发《社情民意与绩效信息》，再实现对目标实现情况的动态掌握。

2. 组织各种检查以监控目标实施情况

考评办会同有关部门不定期分专项、分专题对目标进展情况进行检查、监督，协同、解决目标实施过程中出现的问题和困难，并定期公布目标进展情况和绩效情况。对集中或反复出现的问题，考评办会以《绩效改进通知单》的形式向责任单位反馈，要求责任单位在 10 日之内做出情况说明，并提出处理意见和反馈处理结果。年中检查是其中一项最重要的检查，也是目标管理的环节之一。每年9月，通过组织年中检查，重点检查市直单位的一类目标、二类目标和创新创优目标，具体方式分为自查与抽查相结合，以抽查为主，在时间安排上分为自查、组织抽查和综合汇报三个阶段。在组织形式上，设置专题检查组、暗访组和测评组。年中检查通常与其他检查方式相互结合，互为应用。

（三）目标考核

目标考核是目标管理的一个环节，是整个综合考评体系的纽带或交汇点。目标考核不仅包括评价体系中"目标考核"维度，也包括各种专项目标考核，比如社会评价整改专项目标考核和创新创优专项目标考核。

1. 组织考核

在具体操作中，目标考核是根据各单位的实际情况和具体目标内容，按照事先制定好的绩效考核标准，采取听取汇报、查询、实地查看、召开座谈会、查看台账等形式，按照分组、分系统对各市直单位进行检查和考核。年终考核组织实施的步骤包括单位自评、组织考核、意见反馈、公告公示和审核确定。目标考核中，最具技术含量的是绩效评定标准的制定。

考核结果评分主要按照目标制定、过程管理和实际完成情况三个方面评分。第一，目标制定。设定分值为综合考评（非综合考评）中职能工作目标分值的5%，按照实际评估分值赋分，该项目为加分。第二，过程管理。设定分值为该项目分值的10%。具体是根据目标实施过程中存在的问题，特别是对《绩效改进通知单》规定项目的整改情况进行赋分。第三，实际完成情况。设定分值为该项目分值的90%。这个部分最为复杂，需要按照每个目标（指标）完成情况，按照事先制定好的标准赋分。

2. 社会评价意见整改专项目标考核

社会评价意见整改专项目标考核是对社会评价中收集的需要重点整改的目标纳入目标责任考核，加强相关工作落实的专项考核项目。社会评价意见整改专项目标考核也按照过程和结果两个部分进行考核。整改过程，即整改的基本要求占 20 分，其中，任务分解、工作机制、台账管理和材料报送各占 5 分。整改的结果占 80 分，其中，办理率和解决率各占 20 分，满意度占 40 分。该专项合计 100 分，该专项最后得分还需要按照设定分值进行折算才能计入综合考评的最后得分。社会评价意见专项目标的满意度考评在社会评价之中进行。

3. 市政府为民办实事专项考核

自 2009 年以来，市政府每年针对人民群众最关心的一些事情，主动提出目标和具体指标，规定责任单位，抓落实、促发展、出实效。在考核上，实施项目实行达标制，等于或高于达标线（84 分）的责任单位，按照该项目目标考核分值全额赋分，低于达标线的则按照实际得分计算目标考核的分值。具体计算方法是：实施项目完成程度占 40 分，市民满意度测评 30 分，实施项目绩效评估 30 分。

4. 区、县（市）绩效目标考核

区、县（市）目标考核包括发展目标和工作目标两个部分，考核采用百分制，总分等于两个部分得分相加的总和。

发展目标考核改变了传统考核中下达具体目标值的方式，而是采用了功效系数法进行计算，即采取纵向"自己与自己比"形成发展指数，横向"自己与全市总量或平均比"形成贡献指数，两项指数各按50%加权后进行综合评估计算得分。这种方法既可以反映各地发展状况和地区差异，有监督了增长速度和规模水平之间的平衡。具体计算公式为：

得分 = {60% + 40% [（当年本地区该指标综合指数值[①] − 当年

[①] 综合指数的计算方法如下：

A1. 综合指数 =（当年本地区指标值/本地区指标标准值）×50% + [当年本地区指标绝对值/当年六城区或七区、县（市）平均水平绝对值] ×50%

A2. 综合指数 =（当年本地区指标值/本地区指标标准值）×50% + [当年本地区绝对值增加额/当年全市或七区、县（市）绝对值增加额] ×50%

A3. 综合指数 =（当年本地区指标值/本地区指标标准值）×50% + [当年本地区指标值/当年全市或七区、县（市）指标值] ×50%

A4. 综合指数 =（当年本地区指标值/本地区指标标准值）×50% + [1 − 当年本地区水平绝对值/当年六城区或七区、县（市）平均水平绝对值] ×50%

详细情况参见伍彬《综合考评与绩效管理——杭州的实践与探索》，人民出版社 2012 年版，第 119—120 页。

各地区指标综合指数最小值)/(当年各地区该指标综合指数最大值-当年各地区指标综合指数最小值)]}×指标权重

关于工作目标的考核,采用等级打分的方法,具体分为以下五档:在符合工作质量要求的前提下,全部完成目标任务给满分;基本完成目标任务得80%的分数;完成目标任务一半以上得60%的分数;完成部分目标任务得40%的分数。另外,责任状考核目标和领导班子建设和党风廉政建设参照市相关规定。

在具体考核执行上,坚持年终统一集中检查考核。但是,要求市直单位各类检查考核应该重点突出、控制数量、整合资源和规范行为,加强日常管理,减少集中性检查考核。经过申报、协商、精简压缩后,确定统一纳入集中检查考核组进行检查考核的项目,才由考核办统一组织实施年终考核。这种集中考核经过约法三章,"不吃请,不受礼,不擅自表态",减少了基层负担,推动了各地工作的开展,树立了良好的形象。

(四) 目标整改与结果应用

杭州实践实施的"滚动式目标管理"强调对考核目标的持续跟踪和绩效改进,考核机制与流程的高度融合;通过建立年度工作目标绩效改进工作机制,并借助"数字考评系统"信息化平台,形成对工作目标改进的动态跟踪管理与监督。社会意见重点整改项目目标考核虽然属于一种目标专项考核,但是,在整个管理体系中,仍然是"评价—整改—反馈"机制的重要一环,属于滚动式目标管理的重要环节。杭州实践通过建立"开门抓整改、明确责任抓整改、强化监督抓整改、强化考核抓整改"等立体化目标整改机制的构建,促进整改目标的全面达成,并通过发布评价报告、公示重点整改目标和健全绩效信息管理制度等途径,强化对目标整改的监督。目标考核结果,按照相关项目的权重,计入市直单位和区、县(市)最后综合评定得分之中,作为各单位或各地区综合考评最后得分的一部分。

四 社会评价

杭州市政府绩效管理的宗旨是"创一流业绩,让人民满意";目标管理是为通过系统管理活动创造一流业绩服务,社会评价就是体现为人民群众对政府创造的业绩"满不满意"的问题。社会评价中把解决群众关注的热点难点问题作为市直机关单位工作的出发点和落脚点,把群众满意度作为检验市直机关单位工作好坏的根本标准。同时,社会评价还是促进改进机关作风、提升政府效能、实现民主和促进民生的重要手段。杭州市综合考评的社会评价实践在评价主体的选择、评价内容的设置、评价方法的确定和评价结果的运用等方面都进行了全面探索。

(一)评价主体

杭州实践通过评价主体的代表性和足够的样本容量来确保社会评价的科学性和客观性;在 12 年的社会评价实践中,社会评价主体的覆盖面、代表性和抽样的科学性不断提高。杭州市直单位和区、县(市)社会评价主体的选择上有较大的差别,但都在通过制度化设计,为社会公众参与社会管理提供一条实现途径。

市直单位评价主体从 2000 年首次满意评选的四个层面变为市党代表、市人大代表、市民代表等九个层面;对各个层面样本所占比重进行了调整,提高了企业和市民层面的比重;对于固定投票层面进行随机抽样(抽样率为 80%)。在具体确定各层面评价主体的权重分配时,对三类市直单位(社会服务相对较多的政府部门、社会服务相对较少的政府部门及其他单位、党群部门)的九个大层面进行了详细的规定,如 2009 年市直单位社会评价主体层面及权重分配如表 5-5 所示。在样本容量上,从最初的 4000 个增加到了 15000 个左右,从而确保各层面足够的样本数量。杭州实践还设置了网上评议系统,提供了网民参与评价路径。

表 5-5　2009 年杭州市直单位社会评价主体层面及权重分配

权重设置 投票层面	综合评价单位分类(%)		
	社会服务相对较多的政府部门	社会服务相对较少的政府部门及其他单位	党群部门
1. 市党代表	10	12	12
2. 市人大代表	10	12	12

续表

权重设置 投票层面	综合评价单位分类（%）		
	社会服务相对 较多的政府部门	社会服务相对较少的 政府部门及其他单位	党群部门
3. 市政协委员	10	12	12
4. 省直机关、老干部、专家学者和市行风评议代表	9	9	9
5. 区、县（市）四套领导班子成员	8	11	11
6. 区、县（市）的部、委、办、局及街道（乡镇）党政（包括人大）负责人	8	8	9
7. 社区党组织和居委会负责人	8	8	9
8. 企业代表	12	8	6
9. 市民代表（含外来创业务工人员）	25	20	20
合计	100	100	100

资料来源：伍彬：《综合考评与绩效管理——杭州的实践与探索》，人民出版社2012年版，第100页。

区、县（市）社会评价主体的层面设置主要体现为扩大基层代表的范围，以当地参评代表为主，兼顾社会各界的有序参与。具体层面设置了所在区、县（市）的市民代表，各级党代表、人大代表，政协委员，老干部代表，企业代表，部、委、办、局及街道、乡镇代表，社区居委会和行政村村委会代表五个层面，五个层面及权重分配分别为40%、25%、15%、10%和10%。

（二）评价内容的设置及评价方法的确定

1. 市直单位社会评价内容与方法

社会评价的渊源是"满意评选"，在具体内容上，也与满意评选有一脉相承的关系。2000年，杭州市委、市政府为了转变工作作风，解决"四难"顽症，启动了"满意评选"活动，设置了全局意识、宗旨观念、服务质量、办事效率、勤政廉洁和工作业绩六个评价维度。2005年，为了方便群众理解、做出更为理性、客观的评判，社会评价内容调整为服务态度和工作效率、办事公正和廉洁自律、工作实效和社会影响三个维度；经过调整之后，评价更加简洁明了，更具有针对性和直观性。在满意度评分设计上，采用5级量表法（满意、比较满意、基本满意、不太满意、不满意），并且对每一级分值设置为100分、80分、60分、30分及0分。

　　由于各单位职责和工作特点不同，在社会评价上采取定性评价为主。参评代表可以在征求意见栏写出对各单位有针对性的意见和建议，通过对这些意见和建议的收集、整理和分析，把握群众关注的热点难点问题，明确各单位工作的出发点和落脚点。杭州市通过对群众关注的热点难点问题的系统梳理，形成"破七难（7＋X）"工作机制。"破七难"工作机制确定了市委书记和市长为第一责任人，对各项问题总负责；按照"评价—考核—反馈"的工作机制，作为市委、市政府年度重点工作任务和市人大对各部门工作评议的重要内容，对相关问题纳入对各级领导干部的考核范围，向社会公布，接受群众监督；同时，建立"破七难"工作财政保障机制，把解决相关热点难点问题的财政投入纳入财政预算，并根据经济发展和财政增长状况，保持逐年增加。"破七难"工作的主要内容随着群众关注的热点变化而变化：最初归纳出来的是"七难"，2007—2010年形成了"7＋2"框架，2011年之后形成了"7＋X"的"破七难"新框架，但是，在名称上仍然使用"破七难"。比如，2012年"破七难"包括垄断行业问题、办事难、行路停车难、环境保护问题、食品药品安全问题、困难群众生活就业难、安全生产及劳动保护、看病难、市场秩序、上学难、公共财政、物价稳定、住房难、社会治安共14项内容。其中，每个"难点问题"又包含若干条具体的"社会评价意见"，比如，2012年"办事难"就包含23条具体的意见，并制定了整改目标和考核指标，落实责任单位，对完整情况进行追踪、评价和反馈，具体情况如表5-6所示。

表 5-6　　　　关注七难：2012 年"办事难"（示例）

编号	社会评价意见及内容	整改目标及考核指标	完成情况	责任单位
1	市长公开电话是好的。但大多数上访者有实际问题，要亲民、信民、为民，解决存在问题。当然，问题不在信访局，它只是窗口（市民代表意见95条，另外涉及此类问题的市民代表意见5条、外来务工人员意见1条、专家学者意见1条及社区居委会负责人意见1条）	加强对人员的教育和培训；深化创先争优和作风建设活动，强化责任意识、为民意识和服务意识；继续办好一年两期全市信访和"12345"干部培训班以及一年四期的干部"能力建设大讲堂"；抓好日常帮带工作，提高工作人员的业务水平，提高办理质量	一是深入开展"创先争优·能力建设活动"，加强对人员的教育和培训，明确岗位职责标准，公开服务承诺，开展岗位练兵。二是开展劳动竞赛。对受理、办理、信息等不同岗位的工作人员分别开展不同形式的劳动竞争活动，日常质检与督导考评相结合，对工作人员的工作情况进行评比打分，并以打分结果来评定一、二、三等奖，以激励广大干部职工履职尽责创先进、立足岗位争优秀。三是扎实开展业务培训。办好每年两期全市信访"12345"干部培训班和一期全市信访局长高级研修班，提高机关工作人员业务素质和业务能力	市信访局（"12345"市长公开电话受理中心）
2	工作人员服务态度及工作效率有待完善（外来务工人员意见41条，另外涉及此类问题的市民代表意见14条、外来务工人员意见2条、市政协委员意见1条、省直机关意见2条、企业代表意见6条及区县（市）四套班子成员意见1条）	完善"五个一"财税服务体系建设，推广应用24小时自助服务系统，方便纳税人；加强职业道德教育和业务培训，全面提高业务素质和操作技能；深化审批事项改革，全面落实岗位责任；主动查处曝光作风与效能问题，提高窗口单位的服务意识、工作效率和工作质量；对涉税软件维护单位进行招投标，引入竞争机制，减轻纳税人的负担	完善"五个一"财税服务体系建设，在城区各税务分局推广应用24小时自助服务系统，纳税人可24小时自助办理购买发票、打印凭证、证明等涉税事项。分16个批次64个课时，对全局干部进行职业道德教育和业务培训，全面提高业务素质和操作技能；建立财政廉政风险防控机制，修改完善各种内控制度43个（条），严格规范和制约公职人员廉洁从政行为；建立涉税事项审批后续管理预警防范制度，全面落实岗位责任。建立督察曝光机制，重点对服务态度、办事效能等开展自查、互查、抽查、督查、外部检察，把明察暗访中发现的问题原汁原味地在网上曝光；对涉税软件维护单位招投标，加强对软件公司管理，建立"远程实时技术服务平台"，减轻纳税人的负担	市财政局（市地税局）
…	……	……	……	……

资料来源：杭州考评网, http://220.191.210.153：8023/kpb/Jxkh_allgoal2.doid=2127&year=2012。

2. 区、县（市）社会评价内容与方法

区、县（市）社会评价内容需要反映一级政府施政情况带来的社会效果，围绕"以人为本、以民为先"的施政理念，设置了涉及经济建设、社会管理、公共服务、依法行政以及自身建设等方面的内容，具体包括16项具体的指标（见表5-7）。在满意度评分设计上，采用5级量表法（满意、比较满意、基本满意、不太满意、不满意），并且对每一级分值设置为100分、80分、60分、30分及0分。另外，增设了"不了解"选项，赋50分。

表5-7　杭州区、县（市）综合考评社会评价指标内容

序号	评价指标内容
1	您对物质生活改善情况是否满意
2	您对本区、县（市）公共文化生活是否满意
3	您对本区、县（市）公民道德素质和社会风气是否满意
4	您对本区、县（市）政府提供的就业服务是否满意
5	您对本区、县（市）城乡扶贫济困情况是否满意
6	您对本区、县（市）义务教育是否满意
7	您对本区、县（市）医疗服务是否满意
8	您对本区、县（市）环境卫生状况是否满意
9	您对本区、县（市）社会治安状况是否满意
10	您对本区、县（市）安全生产状况是否满意
11	您对本区、县（市）政务公开、依法办事情况是否满意
12	您对本区、县（市）基层民主政治建设是否满意
13	您对本区、县（市）党政机关工作作风、办事效率是否满意
14	您对本区、县（市）选拔任用干部情况是否满意
15	您对本区、县（市）党风廉政建设是否满意
16	您对本区、县（市）党委、政府工作的总体评价

资料来源：伍彬：《综合考评与绩效管理——杭州的实践与探索》（人民出版社2012年版）第104页。

（三）评价结果分析及运用

通过对评价结果进行统计分析，并确保结果的正确运用，是社会

评价得以顺利开展的基本保障。杭州社会评价结果都会通过杭州考评网、《杭州日报》等媒体发布社会评价报告，对社会评价意见整改情况、整体满意度、专项满意度、"惠普为民"工程满意度、重点工作专项社会评价等内容进行全方位披露。

网上评议结果不计入社会评价总分，但是，网上意见会纳入社会评价意见整改范围。公开的评价结果对评价结果运用的公信力有很大的提升。杭州市直单位和区、县（市）社会评价在结果运用上比重有所差别，市直单位得分按照50%的权重计入综合考评最后得分，而区、县（市）得分按照30%计入综合考评最后得分。

五 领导考评

领导考评是四套班子领导成员和市中级人民法院院长、市人民检察院院长对各市直单位和区、县（市）党委政府贯彻落实市委、市政府各项工作情况以及领导本部门、本地区工作的成效进行的自上而下的内部评价，在综合考评中的比重为5%。

市直单位领导考评采用5分制进行考评，具体操作为设置"1—5分"5个档次，同时设置"不了解"选项，赋值3分，不做评价也视为不了解，全部不做评价则作为废票处理。领导考评最后得分取为全部有效票的加权平均分。市直单位领导考评分制及打分标准如表5-8所示。

表5-8 市直单位领导考评分制及打分标准

分值	评分标准	分值
1级	出色完成各项工作和市委、市政府交办任务，创新创优成绩突出，社会效果好	5分
2级	能较好地完成各项工作和市委、市政府交办任务，社会效果好	4分
3级	能完成各项工作目标和市委、市政府交办任务，社会效果一般	3分
4级	没有如期完成各项工作目标和市委、市政府交办任务	2分
5级	没有完成各项工作目标和市委、市政府交办任务，影响全局工作	1分
不了解	对情况不了解或者不做评价	3分

资料来源：根据杭州考评网：http://kpb.hangzhou.gov.cn/showpage.aspxnid=2526&id=229改编。

区、县（市）领导考评主要考评区、县（市）领导班子的领导力、执行力、协作力、创新力和总体工作业绩。考核标准设置"很好、较好、一般、较差、差"5个等级，分别赋值100分、80分、60分、40分和20分；在权重设计上，除总体工作业绩为40%之外，其余4项都为15%。区、县（市）领导考评评分标准及权重分配如表5-9所示。

表5-9　　杭州市区、县（市）领导考评评分标准及权重

编号	项目名称	含义	权重（%）	考评标准设置
1	领导力	指区、县（市）领导班子总揽全局、科学决策、组织实施的能力	15	设置"很好、较好、一般、较差、差"5个等级，分别赋值100分、80分、60分、40分和20分
2	执行力	指区、县（市）领导班子贯彻落实中央、省和市战略决策与工作部署，完成上级下达目标任务的工作能力	15	
3	协作力	指区、县（市）领导班子团结合作、协调各方的能力	15	
4	创新力	指区、县（市）领导班子紧紧联系本地实际，解放思想、实事求是、积极探索、勇于创新、开拓进取的能力	15	
5	总体工作业绩	指区、县（市）领导班子按科学发展观的要求，组织领导当地经济、政治、文化、社会、生态建设取得实际成效	40	

资料来源：根据伍彬《综合考评与绩效管理——杭州的实践与探索》（人民出版社2012年版）第124—125页改编。

六　创新目标绩效考核

为了强调创新创优（特色创新）项目，杭州实践中将广东地方政府整体绩效评价变成一个独立的考核维度。市直机关创新创优项目（含攻坚克难项目）流程规范完整，包含申报、立项、实施、申请验收、公示、核验和专家评估七个环节。

(一) 申报与立项

创新创优目标系综合考评的附加项目，包含创新（包括原创性创新和继承性创新）、创优（包括综合性表彰奖励成果和提升服务质量的目标）和克难攻坚三种类型，设定分值为3分（加分），由市直各单位结合工作实际，年初自愿申报，也可以在9月底之前补报。申报单位需要填写《杭州市市直单位创新创优目标申报表》，并附具体的实施方案，通过纸质材料和"数字考评系统"同步报送市考评办。

创新创优目标立项实行专家评审，2/3评审专家赞同即可以立项。对首次评审未通过的申报项目，允许有关申报单位在规定期限内修改完善或更换项目，并再次申报参加评审。专家评审主要通过审阅申报材料，评审的标准包括以下五个方面：一是目标是否符合本单位主要工作职能，符合创新创优目标基本原则和要求；二是是否有利于贯彻落实科学发展观和市委、市政府重大决策部署；三是是否有利于便民、利民、造福老百姓；四是是否有利于提高机关工作水平和绩效；五是项目的必要性、可行性和突破性。

(二) 实施、申请验收及公示

项目经审核下达立项通知之后，各单位需要对照实施方案组织实施。在项目的目标完成之后或在年底，各单位需要先做自评，然后向考评办申请验收，并提交申请验收表、自评文字报告及相关印证材料的复印件。市考评办对材料进行审查之后，在"杭州考评网"上进行5个工作日的公示，接受公众监督和收集公众反映意见。

(三) 核验

在年度目标考核时，市考评办组织若干目标考核组采取实地察看、文档审核等方式，对照申报内容，对创新创优项目的目标完成情况、成效显现程度和工作突破程度、材料完备程度四个指标进行核验；这四个指标的权重分别为20%、30%、40%和10%，并设定详细的核验标准及分值等级。核验分值按照项目总分30%的权重计入最后得分，即核验分值为0.9分；核验分低于0.3分或材料弄虚作假的，均不进入专家评估程序。

(四) 专家评估

市考评办通过在评估主体、评估标准和考评方式上进行严格规定来确保专家绩效评估的客观性和科学性。市考评办在专家库中选取专家成立专家组，每个专家组分别设组长、副组长；然后组织专家对创新创优项目进行评估。专家组按照工作难度、突破程度、效益程度和推广程度四个指标分别对创新、创优和克难攻坚三类项目进行评价，每个指标分别赋予不同权重，设定相应分值，按"高、较高、一般、较低"四个档次的评估系数进行评定。在评估方式上，采取逐个听取陈述（演示）或查看评估材料、现场提问、专家独立打分、当场公布统计结果的方式进行。专家评分的分值占项目总分70%的权重，即2.1分。

第二节 海林市绩效管理实践

黑龙江省海林市是中共中央组织部"中澳合作平衡计分卡中国化模式研究与推广"项目的试点，也是我国第一个全面实施平衡计分卡实践的市。自2006年起，在中共中央组织部的推动下，海林市在全市范围内推行平衡计分卡。海林市绩效管理实践积累的经验为全国其他地方推行平衡计分卡提供了一个借鉴样本。[①]

一 总体概述

（一）海林市基本情况

黑龙江省海林市是一个县级市，由牡丹江市代管。海林市是牡丹江市（黑龙江省东部中心城市）的副中心城市，是东出海参崴，南下图们江，连接俄日韩的商贸交通枢纽，也是黑龙江省十强县。海林市现辖8个镇（海林镇、长汀镇、横道镇、山市镇、柴河镇、二道镇、

[①] 本案例参考了方振邦、罗海元《战略性绩效管理》（中国人民大学出版社2010年版）；方振邦、葛蕾蕾《政府绩效管理》（中国人民大学出版社2012年版）第266—327页。各位读者要了解完整的案例实践，请参考两书的相关内容；本书在此一并致谢，此后不一一注释。

新安朝鲜族镇、三道镇）和1个街道办事处，共设有42个职能局和1个经济开发区。

海林市位于黑龙江省东南部，地处长白山脉张广才岭东麓，总面积9772平方千米。海林市属寒温带大陆性季风气候，年平均气温4.2℃，地貌特征为"九山半水半分田"，素有"林海雪原""中国雪乡""中国虎乡""中国猴头菇之乡"之称。海林市经济格局以工业为主体，农业、旅游、商贸、餐饮等协调发展，林木加工、机械冶金、有机食品、清洁能源、生态旅游、生物医药等产业发展态势强劲。海林市委、市政府的治理绩效受到了广泛认可，目前已荣获国家可持续发展试验区、联合国人居署可持续城市计划试点市、中国特色魅力城市、中国优秀旅游城市和国家园林城市等称号。

（二）绩效管理体系设计思路

基于平衡计分卡来搭建绩效管理体系有利于形成一套全面协同的管理体系。[①] 海林市以平衡计分卡为基础建立政府绩效管理，旨在更好地将市委、市政府的战略转化为整个政府组织系统的日常行动。海林政府绩效管理体系的开发经过了一个分级开发的过程，具体包含以下两个步骤：

第一步，绘制市委、市政府战略地图，并制定配套的平衡计分卡。根据上级政府对海林市的定位，市委、市政府制定本市的发展战略，通过战略地图实现战略的可视化描述，并通过平衡计分卡转化为具体的公共服务行动。

第二步，绘制职能部门、街道和乡镇政府战略地图，制定配套的平衡计分卡，并制定个人平衡计分卡。首先，各职能部门根据市委、市政府的战略地图和平衡计分卡，绘制本部门的战略地图和制定平衡计分卡。其次，各乡镇政府、街道根据市委市政府的战略地图和平衡计分卡，并结合职能部门的战略地图和平衡计分卡，绘制其战略地图和制定配套的平衡计分卡。最后，根据部门平衡计分卡，通过分解和

---

① 基于平衡计分卡的全面协同体系的总体结构图，读者可以参见第二章中关于政府绩效计划协同体系的系统模型。

承接等方式制定个人平衡计分卡。

经过多年的管理实践，海林市形成了一套完整的政府绩效管理体系。本节按照分级开发的步骤，分类介绍海林实践的主要经验，为政府绩效管理实践者提供决策参考；关于平衡计分卡理论的系统知识读者请参见第三章相关内容。

二 市委、市政府的战略地图与平衡计分卡

（一）绘制战略地图

战略地图是政府明晰战略规划，并对战略进行可视化描述的有效工具。为政府实现"一张蓝图绘到底"提供战略指引和管理沟通平台。海林市委、市政府的战略地图包括顶层设计和战略地图两个层面，其中顶层设计包括使命、核心价值、愿景和战略等要素。战略地图的主体框架分别是利益相关者层面和财务层面、内部业务流程层面、学习与成长三个层面，其中，利益相关者层面和财务层面同处于主体框架的第三层。海林市委、市政府的战略地图的总体结构如图5－3所示。

1. 顶层设计的基本内容

（1）使命。使命是一个组织存在的根本理由，也是追求的根本目标；海林市委、市政府将其使命确定为"贯彻落实党的路线方针政策，全心全意造福海林人民"。

（2）核心价值观。核心价值观是指导组织决策和行动的永恒原则；海林市委、市政府将"学习创新、艰苦创业、团结务实、民主廉政"确定为核心价值观，以期成为全市领导干部和所有公务员的行为准则，并通过其日常行动来践行这些准则。

（3）愿景。愿景是一个组织的中长期目标；海林市委、市政府的愿景是："到2011年，实现全市经济总量倍增，省内位次前移，人民生活殷实和谐"。

（4）战略。战略是为了实现愿景而做出的为和不为的选择；海林市委、市政府为此确定了"工业立市、新农村建设、生态旅游、城区建设、改善民生和文化建设"六大战略主题，明确了海林市委、市政府各项具体公共服务工作的重点发展方向。

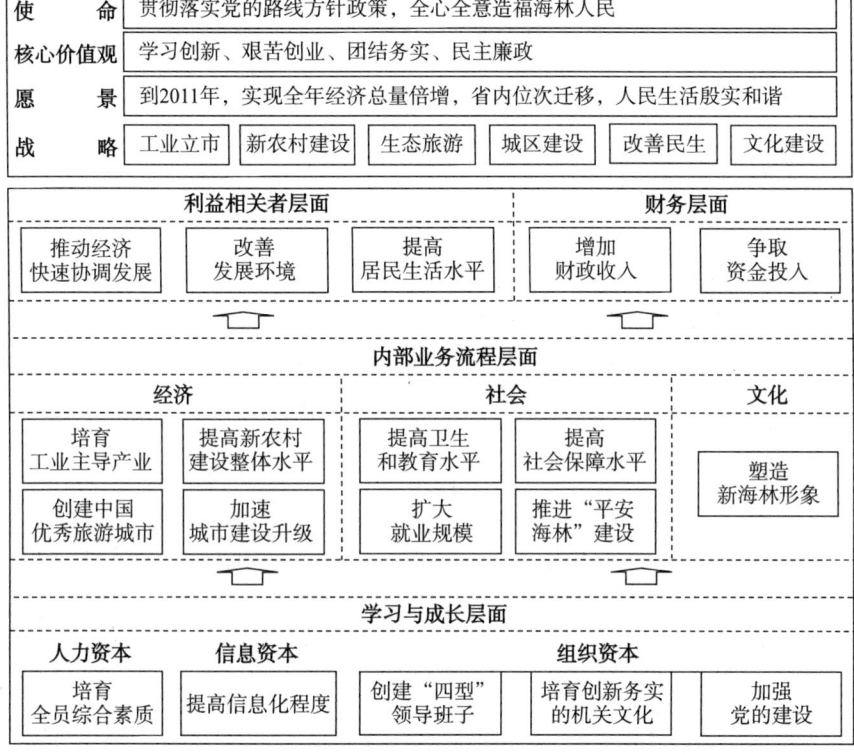

图 5-3　海林市委、市政府战略地图

资料来源（经改编）：方振邦、罗海元：《战略性绩效管理》，中国人民大学出版社 2010 年版，第 359 页。

2. 战略地图主体框架的基本内容

战略地图几个层面除确定实现战略选择的因果逻辑框架之外，还要通过完整的目标体系，为整个组织系统的公共服务行为指明具体的行动方向。战略地图中确定的目标与平衡计分卡中的目标完全一致，是"化战略为行动"的关键环节。海林市委、市政府根据年度工作目标和年度工作任务，确定了战略地图主体框架中的完整的目标体系。

（1）利益相关者层面和财务层面。海林市委、市政府的战略地图将利益相关者层面和财务层面同时置于主体框架的最高层面，将这两个层面的目标作为结果性目标，指引另外两个层面的目标的发展方向。在利益相关者层面，设置了推动经济快速协调发展、改善发展环境和提高居民生活水平三个目标；这个层面的目标是对各战略主题的直接承接。在财务层面，设置了增加财政收入和争取资金投入两个目标；这个层面的目标主要是通过提高财政收入和资金支持，为实现战略目标提供更加充足的资源。

（2）内部业务流程层面。在内部业务流程层面，确定海林市委、市政府以战略主题为指引，将目标体系分为三大类：将经济领域的四个战略主题归为一类，确定培育工业主导产业、创建中国优秀旅游城市、提高新农村建设整体水平和加速城市建设升级四个目标；在社会战略主题下，设置了提高卫生和教育水平、提高社会保障水平、扩大就业规模、推进"平安海林"建设四个目标；在文化建设主题下，设置塑造新海林新形象。

（3）学习与成长层面。学习与成长层面的目标是整个目标体系的驱动性目标，为内部业务流程各项目标的实现提供保障。学习与成长层面也为人力资源、信息资本和组织资本三个主题：人力资本设置了提高全员综合素质一个目标；信息资本设置了提高信息化程度一个目标；组织资本设置了创建"四型"领导班子、培育创新务实的机关文化、加强党的建设三个目标。

（二）制订平衡计分卡

海林市委、市政府平衡计分卡基本结构与经典的平衡计分卡保持一致，具体体现为一张二维表格。该表格基本内容框架，从横向上设层面、目标、指标、目标值和行动方案五个栏目，从纵向上自上而下依次是利益相关者层面、财务层面、内部业务流程层面、学习与成长层面四个层面。为了切实衡量绩效目标是否达成，并为全市公共服务行为指明具体的行动方向，市委、市政府制定了战略地图中确定的19个目标的评价指标，具体包括地区生产总值增长率、固定资产投资增长率、服务对象满意度等42个指标。海林市委、市政府平衡计分卡的完整体系，如表5-10所示。

表 5-10　　　　海林市委、市政府平衡计分卡（示例）

层面	目标	指标	目标值	行动方案
利益相关者层面	推动经济快速协调发展	地区生产总值增长率		
		固定资产投资增长率		
		外贸进出口总额增长率		
		万元地区生产总值能耗降低率		
		新增个体工商户及私营公司户数		
	改善发展环境	服务对象满意度		
	提高居民生活水平	居民对生活质量满意度		
		城镇居民人均可支配收入增长率		
		农民人均纯收入增长率		
财务层面	增加财政收入	全口径财政收入增长率		
		地方财政收入增长率		
	争取资金投入	向上争取资金总额		
内部业务流程层面	培育工业主导产业	木材加工量		
		清洁能源装机容量		
	提高新农村建设整体水平	"牧菌菜"收入占农民人均纯收入比重		
		农村基础设施建设投资额		
	创建中国优秀旅游城市	新增 AAAA 级景区景点个数		
		旅游接待人数		
	加速城市建设升级	城市建设投资规模		
	提高卫生和教育水平	卫生、教育支出增长率		
		急诊急救绿色通道 24 小时通畅率		
		高中阶段毛入学率		
		普通本科以上上线人数		
	提高社会保障水平	城镇企业基本养老保险覆盖率		
		城镇基本医疗保险覆盖率		
		城镇居民最低生活保障率		
		农村居民最低生活保障率		
		新型农村合作医疗参合率		
	扩大就业规模	城镇登记失业率		
		就业再就业人数		
	推进"平安海林"建设	"八类"案件发案率		
		生产事故死亡人数		
		在省、市有影响的群体性事件发生件数		
	塑造"新海林新形象"	争创"全国文明城"		

续表

层面		目标	指标	目标值	行动方案
学习与成长	人力资本	提高工作人员素质	集中培训人数		
			培训次数		
	信息资本	提高信息化程度	党政机关工作人员拥有计算机比率		
			海林公众信息网信息更新		
	组织资本	增强执行力	"六项制度"违规案件当期查处率		
		加强廉政建设	党政机关违法违纪案件当期查处率		
		加强基层组织建设	党政机关两类以上党支部比率		
		创建"四型"领导班子	党政机关"四型"领导班子达标率		

资料来源：方振邦、葛蕾蕾：《政府绩效管理》，中国人民大学出版社 2012 年版，第 269—270 页。

三 职能部门和乡镇级政府的战略地图与平衡计分卡

（一）全面协同的管理体系

市委、市政府的战略地图和平衡计分卡为全市各单位形成全面协同的绩效管理体系提供了基础。市委、市政府的绩效目标直接源于战略目标，各职能部门和乡镇政府的绩效目标则源于市委、市政府的绩效目标和各单位自身的战略目标。各单位通过承接和分解，确保市委、市政府所有的绩效目标都有责任单位；通过目标责任制，推动全市各部门形成横向和纵向的协同。可以说，全市各级政府组织目标体系的制定是市委、市政府绩效贯彻执行的关键环节。具体来讲，市委、市政府绩效目标的层层落实就是通过下级组织对绩效目标承接和分解来实现，如图 5-4 所示。

市委、市政府通过战略地图实现全市战略的可视化呈现，有利于全市各级公共组织理解和贯彻执行市委、市政府的战略规划。平衡计分卡则为"化战略为行动"提供了管理和沟通的工具，使管控有了更好的抓手。通过目标体系的分解和承接，则强化了全市各级公共组织的全面协同，为实现"一张蓝图绘到底"搭建了管理平台。

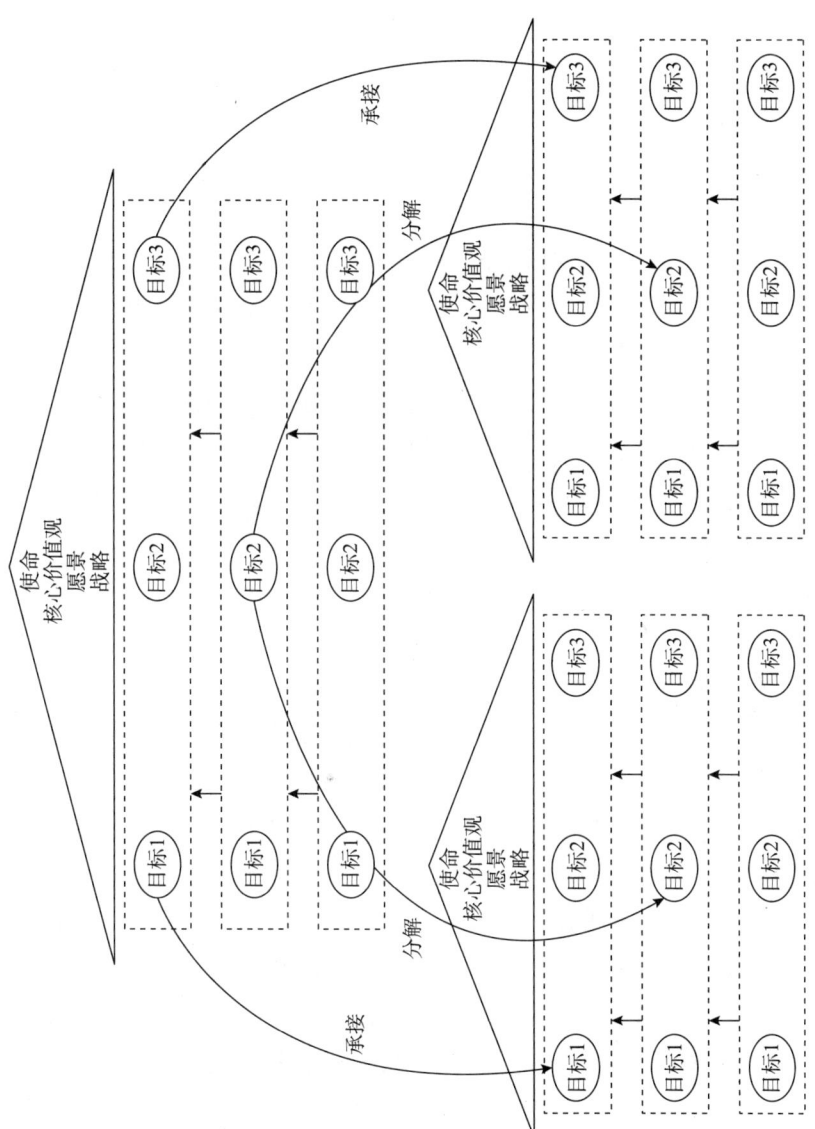

图 5-4 政府绩效目标的确定过程

市委、市政府下辖各单位情况不一，如果按照不同的模式，实施绩效管理，沟通成本很高，并且实施效果也会受到很大的影响，因此，统一绩效管理模式成为市委、市政府的理性选择。战略地图可以帮助各类单位科学谋划工作思路，理顺工作途径与方法。市委、市政府各项重点工作都是通过各单位的目标责任来贯彻实施，战略地图是整个绩效管理体系的关键。各单位按照市委、市政府的部署，结合本单位的战略规划，绘制出本单位的战略地图，从而确定本单位的目标体系。

在执行市委、市政府既定战略的过程中，常常需要分类制订绩效管理方案，从而使绩效管理系统更有针对性和可操作性。海林市将市委、市政府下辖的各类部门分为党群部门、职能局、区域管理机构和乡镇政府等单位。其中，党群部门包括党委组织部、党委宣传部等单位；职能局包括公安局、建设局、教育局等单位；区域管理机构包括开发区和街道办事处等单位；乡镇包括海林镇、长汀镇等8个镇。各类单位的绩效管理体系通常都由战略地图和平衡计分卡构成。

各类单位战略地图的基本结构都一致，都包括顶层设计和战略地图主体框架的几个层面。但是，单位性质不同可能在战略地图主体框架上存在差别。区域管理机构和镇政府的战略地图与市委、市政府的战略地图主体框架是完全一致的，政府绩效管理者在绘制这类单位的战略地图时可以参考市委、市政府战略地图的基本结构。党群部门和职能部门战略地图根据部门职责，都有利益相关者层面、内部业务流程层面、学习与成长层面，而财务层面的目标则不一定是必需的。

各级各类组织的平衡计分卡在结构设置上均保持一致，在纵向上都由战略地图主体框架的几个层面决定，在横向上都包括层面、目标、指标、目标值、行动方案等。在平衡计分卡的制定过程中，难点在于将各单位的平衡计分卡贯彻到个人平衡计分卡之中，从而实现化组织战略为组织系统内各级公共服务人员的日常行动。单位最高领导的个人平衡计分卡与单位平衡计分卡保持一致；领导班子成员根据分工设计个人平衡计分卡。各级公共服务人员都要设计个人平衡计分卡，确保单位组织绩效目标落地到公共服务人员的个人目标责任之中；同时，还要制定个人绩效考核量表，从而实现将平衡计分卡的"指挥棒"功能和业绩"晴雨表"功能有机地结合起来。

（二）职能部门战略地图与平衡计分卡示例

区域管理机构和镇党委、政府的战略地图和平衡计分卡与市委、市政府的战略地图和平衡计分卡在结构和逻辑上是一致的，为了保持全书简洁，在此不再举例说明。本书后面以党委组织部的战略地图为例进行诠释，为政府绩效管理实践提供一个职能部门战略地图与平衡计分卡的参考样本。

1. 部门总体情况

对部门情况进行全面摸底构建绩效管理体系的第一步。党委组织部是市委主管组织和干部工作的部门，内设办公室、干部组、基层组织组、干部监督室、干部党员信息管理中心、市委组织员办公室、人才和干部教育培训办等部门。党委组织部的部门职责清晰明确，具体包括指导全市党的基层组织建设工作、提出市委管理的科级领导班子、科级领导干部的调整和配备的意见及建议等多项职责。党委组织部作为全市机关干部考核的牵头部门，年终考核采用"德能勤绩廉"的民主测评与领导班子测评相结合的方式。推行平衡计分卡，使领导干部"实绩"考核更实在，强化了在干部管理任用方面突出实绩和鼓励奋斗者；从内部绩效考核来看，也增进了各组室之间对工作业绩的相互了解，避免民主测评对实绩打分仅凭主观的弊端。

按照上级部署，制定本单位工作要项。市委、市政府的工作目标需要由各个职能部门来协助完成，不同的职能部门需要根据其职责分工，担当市委、市政府确定的相关责任目标。因此，市委组织部在制定本部门绩效管理体系时，需要在市委总体部署中来把握工作重点，明确工作要求和绩效标准。

按照全市推广平衡计分卡的总体部署，市委组织部结合自身情况，开始探索平衡计分卡管理体系的开发设计。首先，通过系统培训，统一思想和达成共识，为平衡计分卡顺利实施奠定基础。其次，确定整个体系的基本内容，具体包括战略地图、平衡计分卡、个人计分卡、指标卡、行动方案、绩效考核量表等。最后，整个管理体系坚持"先建立、后完善"的理念;先集中探索,几易其稿并初步方案,然后在实践中不断修正完善。

2. 绘制组织战略地图

战略地图是贯彻市委各项部署和对组织部整体战略有效分解的重要环节。通过战略地图顶层设计,明晰组织部各项工作的根本目的、价值准则、中长期目标和年度重点工作;通过战略地图主体框架几个层面的战略目标,实现将组织部的各项战略目标转化为部门各级人员的日常行动。可以说,战略地图提供了组织部顶层设计到各层面的目标体系的可视化和图表式的蓝图,为部门各项工作的顺利开展提供了明确的方向指引。组织部战略地图如图5-5所示。

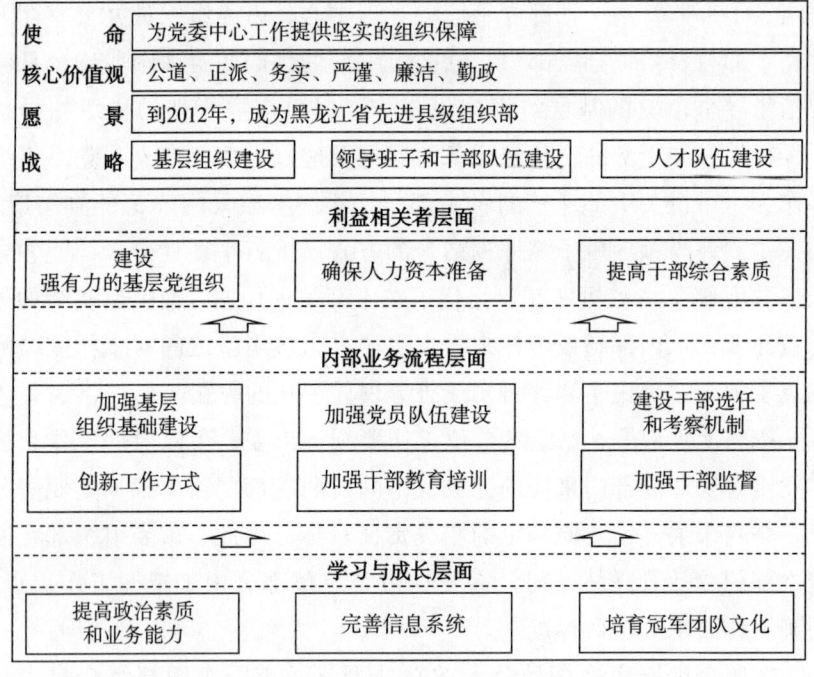

图5-5 组织部战略地图

资料来源:根据方振邦、罗海元《战略性绩效管理》(中国人民大学出版社2010年版)第362页改编而成。

组织部顶层设计的基本内容。①使命：根据组织部存在的根本价值，确定组织的使命为：为党委中心工作提供坚实的组织保障。②核心价值观：根据干部管理的基本要求，确定公道、正派、务实、严谨、廉洁、勤政为核心价值观。③愿景：根据打造冠军团队的标准和要求，确定到2012年，成为黑龙江省先进县级组织部。④战略：经过战略分析，确定基层组织建设、领导班子和干部队伍建设、人才队伍建设三大战略主题，从而确定组织部的工作重点方向。

战略地图主体框架内容。组织部不承担市委制定的财务目标，自身也没有相关职责，因此，在设计主体框架的层面构成时，没有设计财务层面，只包含利益相关者层面、内部业务流程层面和学习与成长层面。利益相关者层面根据上级要求和部门职责，确定建立强有力的基层组织、确保人力资本准备度和提高干部综合素质三个目标。内部业务流程层面则根据三个战略主题，为实现利益相关者层面的目标，确定加强基层组织基础建设、加强党员队伍建设、创新工作方式、建设干部选任教育培训、加强干部选任和考察机制以及加强干部监督六个目标。在学习与成长层面，为了更好地为实现组织战略提供动力源泉，确定提高政治素质和业务能力、完善信息系统和培育冠军团队文化三个目标。

3. 制定部门平衡计分卡

在绘制组织部战略地图时，已经制定部门的绩效目标。在回顾部门重点目标和工作任务的同时，将目标战略地图中各层面的目标细化为可衡量的绩效指标；具体来说，就是战略地图确定的13个绩效目标，细化为28个可衡量的绩效指标。然后，针对每一个绩效指标，制订相应的目标值和行动方案，最终形成完整的部门平衡计分卡。为了更好地将组织战略转化为具体行动，通过建立目标责任制，确保各项指标的顺利达成。因此，在确定绩效指标的同时确定了责任主体，比如"加强基层组织基础建设"这一目标下的各项指标的责任主体都是"基层组织"。市委组织部完整的平衡计分卡如表5-11所示。

表 5-11　　　　　　　　组织部平衡计分卡（示例）

层面	目标	指标	目标值	行动方案	责任主体
利益相关者	建设强有力的基层党组织	党员发挥作用率			
		基层党组织有效发挥作用率			
	确保人力资本准备度	领导干部优秀称职率			
		领导班子优秀良好率			
	提高干部综合素质	人才保持率			
内部业务流程	加强基层组织基础建设	"五个基本建设"达标率			
		学习实践科学发展观活动有效开展率			
	加强党员队伍建设	农村建设"三个支点"有效实施率			
		发展党员合格率			
	创新工作方式	"五子工程"有效推进率			
		驻区单位"五进"社区达标率			
		农村党员"百分考评"推广面			
		农村党组织"三推一定两决制"执行率			
		制定干部选任措施和办法			
		制定干部监督管理措施和办法			
		反映干部信访问题查处率			
	加强干部选任和考察工作	创新活动载体的有效实施个数			
		领导班子和干部的考核率			
	加强干部教育培训	干部培训覆盖面			
	加强干部监督	违反干部任用条例的件数			
学习与成长	提高政治素质和业务能力	政治理论和组织工作业务测试合格率			
	完善信息系统	信息更新的及时性			
		信息准确率			
	培育冠军团队文化	各项工作完成优秀率			

资料来源：方振邦、罗海元：《战略性绩效管理》，中国人民大学出版社 2010 年版，第 363 页。

4. 个人平衡计分卡及考核量表

按照"化战略为行动"的理念，组织部所有领导干部和工作人员都要建立个人平衡计分卡。其中，组织部长的平衡计分卡与部门的平衡计分卡完全一致，即单位所有的目标责任，部长要承担。组织部副职领导干部的个人平衡计分卡则根据工作分工确定责任目标，然后根据组织平衡计分卡和工作分工情况，制定评价指标、目标值和行动方案。组织部各内设部门要根据组织部确定的责任目标，制定本部门的平衡计分卡，内设部门领导的个人平衡计分卡则根据内设部门平衡计分卡确定。内设部门的所有目标责任，均由部门的相关工作人员来承担。

目标责任以组织层级为依据形成一个目标责任体系，而不同层级组织的目标责任都需要有明确的责任人。市委下达给组织部的各项责任目标的责任人是组织部部长，在组织部内部通过岗位责任来明确。比如，市委组织部的干部工作由分管副部长承担；内设部门设有干部组，干部组的各项责任目标的责任人是干部组组长；干部组下设各种具体的岗位，如综合科员等，干部组各项目标责任都要由不同岗位的工作人员来承担。无论是领导干部还是普通科员，个人平衡计分卡的栏目设计是统一的。

对于个人平衡计分卡的基本结构，本书以干部组组长为例予以说明。干部组组长的个人平衡计分卡的目标责任，来源于干部组的各项职责和主管副部长个人平衡计分卡。干部组是负责干部综合、干部选任、干部人事制度改革工作的部门；干部组的各项责任目标都要由组长承担。来源于主管副部长的个人平衡计分卡的目标责任主要通过分解和承接两种方式来实现，比如，主管副部长"确保人力资本准备度"这一目标直接由干部组长承接；而"加强干部选任和考察工作"这一目标在主管副部长的个人计分卡中只设了"领导班子和干部的考核率"一个指标，但是，在干部组组长的个人平衡计分卡中则更加细化，又分解出"选任程序规范率"和"领导班子调整工作及时率"两个指标。干部组组长个人平衡计分卡如表5-12所示。

表 5–12　　　　　　　干部组组长个人平衡计分卡

职位名称	干部组组长	职位编号	
姓　名	×××	所属单位（部门）	组织部
直接上级	组织部副部长		
主管（分管、协管、协助）工作	负责干部综合、干部选任、干部人事制度改革工作		

要素层面	目标	指标	目标值	行动方案
利益相关者	确保人力资本准备度	干部优秀称职率		
		领导班子优秀良好率		
	创造良好环境	群众对干部工作满意度		
		领导对干部工作满意度		
内部业务流程	加强科级领导干部思想作风建设	"四型"班子达标率		
	加强干部选任和考察工作	选任程序规范率		
		领导班子和干部的考核率		
		领导班子调整工作准备率		
	创新干部选任工作机制	制定干部选任措施和办法		
学习与成长	提高干部政策解读能力	执行政策的差错率		

资料来源：方振邦、罗海元：《战略性绩效管理》，中国人民大学出版社 2010 年版，第 365 页。

个人平衡计分卡为人们指明了行动的方向，但是，是否完成了预期目标，还需要进行量化评价。因此，个人平衡计分卡开发出来之后，还需要制定相应的绩效评价量表。绩效评价量表是在个人平衡计分卡基础上开发而成的。为了科学评价，各项指标都要确定具体的权重，从而便于科学地评价个人的具体绩效水平。另外，还应增加评价量表中必不可少的栏目，比如增加绩效目标完成情况，并据此打分，还要根据指标权重算出该指标的综合得分。同时，还应明确指标的评价周期和评价主体等。下面以干部组组长为例，对个人评价量表的基本结构予以诠释，如表 5–13 所示。

表 5-13　　　　　　　　干部组组长绩效评价量表

职位名称	干部组组长	职位编号	
姓名	×××	所属单位（部门）	组织部
直接上级	组织部副部长	考核期限	

层面	评价指标	目标值	绩效目标完成情况	打分	权重(%)	综合得分	考核周期	评价主体
利益相关者	干部优秀称职率							
	领导班子优秀良好率							
	群众对干部工作满意度							
	领导对干部工作满意度							
内部业务流程	"四型"班子达标率							
	选任程序规范率							
	领导班子和干部的考核率							
	领导班子调整工作准备率							
	制定干部选任措施和办法							
学习与成长	执行政策的差错率							
	合计							

被考核者签字：　　　　　　　直接上级签字：　　　年　月　日

通过实施平衡计分卡，可以建立完整的绩效管理体系。政府绩效管理实践者在初期首先需要注意管理体系的完整性，即率先建立战略地图、平衡计分卡和考核量表的完整体系；然后，再力求通过几个绩效周期，提升整个绩效管理体系的系统性、规范性和协同性。

第三节　广东省政府整体性评价

第三方评价在现代政府绩效管理实践中具有重要地位。广东省是第一个在全省范围内对市县两级政府整体性绩效进行探索性评价的省。广东试验对我国探索第三方评价有借鉴意义。[①]

一 总体概述

（一）广东省基本情况

广东位于我国南部，比邻香港特区和澳门特区，是我国内地经济实力最强的省份，也是我国改革开放最前沿的省份之一。广东省目前实行省辖市、市辖县（区）的体制，共设有21个市（广州和深圳为副省级市），121个县（县级市）和区，其中，东莞和中山实行市辖街道和镇不在统计之列。虽然广东省经济总体发展程度较高，但是，在省内发展仍然不平衡。广东省可以分为珠三角、东翼、西翼和山区四个板块，其中珠三角是发达地区，而东翼和西翼发展程度相对更低，山区则是最不发达的地区。按照发展程度和辖区位置划分，珠三角地区包含广州市、深圳市、东莞市、佛山市、中山市、江门市、肇庆市、惠州市和珠海市9个城市；东翼包括汕头市、潮州市、揭阳市和汕尾市4个城市；西翼包括湛江市、茂名市和阳江市3个城市；山区包括梅州市、河源市、韶关市、清远市和云浮市5个城市，广东省2011年的基本情况如表5-14所示。

表5-14　2011年广东省21个地级及以上城市的基本情况

城市	面积（平方千米）	常住人口（万）	GDP（亿元）	人均GDP（元）	下辖县（区、市）
广州市	7287	1275.14	12423.44	96643	越秀区、荔湾区、海珠区、天河区、白云区、黄埔区、番禺区、花都区、南沙区、萝岗区、增城市、从化市
韶关市	18385	285.00	816.81	28659	武江区、浈江区、乐昌市、南雄市、曲江区、始兴县、仁化县、翁源县、新丰县、乳源瑶族自治县
深圳市	1953	1046.74	11505.53	110387	福田区、罗湖区、南山区、盐田区、宝安区、龙岗区

[①] 广东省政府整体性评价的文献很丰富，郑方辉团队出版了系列的红皮书，本书关于广东省整体性评价主要参考郑方辉团队的系列红皮书。

续表

城市	面积(平方千米)	常住人口（万）	GDP（亿元）	人均GDP（元）	下辖县（区、市）
珠海市	1654	156.76	1404.93	89687	香洲区、金湾区、斗门区
汕头市	2248	541.71	1275.74	25958	潮阳区、潮南区、金平区、濠江区、龙湖区、澄海区、南澳县
佛山市	3848	723.10	6210.23	91202	禅城区、南海区、顺德区、三水区、高明区
江门市	9541	446.55	1830.64	41063	江海区、蓬江区、新会区、台山市、开平市、鹤山市、恩平市
湛江市	13225	706.92	1700.23	24277	赤坎区、霞山区、坡头区、麻章区、廉江市、雷州市、吴川市、遂溪县、徐闻县
茂名市	11425	588.26	1745.31	30409	茂南区、茂港区、电白县、高州市、信宜市、化州市
肇庆市	14822	395.14	1324.41	33614	端州区、鼎湖区、高要市、四会市、广宁县、怀集县、封开县、德庆县
惠州市	11356	463.36	2093.08	45423	惠城区、惠阳区、惠东县、博罗县、龙门县
梅州市	15876	426.81	707.54	17226	梅江区、兴宁市、梅县、蕉岭县、五华县、大埔县、平远县、丰顺县
汕尾市	4902	295.50	550.55	18668	城区、陆丰市、海丰县、陆河县
河源市	15642	298.18	579.29	19257	源城区、紫金县、川县、连平县、和平县、东源县
阳江市	7965	244.50	766.82	31766	江城区、阳西县、阳东县、阳春市
清远市	19153	373.80	1003.03	34519	清新区、英德市、连州市、佛冈县、阳山县、连山壮族瑶族自治县、连南瑶族自治县
东莞市	2472	825.48	4735.39	57470	28个镇4个街道

续表

城市	面积(平方千米)	常住人口（万）	GDP（亿元）	人均GDP（元）	下辖县（区、市）
中山市	1800	314.23	2193.20	69938	18个镇6个街道
潮州市	3100	268.37	647.22	24164	湘桥区、潮安区、饶平县
揭阳市	5266	591.5364	1225.86	20819	榕城区、普宁市、揭东区、揭西县、惠来县
云浮市	7779	237.92	481.37	20754	云城区、罗定市、新兴县、郁南县、云安县

资料来源：根据郑方辉《中国地方政府绩效评价（2012）》（新华出版社2012年版）第103、130页改编。

在地方政府绩效评价实践中，通常需要对发展程度和地区文化进行深入的研究及把握，并以此为基础，制订出符合地区实际的绩效评价方案。广东省各个地区由于具体情况不一样，政府的工作重点也有所不同，其绩效管理的重点也因此有所差别。但是，在政府绩效管理实践中，需要进行各种排名和评比，因此，评价指标的选择必须同时关照实际情况和绩效评价要求两个方面的内容。在文化上虽然各地区有差异，但总体上说，广东省具有岭南文化的典型特征：重商、开放、兼容和务实。

(二) 广东省政府整体评价体系概述

自2007年开始，华南理工大学郑方辉教授主持的项目组，基于独立第三方立场，针对广东全省21个地级及以上城市及121个县级政府的年度整体绩效展开大范围持续性的实证研究，形成了年度绩效指数报告。

郑方辉团队从整体绩效视角来理解地方政府绩效，即指政府在一定时期内行使其职能、实现其意志过程中体现出来的行政管理能力，一是对国民经济和社会事务进行宏观规划、引导和管理所取得的效果和效益，集中体现在行政管理、经济发展、社会稳定、教育科技、生活质量和生态环境等方面,其内涵与结构如图5-6所示。该定义在本质上类似于"概念绩效"或"印象绩效",具有特殊的含义,是指相对于公共部门绩效、公共项目绩效、公共政策绩效而言,指一定时期内(如一年)作为一级政府的总体"成绩与效益",包括政府行使职能的各个方面,如经济、社会、教育、文化,甚至司法等。从第三视角对政府进行评价,尤其是公众评价,通常需要从"概念"或"印象"上进行评价。①

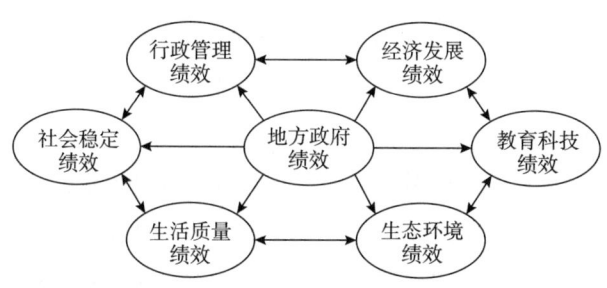

图 5-6 政府绩效内涵与结构

资料来源:郑方辉、李文彬、李少抒:《广东省地方政府整体绩效评价(2009)》,华南理工大学出版社2010年版,第9页。

广东省地方政府整体绩效评价的技术方案是围绕建立公众满意度导向的市、县两级政府整体绩效评价指数模型展开的,体现民主政治、法治社会、市场经济、有限有效的现代地方政府职能的实现程度,并兼顾社会与体制转型过程中的评价的双重责任(评价成绩和效果,引导职能转变),即主要针对地方政府的整体绩效(非职能部门绩效)和年度绩效(一年内因政府行为导致的变化量)。②

广东省地方政府整体绩效评价的假设:在我国现实条件下,政府整体绩效评价是公民对政府表现的综合评价,其过程承担民意表达功

---

① 郑方辉、尚虎平:《中国地方政府绩效评价(2011)》,新华出版社2011年版,第3页。
② 郑方辉、李文彬、李少抒:《广东省地方政府整体绩效评价(2009)》,华南理工大学出版社2010年版,第17页。

能，评价的结果是民意的综合反映，并且政府整体绩效评价体系应该符合中国国情，检验标准导向在于公民满意。科学合理的技术体系是实现政府整体绩效评价结果导向的核心内容；无论采取什么样的技术体系，评价结果的科学性和合理性均可以通过公众对政府满意度来检验。①

广东省政府整体绩效评价的主要特征体现在以下六个方面：第一，独立的第三方评价；第二，基于公众满意度导向；第三，针对整体绩效，立足增量，兼顾存量，形成年度整体绩效指数，与区域竞争力评价形成差别；第四，覆盖全省所有市、县两级政府；第五，优化评价路径，使独立的第三方评价变得具有操作性；第六，定期公开评价结果，对全社会负责。②

另外，由于政府职能的复杂性，衡量政府职能的模糊性，以及研究者视角和研究资源的差异性，任何涉及政府整体绩效的研究仅是"一家之言"，建立所谓的"体系标准"的最好路径是接受市场及社会的检验。③

二　评价指标体系及权重系数设计

广东省地方政府整体绩效评价属于规范意义上的政府绩效评价，其模型构建流程具体包括内涵界定与结构分析、具体指标选择、权重系数确定、评分标准设计、信度和效度检验五个步骤。④ 其中，确定评价指标体系和各领域及各指标的权重系数是评价体系构建的重点和关键环节。

在充分借鉴理论成果以及实践经验的基础上，建立科学合理的评价方案是绩效评价成功的关键和核心。在吸收规范性绩效评价的系统

---

① 郑方辉、尚虎平：《中国地方政府绩效评价（2011）》，新华出版社 2011 年版，第 9—11 页。

② 郑方辉、李振连：《评地方政府整体绩效：社会经济转型背景下的"广东试验"》，《当代世界与社会主义》2008 年第 5 期。

③ 郑方辉、李文彬、李少抒：《广东省地方政府整体绩效评价（2009）》，华南理工大学出版社 2010 年版，第 15 页。

④ 郑方辉：《第三方评价地方政府整体绩效的实证研究——以广东省市、县两级政府为例》，《中国行政管理》2008 年第 5 期。

性、逻辑性和简洁性的基础上,克服第三方政府绩效评价的障碍,沿着"目标层—领域层—领域内涵层—具体指标"的基本路径,设计了确定绩效评价指标的基本流程,如图5-7所示。

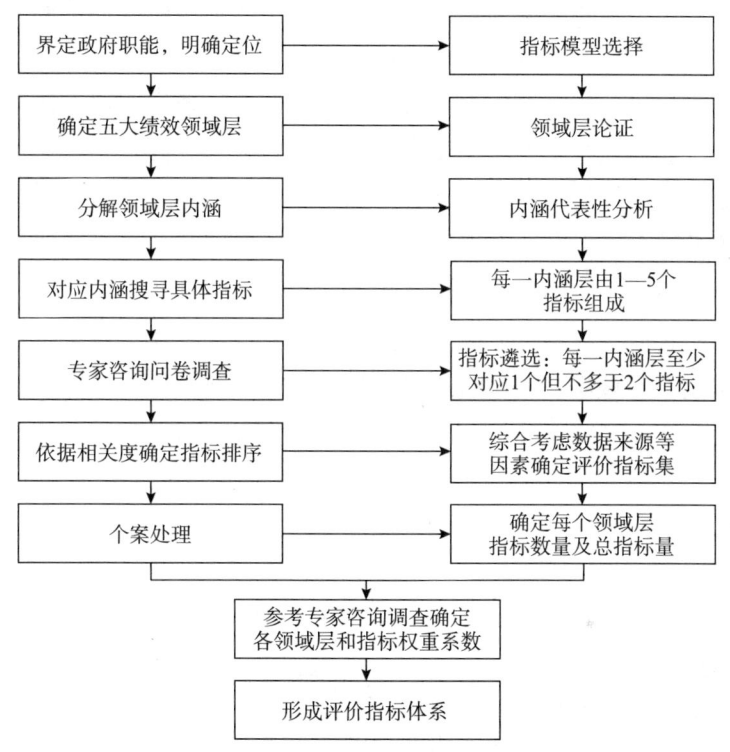

图5-7 指标体系设计流程

资料来源:郑方辉、李文彬、李少抒:《广东省地方政府整体绩效评价(2009)》,华南理工大学出版社2010年版,第16页。

具体来讲,该流程包括以下七个步骤。

第一,根据政府职能,明确绩效评价的定位。

第二,确定绩效领域层的构成,即把政府整体绩效分为促进经济发展、维护社会稳定、维护社会公正、保护生态环境、节约政府成本和实现公众满意五大领域层。

第三,对每个领域的内涵进行深入把握,并仔细搜索对应内涵层的评价指标,每一内涵层指标通常包含1—5个指标。

第四，采用专家问卷调查法（采用李克特五级量表），一次性确定指标的相对重要程度系数，通常每一内涵层至少对应1个但不多于2个指标。

第五，依据相关度确定指标排序，要求综合考虑数据来源和领域内涵层覆盖率等因素确定评价指标集。

第六，对一些缺失的内涵层进行个案处理，采用变通方法以近似指标替代，简化指标的相关度和隶属度分析过程，降低预设条件，最终确定每个领域层指标数量及总指标量。

第七，参考专家咨询调查确定每个领域层以及各个指标的权重系数，从而形成完整的评价指标体系。

广东省地方政府整体绩效评价的技术模型基本保持稳定，具体包括目标层、领域层、领域内涵层、具体指标以及数据来源等层面，比如，2010年广东省市、县两级地方政府整体绩效评价指标维度与结构如图5-8所示。

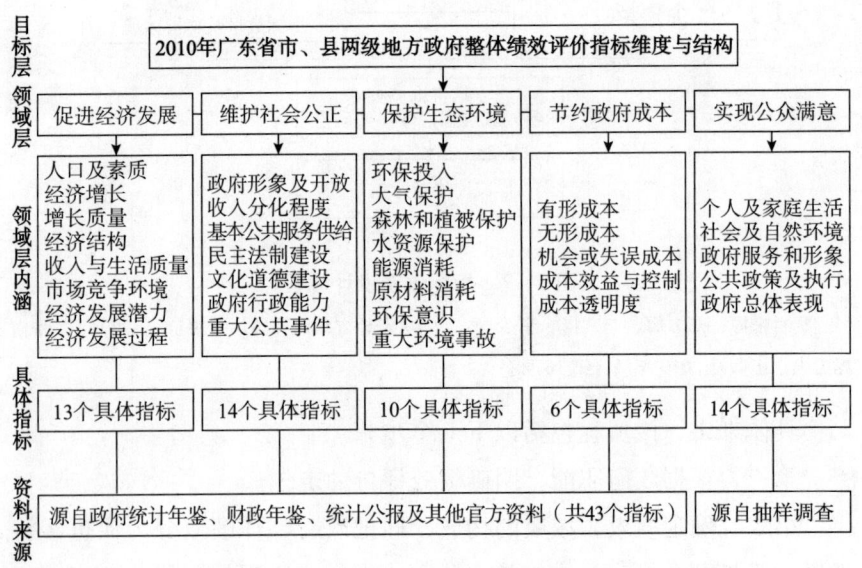

图5-8 2010年评价指标体系及其结构

资料来源：郑方辉、尚虎平：《中国地方政府绩效评价（2011）》，新华出版社2011年版，第19页。

经过几年的评价实践，广东省地方政府整体绩效评价体系总体架构趋于成熟，但是，仍然存在需要调整的问题：一是部分评价指标有较强的关联性；二是领域内涵层过多。广东省地方政府整体绩效评价指标体系根据实际需要进行了一定的调整。评价指标体系经过 2007 年评价实践之后，2008 年增加了 6 个指标，并对原有部分指标进行了调整；2009 年又增加了 1 个指标（2010 年和 2011 年都沿袭了 2009 年的方案）。2012 年的评价方案将领域内涵层优化和归纳为 16 项，同时在主观领域层增加了"幸福感"。广东省 2012 年地方政府整体评价指标体系的维度与结构如图 5-9 所示。

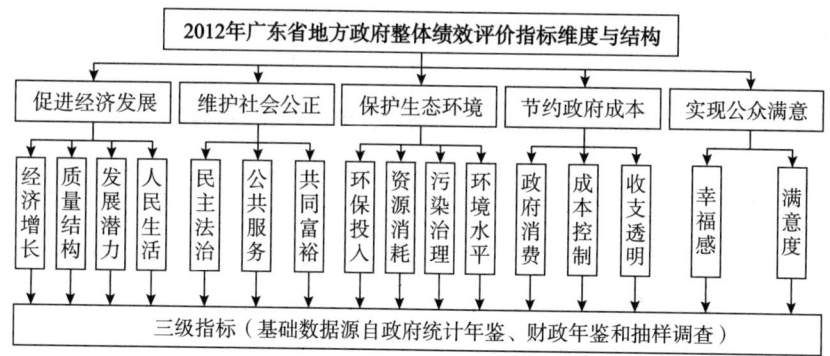

图 5-9 2012 年广东省地方政府整体评价指标体系的维度与结构

资料来源：郑方辉：《中国地方政府绩效评价（2012）》，新华出版社 2012 年版，第 97—98 页。

评价指标体系的设计是广东省地方政府整体绩效评价指标体系设计的核心关键。其中，2007 年评价指标是基础，之后每年均以此为基础进行调整或增补。因此，了解 2007 年评价指标的筛选过程对全面理解广东省地方政府整体绩效评价具有重要意义。

2007 年评价指标体系设计经过以下四个步骤：

第一，根据技术模型，确定具体包含 5 大绩效领域、38 个领域内涵层和 166 个指标中进行初步筛选的评价指标。

第二，通过专家问卷调查确定每个指标的权重系数，得到 80 个备选指标。

第三，利用专家咨询问卷，一次性得到备选指标的相对重要程度系数（借鉴层次分析法，以专家问卷量表中的指标相对重要程度系数的比较替代指标间的两两比较；忽略层次分析法中一层元素支配下不超过9个指标的限制）。

第四，以覆盖全部领域内涵层为原则确定具体指标总量，进而得到权重系数；同样，以专家问卷量表中领域层相对重要程度系数的比较确定领域层权重。

在坚持系统性、可操作性、有效性、可比性、动态性、导向性和独立性等指标遴选原则的基础上，最终形成完整的评价指标体系（50个评价指标）。[①] 2007年评价指标遴选方案及评价指标构成如表5-15所示。

表5-15　2007年广东省市、县两级地方政府整体绩效评价筛选方案及指标体系构成

领域层	领域层内涵（共计38个）	评价指标（共计166个）
		1—50为最终确认指标，在表中用加粗体字表示； 51—80（含1—50）为备选指标，在表中用斜体字表示； 81—166（含1—80）为初选指标，共计166个
促进经济发展	人口与素质	1. 常住人口规模　51. 人口自然增长率　81. 年末户籍人口数　82. 计划生育达标率　83. 人口性别比例　84. 大专及以上占人口比例
	经济增长	2. GDP增长率　3. 人均GDP　52. GDP总量　53. 人均零售销售额增长率　85. 固定资产投资增长率
	增长质量	4. 全员劳动生产率　54. 科技进步贡献率　86. 高新技术企业增加值占GDP比重　87. 工业经济效益综合指数　88. 农业土地产出率　89. 工农业技术进步贡献率　90. 科技人员人均贡献率
	经济结构	5. 第三产业增加值指数　6. 旅游业收入占GDP的比重　55. 第三产业增加值占GDP比重　91. 三大产业比重

[①] 郑方辉：《第三方评价地方政府整体绩效的实证研究——以广东省市、县两级政府为例》，《中国行政管理》2008年第5期。

续表

领域层	领域层内涵（共计38个）	评价指标（共计166个） 1—50为最终确认指标，在表中用加粗体字表示； 51—80（含1—50）为备选指标，在表中用斜体字表示； 81—166（含1—80）为初选指标，共计166个
促进经济发展	收入与生活质量	**7. 人均可支配收入** **8. 恩格尔系数** *56. 人均居住面积* *57. 文娱支出比重* 92. 大件耐用品拥有率 93. 互联网普及率 94. 旅游消费占收入比重 95. 居民消费价格指数 96. 人均储蓄率
	市场竞争环境	**9. 新增内资企业注册数** *58. 新增私营企业注册数* 97. 民营经济占GDP比重 98. 消费者信心指数 99. 企业景气指数
	发展潜力	**10. 科技经费占GDP比重** **11. 专利授予量** *59. 城镇化水平* 100. 人均资源占有量 101. 企业家信心指数
	市场监督	102. 打击假冒伪劣产品力度 103. 知识产权检查力度 104. 信用体系建设水平
	经济发展过程	**12. 实际利用外资增长率** 105. 规模以上工业增加值指数
维护社会公正	政府形象及开放	**13. 政府网站绩效得分** 106. 信息公开程度 107. 政府形象指数
	收入分化程度	**14. 城乡居民收入差异** *60. 基尼系数* *61. 家庭年收入商品房单价比值* 108. 城镇最低薪酬 109. 低收入家庭比例
	基础教育	**15. 教育经费占GDP比重** **16. 初中小学升学率** 110. 孩童失学率 111. 文盲半文盲人口比例
	工作及就业	**17. 城镇登记失业率** 112. 农民外出务工比例 113. 新增就业岗位数
	社会保障	**18. 基本养老保险征缴率** **19. 失业保险征缴率** **20. 工商保险征缴率** 114. 人均福利设施 115. 医疗保险参保率 116. 残疾人口保障情况
	公共安全	**21. 亿元GDP生产事故死亡率** *62. 每万人刑事案件立案数* 117. 刑事案件侦破率 118. 各类刑事案件比例
	公共卫生与健康	**22. 千人拥有病床数** *63. 医疗卫生支出占GDP比重* 119. 卫生机构数 120. 成年人不吸烟的比率 121. 无家可归者人数 122. 每千名婴儿死亡率 123. 每万名妇女堕胎人数
	公共基础设施	**23. 万人公交车量（公路密度）** *64. 百户家庭电脑拥有量* 124. 人均拥有电话数

续表

领域层	领域层内涵（共计38个）	评价指标（共计166个） 1—50 为最终确认指标，在表中用加粗体字表示； 51—80（含1—50）为备选指标，在表中用斜体字表示； 81—166（含1—80）为初选指标，共计166个
维护社会公正	民主法制建设	65. 地方选举投诉宗数　66. 对政府投诉宗数　125. 执法透明度
	文化道德建设	24. 公共图书馆人均藏书量　126. 本科以上学历占人口比重　127. 公共图书馆数量　128. 宗教信仰情况
	政府行政能力	67. 公务员对外服务办事周期　68. 公务员本科以上学历比重　129. 紧急情况响应时间　130. 机关工作作风　131. 腐败案件涉及人数占行政人员比例
	重大公共事件	69. 交通事故死亡人数　132. 重大交通事故发生数
保护生态环境	环保投入	70. 环保资金占GDP比重　133. 年度财政环保投入金额
	大气保护	25. 工业烟尘排放达标率　26. 工业二氧化硫达标率　27. 机动车拥有量　28. 年日照时数等　72. 空气质量指数
	森林和植被保护	29. 人均园林绿化面积　72. 土地利用率　73. 森林覆盖率　134. 野生的鱼和动物种类和数量　135. 植物种类　136. 水土流失率　137. 人均耕地面积
	水资源保护	30. 工业废水达标率　138. 人均生活用水量　139. 单位耗水量　140. 污水排放量　141. 污水处理率　142. 万元工业增加值耗水量降低率　143. 万元农业增加值耗水量降低值
	能源消耗	31. 单位GDP能耗量　32. 单位GDP电耗　144. 人均资源消耗量
	原材料消耗	33. 工业固体废物利用率　145. 原材料消耗强度　146. 矿产资源开发量占保有量的比例
	环保意识	74. 人均年使用胶袋量　147. 环保选择教育投入　148. 垃圾分类处理比率　149. 绿色产品产值增长率　150. 生活垃圾处理率
	重大环境事故	75. 受灾承灾率　151. 重大环境事故发生率

续表

领域层	领域层内涵（共计38个）	评价指标（共计166个） 1—50为最终确认指标，在表中用加粗体字表示； 51—80（含1—50）为备选指标，在表中用斜体字表示； 81—166（含1—80）为初选指标，共计166个
节约政府成本	有形成本	34. 行政管理费用占GDP比重　35. 政府消费占最终消费比重　36. 人均公车拥有量　37. 机关工作人员占总人口比重　76. 人均办公面积　77. 公务员平均年耗电量　152. 公费饮食情况　153. 政府采购价格
	无形成本	38. 政府门户网站点击率　78. 电子政府普及率　154 信息管理水平
	机会或失误成本	39. 财政赤字占GDP比重　79. 预算外支出占总预算支出比重　155. 重大决策失误情况　156. 重复建设情况
	成本效益与控制	40. 公务员工资与平均工资差异　157. 政府采购商品价格指数　158. 预算外收入情况　159. 因经济问题受处分公务员比例
	成本透明度	80. 财政收支余额　160. 政府采购透明度
实现公众满意	个人及家庭生活	41. 个人及家庭收入　42. 工作及就业机会　43. 医疗保障　161. 健康评价　162. 幸福指数　263. 文化生活
	社会及自然环境	44. 社会治安　45. 自然环境　164. 环保宣传与推动
	政府服务和形象	46. 服务态度　47. 服务效率　48. 公务人员廉洁度　165. 政府亲和力
	公共政策及执行	49. 执法公正性　50. 政策稳定性　166. 政策有效性

资料来源：郑方辉、李文彬、李少抒：《广东省地方政府整体绩效评价（2009）》，华南理工大学出版社2010年版，第19—20页。

确定指标的权重系数也是评价指标体系开发的重要环节。广东省地方政府整体绩效评价借鉴层次分析法①确定指标权重系数，具体操作流程如图5-10所示。首先根据预研究方案确定领域层权重系数范

---

① 层次分析法的基本思想是：首先，把一个复杂问题中的各种因素通过划分为相互联系的条理化的有序层次；其次，通过对一定客观现实的判断，就每一层次的相对重要性进行定量化的评定；最后，利用数学方法确定每一层次的全部元素的表达其相对重要性次序的权重值；最后，计算出排序结果，并进行检验分析，最终确定每个指标的权重系数。

围值，然后设计"专家咨询"调查问卷，通过定量统计分析，经相关性、信度、辨别力检验，并考虑数据来源，确定领域层和具体指标的权重系数。[①] 经过完整的分析流程，得到了五个领域层的权重系数，即促进经济发展占28%，维护社会公众占25%，保护生态环境占15%，节约政府成本占12%，实现公众满意占20%；进而确定每个评价指标的权重系数。

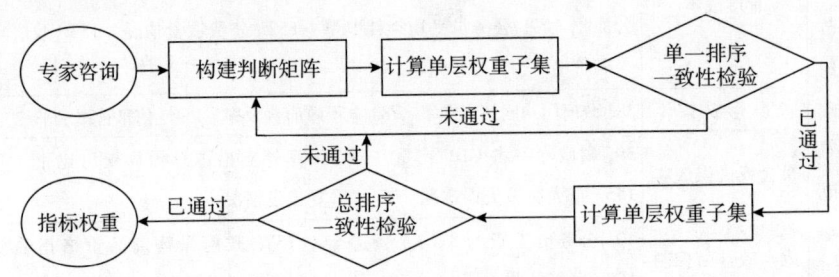

图 5-10　层次分析法操作流程

资料来源：郑方辉、李文彬、李少抒：《广东省地方政府整体绩效评价（2009）》，华南理工大学出版社2010年版，第11页。

评价指标和指标权重均需要根据评价实践的需要进行调整。在2012年方案中，领域层改为"评价维度"；将领域内涵层改为"二级指标"，在数量上进行大幅精简，由38项调整为16项；同时，将指标层改为"三级指标"。在"三级指标"设置上，充分考虑了地级及以上城市政府和县级政府评价指标的差异、地域之间的差异（如城区和山区的不同），对指标的构成进行了调整：针对指标关联性，减少了常住人口规模、交通运输投资支出、人均邮电业务量、酸雨频率、机动车拥有量、公车拥有量6项指标；由于地区差异，用关联性指标替代了城镇恩格尔系数、实际利用外资增长率和平均造林面积；由于数据统计源变化，用单位GDP电耗增长速度替代单位GDP电耗，城

---

① 郑方辉、李文彬、李少抒：《广东省地方政府整体绩效评价（2009）》，华南理工大学出版社2010年版，第21页。

镇污水处理率替代工业废水排放达标率，城镇生活垃圾无害化处理率替代工业固体废物利用率。另外，2012年评价方案在评价指标分类上也有新的探索，即将指标分为主观指标和客观指标，并试图探索主观指标与具体客观指标的对应关系。2012年广东省地方政府整体绩效评价指标体系及权重分配如表5-16所示。

表5-16　　　　2012年广东省地方政府整体绩效评价指标体系（含权重分配）

评价维度	二级指标	三级指标（客观指标）	权重（%）	三级指标（主观指标）	权重（%）
促进经济发展（28%）	经济增长	X_1. 常住人口规模（万人）	2.1		
		X_2. 人均GDP（元）	2.3		
		X_3. 实际利用投资增长率（%）	2.1		
		X_4. 营业税收入（万元/人）	2.1		
	质量结构	X_5. 全员劳动生产率（元/人）	2.1		
		X_6. 第三产业增加值比重（%）	2.2		
		X_7. 旅游业收入占GDP比重（%）	2.2		
	人民生活	X_8. 城镇居民人均可支配收入（元）	2.4	X_{38}. 个人（家庭）收入满意度	1.1
		X_9. 城镇恩格尔系数（%）	2.1		
	发展潜力	X_{10}. 专利授予量（件）	2.3	X_{39}. 市场监管满意度	1.1
		X_{11}. R&D经费占GDP比重（%）	2.3		
		X_{12}. 教育经费占GDP比重（%）	2.0	X_{40}. 政府人员廉洁满意度	1.1
		X_{13}. 新增内资企业注册户数（户）	1.8		
维护社会公正（25%）	民主法制	X_{14}. 政府网站绩效得分	2.5	X_{41}. 执法公正性满意度	1.1
	公共服务	X_{15}. 人均文体与传媒支出增长率（%）	2.0	X_{42}. 社会治安满意度	1.1
		X_{16}. 人均社保及就业支出（元/人）	2.5		
		X_{17}. 基本养老保险基金征缴率（%）	2.5		
		X_{18}. 人均医疗卫生支出增长率（%）	2.5		
		X_{19}. 工伤保险参保率（%）	2.2	X_{43}. 医疗保障满意度	1.1
		X_{20}. 亿元GDP安全生产事故死亡	2.0		
		X_{21}. 千人拥有病床数（张）	2.0		
		X_{22}. 公共图书馆人均藏书量（册/人）	2.1		
	共同富裕	X_{23}. 城镇登记失业率（%）	2.5	X_{44}. 工作机会满意度	1.1
		X_{24}. 城乡居民收入差异（倍）	2.2	X_{45}. 政策稳定性满意度	1.1

续表

评价维度	二级指标	三级指标（客观指标）	权重（%）	三级指标（主观指标）	权重（%）
保护生态环境（15%）	环保投入	X_{25}. 环境保护支出增长率（%）	2.0	X_{46}. 环保宣传满意度	
	能源消耗	X_{26}. 单位 GDP 能耗（吨标准煤/万元）	1.8		
		X_{27}. 单位 GDP 电耗增长速度（%）	1.7		
	污染治理	X_{28}. 城镇污水处理率（%）	1.9		
		X_{29}. 城镇生活垃圾无害化处理率（%）	2.0	X_{47}. 自然环境满意度	1.1
	环境水平	X_{30}. 年日照时数等（小时）	1.9		
		X_{31}. 空气污染指数 API 大于 100 天数	1.9		
		X_{32}. 平均造林面积（平方米/人）	1.8		
节约政府成本（12%）	政府成本控制	X_{33}. 一般公共服务支出占财政支出比重（%）	2.6		
		X_{34}. 政府消费占最终消费比重（%）	2.2		
		X_{35}. 财政赤字占 GDP 比重	2.5		
		X_{36}. 国有单位人员占总人口比重（%）	2.5		
	财政透明	X_{37}. 公务员工资与平均工资差异（倍）	2.2	X_{48}. 政务公开满意度	1.1
实现公众满意（20%）				X_{49}. 公众幸福感	2.6
				X_{50}. 对政府部门服务态度满意度	1.1
				X_{51}. 对政府部门服务效率满意度	1.1
				X_{52}. 对当地政府的总体表现满意度	3.1

资料来源：郑方辉：《中国地方政府绩效评价（2012）》，新华出版社 2012 年版，第 98—99 页。

三 评价结果分析示例

（一）标志说明及指数模型

在广东省政府整体评价的统计分析和报告中，主要对主客观数据进行标准化处理和统计分析，需要对相关项目编制标志码。领域层以 A 标志，绩效指数以 K 标志，权重系数以 T 和 t 标志。具体指标的权重系数标记为 $t_1—t_n$（比如 2011 年有 52 项指标，则 t_n 为 t_{52}）。21 个地级及以上城市则以 $C_1—C_{21}$ 标志。广东省政府整体评价标志对应如表 5-17 所示。

表 5-17　　　　　　　广东省政府整体评价标志对应

整体绩效领域层及指标标志对应

	全省	促进经济发展	维护社会公正	保护生态环境	节约政府成本	实现公众满意
领域层	A_0	A_1	A_2	A_3	A_4	A_5
绩效指数	K_0	K_1	K_2	K_3	K_4	K_5
权重指数	T_0	T_1	T_2	T_3	T_4	T_5

广东省21个地级及以上城市标志对应

地市	广州	韶关	深圳	珠海	汕头	佛山	江门	湛江	茂名	肇庆	惠州
标志	C_1	C_2	C_3	C_4	C_5	C_6	C_7	C_8	C_9	C_{10}	C_{11}
地市	梅州	汕尾	河源	阳江	清远	东莞	中山	潮州	揭阳	云浮	
标志	C_{12}	C_{13}	C_{14}	C_{15}	C_{16}	C_{17}	C_{18}	C_{19}	C_{20}	C_{21}	

资料来源：郑方辉：《中国地方政府绩效评价（2012）》，新华出版社2012年版，第104页。

为了便于对数据进行标准化处理，各项指标也需要进行编码。比如，在2011年的评价项目中，促进经济发展领域层指标为X_1—X_{13}，维护社会公正领域层指标为X_{14}—X_{24}，保护生态环境领域层指标为X_{25}—X_{32}，节约政府成本领域层指标为X_{33}—X_{37}，实现公众满意领域层指标为X_{38}—X_{52}（也用B_1—B_{15}表示）。其中，从有关统计年鉴和财政年鉴上获得的数据采用100分制计分；而现实公众满意度指标（主观问卷调查得来的数据）则采取10分制计分。2011年指标标志及广东省21个地级及以上城市的指标得分如表5-18所示。

表 5-18　　　　　　2011年指标标志及广东省
21个地级及以上城市的指标得分（示例）

C_n X_n	广州 C_1	韶关 C_2	深圳 C_3	珠海 C_4	汕头 C_5	佛山 C_6	……	清远 C_{16}	东莞 C_{17}	中山 C_{18}	潮州 C_{19}	揭阳 C_{20}	云浮 C_{21}
X_1	1.89	2.03	1.94	1.93	1.89	1.95	……	1.81	1.70	1.99	1.98	1.68	2.10
X_2	2.30	2.02	2.30	2.02	2.30	2.02	……	2.02	2.16	2.16	2.01	1.95	1.95
X_3	1.33	1.42	1.35	1.36	1.71	1.35	……	2.00	1.47	1.31	1.43	1.44	1.45

续表

C_n \ X_n	广州 C_1	韶关 C_2	深圳 C_3	珠海 C_4	汕头 C_5	佛山 C_6	……	清远 C_{16}	东莞 C_{17}	中山 C_{18}	潮州 C_{19}	揭阳 C_{20}	云浮 C_{21}
……	……	……	……	……	……	……	……	……	……	……	……	……	……
X_{50}	0.06	0.06	0.06	0.06	0.05	0.06	……	0.05	0.04	0.07	0.04	0.06	0.06
X_{51}	0.06	0.06	0.06	0.06	0.05	0.06	……	0.05	0.04	0.07	0.04	0.06	0.06
X_{52}	0.19	0.18	0.17	0.17	0.16	0.19	……	0.17	0.1	0.20	0.21	0.16	0.19
合计	57.28	51.75	57.74	55.15	54.65	65.93	……	54.83	54.86	59.00	52.78	52.53	54.26

资料来源：根据郑方辉《中国地方政府绩效评价（2012）》（新华出版社2012年版）第116页改编。

在获得了具体指标值之后，就需要根据指数模型进行评价。确定指数模型是进行绩效评价的重要步骤，也是使绩效评价具有可操作性的重要措施。某个地方政府整体绩效体现于一定时期内政府行为所带来的具体指标值的变化量之和。假设 v_i^0 为第 i 项指标评价的初期值，v_i^i 为该项指标评价的末期值，那么，第 i 项指标的绩效增量值为：

$$Y_i = v_i^i - v_i^0$$

设 Z 为第 j 领域层第 i 项指标的权重值，Y_{ij} 为第 j 领域层第 i 项指标的指数值，W_j 为政府在第 j 领域层的绩效分值，Q 为政府整体绩效的综合评价值，Z 为第 j 领域层的权重值，则有：[1]

$$W_j = \sum_j \sum_i Y_{ij} \cdot Z_{ij} \qquad Q = \sum_j^s Z_j W_j$$

（二）地级以上市政府评价结果分析示例

在获得基础数据之后，就可以从不同维度进行定量分析，并得到不同的统计结果，从而针对不同情况进行直观而精确的描述。比如，从总体上可以对各项指标进行描述；52项指标加权得分的分布情况分析；可以对各个城市的绩效指标排序及比较，也可以将某个指标（如21个地级及以上城市的人均GDP排序）与绩效指标排序进行比较；

---

[1] 郑方辉、李文彬、李少抒：《广东省地方政府整体绩效评价（2009）》，华南理工大学出版社2010年版，第17—18页。

基于时间序列的不同，可以进行年度之间比较；可以从珠三角、东翼、西翼和山区四大地区进行比较分析；可以进行五大领域得分的均衡性以及与平均指数的比较；可以进行客观指数（基于年鉴数据来源的）和主观指数（基于问卷调查）之间的比较等。下面简要地介绍几种比较分析结果。

1. 对不同评价指标的统计分析

按照要求收集完统计数据之后，就可以对各项指标的得分进行统计分析，从而对所有指标分布情况进行全面的描述和分析，特别需要找出差异较大的指标，并对其进行有针对性的重点分析。比如，表5-19节选了21个地级及以上城市2011年促进经济发展指标进行了描述性统计。从该表就可以看出，在各项促进经济发展指标中，哪些指标得分高，哪些指标得分低，哪些指标极差大，从而为决策者提供方向指引。

表5-19　　21个地级及以上城市2011年促进经济发展领域指标加权得分比较

指标	X_1	X_2	X_3	X_4	X_5	X_6	X_7	X_8	X_9	X_{10}	X_{11}	X_{12}	X_{13}
最大值	2.10	2.30	2.00	2.10	1.72	2.05	2.20	2.40	2.00	1.96	2.17	1.89	1.53
最小值	1.68	1.90	0.84	0.53	0.74	1.19	0.82	0.60	0.84	0.69	0.13	0.73	0.45
极差值	0.42	0.40	1.16	1.57	0.98	0.86	1.38	1.80	1.16	1.27	2.04	1.16	1.08

资料来源：郑方辉：《中国地方政府绩效评价（2012）》，新华出版社2012年版，第118页。

2. 进行不同地区的比较排名

根据设定的评价指标模型，就可以计算出每个年度不同地区的绩效指数以及全省的绩效指数，然后根据指数值获得不同地区的排名情况。比如，广东省21个地级及以上城市2011年评价指数及排名情况如表5-20所示。

表 5-20　　2011 年 21 个地级及以上城市的评价指数及排名

城市	总体 得分	总体 排名	促进经济发展 得分	促进经济发展 排名	维护社会公正 得分	维护社会公正 排名	保护生态环境 得分	保护生态环境 排名	节约政府成本 得分	节约政府成本 排名	实现公众满意 得分	实现公众满意 排名
广州	0.683	2	0.784	1	0.702	2	0.667	17	0.590	15	0.584	4
韶关	0.617	18	0.633	15	0.627	18	0.730	7	0.523	21	0.555	9
深圳	0.678	3	0.741	2	0.687	6	0.771	4	0.595	13	0.560	8
珠海	0.656	7	0.700	7	0.695	5	0.667	18	0.584	16	0.580	5
汕头	0.638	11	0.727	4	0.655	10	0.683	14	0.554	20	0.509	19
佛山	0.677	4	0.687	8	0.676	7	0.721	9	0.733	1	0.597	3
江门	0.631	12	0.650	13	0.647	12	0.703	13	0.626	8	0.531	13
湛江	0.623	14	0.604	20	0.661	9	0.734	6	0.620	10	0.519	17
茂名	0.602	20	0.625	17	0.617	20	0.639	19	0.590	14	0.530	14
肇庆	0.675	5	0.667	9	0.669	8	0.775	3	0.671	3	0.621	2
惠州	0.670	6	0.725	6	0.642	13	0.761	5	0.653	5	0.573	6
梅州	0.619	7	0.643	7	0.630	5	0.676	18	0.573	16	0.554	5
汕尾	0.598	21	0.612	19	0.589	21	0.720	11	0.582	20	0.507	21
河源	0.619	15	0.613	18	0.618	19	0.708	12	0.620	11	0.564	7
阳江	0.625	13	0.666	10	0.697	3	0.627	20	0.558	19	0.516	18
清远	0.643	9	0.725	5	0.640	14	0.668	16	0.621	9	0.525	15
东莞	0.645	8	0.666	11	0.707	1	0.618	21	0.682	2	0.534	12
中山	0.708	1	0.730	3	0.697	4	0.787	2	0.669	4	0.556	1
潮州	0.609	19	0.586	21	0.634	15	0.798	1	0.636	7	0.453	21
揭阳	0.619	16	0.626	16	0.633	16	0.720	10	0.612	12	0.520	16
云浮	0.642	10	0.657	12	0.648	11	0.726	6	0.640	6	0.553	11

资料来源：根据郑方辉《中国地方政府绩效评价（2012）》（新华出版社 2012 年版）第 105、110 页改编。

3. 对特定城市进行全面分析

在获取数据之后，对特定城市的绩效指数情况进行全面分析也非常方便。下面以广州市为例对具体城市绩效指数进行说明，其他城市也可以按统一比较框架进行全面的统计和分析。2011 年，广州市政府整体绩效指数为 0.683，全省排序第二位（与 2010 年相比下降 1

位)。其中,五个领域层的指数排名分别是:促进经济发展全省排序第一位、维护社会公正全省排序第二位、保护生态环境全省排序第17位、节约政府成本全省排序第15位、实现公众满意全省排序第四位;与上一年度相比,广州市政府在保护生态环境这一项指标上大幅滑落。广州市政府绩效指数排名及比较情况如表5-21所示。

表5-21　　　　2011年广州市政府绩效指数排序及比较

领域层	本年度绩效指数与排序			指数比较（%）		全省排名历史比较		
	绩效指数	区域排序	全省排序	与全省平均值比较	与最高市指数比较	2008年	2009年	2010年
促进经济发展	0.777	1	1	116.95	100.00	1	1	3
维护社会公正	0.721	2	2	107.01	99.29	4	1	3
保护生态环境	0.599	7	17	94.14	83.65	11	15	2
节约政府成本	0.599	8	15	95.78	80.49	9	18	10
实现公众满意	0.460	4	4	106.25	89.08	5	13	2
总体成绩	0.651	2	2	106.34	96.42	1	2	1

资料来源：郑方辉：《中国地方政府绩效评价（2012）》，新华出版社2012年版，第120页。

对某特定城市的统计分析,一般都需要通过分析每个指标的得分情况,以便进行深入全面的统计分析,从而为管理决策提供精确的参考数据。下面以广州市2011年公众满意度相关指标的得分情况进行说明（见表5-22）,从而对单个领域总分的获得有更加直观的认识。在13个分项中,最高分为自然环境满意度（B_5）6.13分,最低分为政府人员廉洁性满意度（B_9）4.97分,极差值为1.16分,13个单项指标平均分为5.61分,低于公众对政府总体满意度的评价得分（5.90）。在排名上,13个单项加权平均分排名居全省第三名,总体表现得分排名居全省第二名。

表 5-22　　2011 年广州市公众对政府绩效满意度的分项评价（10 分制）

评价内容	均值	分项排序	全省排序	评价内容	均值	分项排序	全省排序
B_1. 个人（家庭）收入	5.56	9	6	B_8. 政府部门服务效率	5.57	8	2
B_2. 工作机会	5.38	10	4	B_9. 政府人员廉洁性	4.97	14	6
B_3. 社会治安	5.93	2	1	B_{10}. 执法公正性	5.34	13	6
B_4. 医疗保障	6.07	3	1	B_{11}. 环保宣传	5.84	5	3
B_5. 自然环境	6.13	1	2	B_{12}. 政务公开	5.38	11	6
B_6. 政策稳定性	5.34	12	1	B_{13}. 市场监管	5.69	6	2
B_7. 政府部门服务态度	5.69	7	2	政府的总体表现	5.90	4	2

资料来源：郑方辉：《中国地方政府绩效评价（2012）》，新华出版社 2012 年版，第 169 页。

4. 四大区域各领域的比较分析

不同地区的绩效指标在不同地方代表的意义不一样，不同的功能绩效评价重点有所差别。通过对不同地区绩效表现进行统计分析，有利于更加客观地反映各地的绩效表现。本书以 2011 年四大区域在各领域层绩效指标的比较情况为例进行说明，如表 5-23 所示。该表的数据表明，珠三角地区总体绩效水平明显高于东翼、西翼和山区，呈现出"一枝独秀"的局面。从指标极差值来看，珠三角地区的各领域层的极差值要大于其他三个地区，说明珠三角区域内部各市绩效指数分化程度较为明显；其他三个区域中，东翼分化程度较大，西翼和山区分化程度较小。从总体上看，对五个领域的指数分布情况进行比较，能反映出几个地区功能的差异，有利于各大区域的地方政府找到自身方位和未来努力的方向。

表 5-23　　2011 年四大区域各领域层绩效指标比较

领域层	比较值	珠三角	山区	东翼	西翼
总体绩效（K_0）	均值	0.669	0.628	0.616	0.617
	最大值	0.708	0.643	0.638	0.625
	最小值	0.631	0.617	0.598	0.602
	极差值	0.077	0.026	0.040	0.023

续表

领域层	比较值	珠三角	山区	东翼	西翼
促进经济发展（K_1）	均值	0.706	0.654	0.638	0.651
	最大值	0.784	0.725	0.727	0.666
	最小值	0.650	0.613	0.586	0.604
	极差值	0.134	0.112	0.141	0.062
维护社会公正（K_2）	均值	0.680	0.633	0.628	0.640
	最大值	0.707	0.648	0.655	0.697
	最小值	0.642	0.618	0.589	0.617
	极差值	0.065	0.030	0.066	0.080
保护生态环境（K_3）	均值	0.719	0.702	0.730	0.680
	最大值	0.787	0.730	0.798	0.734
	最小值	0.618	0.668	0.683	0.627
	极差值	0.169	0.062	0.115	0.107
节约政府成本（K_4）	均值	0.645	0.595	0.596	0.610
	最大值	0.733	0.640	0.636	0.620
	最小值	0.584	0.523	0.554	0.558
	极差值	0.149	0.117	0.082	0.062
实现公众满意（K_5）	均值	0.582	0.550	0.497	0.525
	最大值	0.556	0.564	0.520	0.530
	最小值	0.532	0.525	0.453	0.516
	极差值	0.145	0.039	0.067	0.014

资料来源：郑方辉：《中国地方政府绩效评价（2012）》，新华出版社2012年版，第100页。

不仅可以总体分析，还可以单独抽取一个维度进行深入的比较。比如，表5-24是对四大区域促进经济发展领域指数层绩效比较情况进行更加细致的统计，从另一角度反映了绩效现状。事实上，还可以从更多的视角进行统计分析，比如，通过连续几年的数据还能看出在同一领域政府的治理绩效的发展趋势等。

表 5 – 24   四大区域促进经济发展领域层绩效指数比较

	绩效指数 平均值	绩效指数 最大值	绩效指数 最小值	与全省平均值比较	与珠三角均值比较	与全省最高市比较	与区域最高市比较
全省	0.670	0.784	0.586	—	94.90	85.46	—
珠三角	0.706	0.784	0.650	105.37	—	90.05	90.05
山区	0.654	0.725	0.613	97.61	92.63	83.42	90.21
东翼	0.638	0.727	0.586	95.22	90.37	81.38	87.76
西翼	0.651	0.666	0.604	97.16	92.21	83.04	97.75

资料来源：郑方辉：《中国地方政府绩效评价（2012）》，新华出版社 2012 年版，第 112 页。

（三）县级政府评价结果分析示例

考虑到不同层级的政府政策和作为存在差别，为了保障数据的有效性，广东省政府整体性绩效评价对县级政府绩效评价指数的分析进行了调整。首先，考虑到指数区间十分接近，在进行排序时存在困难，因此，对所有县级政府不做总体排名，而是按照特定标准将各县级分为 A、B、C、D 四类，然后再进一步做统计分析。表 5 – 25 是依据总体绩效指数（K_0），将 121 个县（市、区）总体绩效评价指数（K_0）分类的详细情况。①

表 5 – 25   2011 年广东省县（市、区）总体绩效评价指数（K_0）分类

分类	指数区间	县（市、区）	数量（个）
A 类	0.655—0.694	宝安区、萝岗区、罗湖区、福田区、黄埔区、天河区、惠东县、荔湾区、龙岗区、博罗县、越秀区、盐田区、番禺区、惠城区、南山区、高要市、惠阳区、顺德区、武江区、从化市	20

---

① 除东莞市和中山市实行市直辖镇和街道，不涉及县级政府整体绩效评价之外，广东省的 54 个市辖区、23 个县级市以及 44 个县（含 3 个少数民族自治县），共 121 个县（市、区）级政府。在统计时，还对山区县做了特别区分。

续表

分类	指数区间	县（市、区）	数量（个）
B类	0.620—0.655	增城市、龙门县、海珠区、鼎湖区、龙湖区、端州区、金湾区、香洲区、江城区、南沙区、花都区、禅城区、浈江区、高明区、南海区、白云区、鹤山市、斗门区、德庆县、湘桥区、源城区、潮阳区、山水区、郁南县、翁源县、梅江区、濠州区、潮安县、乳源自治县、乐昌市、曲江区、怀集县、云安县、龙川县、普宁市、徐闻县、新丰县、广宁县、吴川市、英德市、澄海区	41
C类	0.600—0.620	揭西县、清新县、罗定市、连州市、廉江市、新兴县、江海区、海丰区、阳西县、榕城区、金平区、蓬江区、阳春市、连南自治县、台山市、四会市、雷州市、始兴县、连平县、汕尾城区、兴宁市、潮南区、大浦县、揭东县、饶平县、清城区、惠来县、陆丰市、阳山县、丰顺县、云城区、南雄市、坡头区、连山自治县、赤坎区、蕉岭县、化州市、和平县、东源县、开平市、仁化县	41
D类	0.575—0.600	平远县、遂溪县、高州市、五华县、梅县、阳东县、紫金县、封开县、信宜市、陆河县、恩平市、电白县、霞山区、麻章区、佛冈县、南澳县、茂港区、茂南区、新会区	19

资料来源：郑方辉：《中国地方政府绩效评价（2012）》，新华出版社2012年版，第131页。

在广东省政府绩效评价实践中，对A、B、C、D四类县级政府在同一类别进行了详细的统计分析。本书以A类（总体绩效排名前20位）为例进行比较深入的分析和介绍。

1. A类区域的总体情况

在进行绩效指数分析之前，同样需要对排在前20位的县（市、区）的基本情况进行分析；然后再进行绩效指数总体情况的分析。下面以2011年的总体绩效表现为例，对总体情况进行介绍，如表5-26所示。在地域分布上，仅有韶关市武江区（排名第19位）位于北部山区，其余19个县（区、市）都位于珠三角地区，并且集中在广州市（7个）、深圳市（6个）和惠州市（4个），另外两个是佛山市和肇庆市各1个。从人口规模和人均GDP上看，两极分化释放明显。人口最多的深圳宝安区人口达454.84万，而最少的盐田区则仅有21.10万，两者相差22倍；人均GDP最多的则是深圳萝岗区，达到421151元，而最少的惠州惠东县则只有33075元，相差13.73倍；从平均值上看，109627元的人均GDP也说明总体上这些地区经济发展程度较高。从绩效总体情况分布来看，总体绩效指数最高的是深圳宝安区，为0.694，最低的是广州从化市，为0.655；极差值为0.039，这反映出绩效指数的离散程度不算大。从排序的变化来看，有8个区（市、县）是上年度排在20名之后，本年度绩效获得提升进入前20名，其中进步最大的是肇庆高要市（上升63位）和韶关武江区（上升58位）；从指数排名来看，绩效指数的高低与常住人口规模和人均GDP情况没有直接的对应关系，这说明各县（市、区）通过各种努力，可以在客观条件相对稳定的情况下，较大幅度地提升绩效指数水平。

表5-26　　2011年广东省总体绩效A类县（市、区）情况

县（市、区）	所属城市	指数 K_0	全省排序	与上年排序相比	常住人口（万人）	人均GDP(元)
宝安区	深圳市	0.694	1	16	454.84	71883
萝岗区	广州市	0.693	2	8	38.06	421151
罗湖区	深圳市	0.693	3	10	93.10	129878
福田区	深圳市	0.681	4	2	132.52	158363
黄埔区	广州市	0.681	5	14	46.10	133236
天河区	广州市	0.680	6	29	143.65	148885
惠东县	惠州市	0.679	7	13	91.31	33075
荔湾区	广州市	0.676	8	17	89.15	77643
龙岗区	深圳市	0.675	9	-1	235.19	91740
博罗县	惠州市	0.675	10	43	104.65	33868
越秀区	广州市	0.674	11	-8	114.89	162265
盐田区	深圳市	0.672	12	26	21.10	154199
番禺区	广州市	0.667	13	-11	177.64	69567
惠城区	惠州市	0.664	14	10	117.45	34482
南山区	深圳市	0.663	15	-11	109.99	221997

续表

县 (市、区)	所属 城市	总体绩效情况			常住人口规模与人均GDP情况	
		指数 K_0	全省排序	与上年排序相比	常住人口(万人)	人均GDP(元)
高要市	肇庆市	0.662	16	63	75.96	35197
惠阳区	惠州市	0.660	17	33	57.68	37630
顺德区	佛山市	0.660	18	-2	247.34	91531
武江区	韶关市	0.659	19	58	29.84	48385
从化市	广州市	0.655	20	-2	59.58	37565
平均值	……	0.673	……	……	122.00	109627
极差值	……	0.039	……	……	……	388076

资料来源：根据郑方辉《中国地方政府绩效评价（2012）》（新华出版社2012年版）第131页改编。

在完整的分析中，B、C、D 几类也可以用同样的方法进行统计分析，还可以根据数据用统计图直观地表示出来，需要详细了解的读者可以参考郑方辉团队相关著作。

2. 特定领域的统计分析

除以总体绩效指数（K_0）为依据进行分类外，还可以分别以促进经济发展（K_1）、维护社会公众（K_2）、保护生态环境（K_3）、节约政府成本（K_4）和实现公众满意（K_5）为分类标准，对全省121个县（市、区）的绩效指数进行分类；与总体绩效分类一样，也分为A、B、C、D 四大类。不同地区的战略重点不完全相同，比如，有的地区是以促进经济发展为主，而有的地区则是生态功能区，应以保护生态环境为第一要务。因此，在整体绩效指数中，排位靠前的县（市、区），五个领域得分可能并不均衡。

在广东省政府绩效评价实践中，对五个领域都进行了全面的分析，本书仅介绍以促进经济发展（K_1）这一领域的统计为例对统计分析的情况进行说明（基于2011年的数据）。为确保 K_1 的指数区间相对合理，以及保障分类基本呈正态分布，A 类的数量相对总体排名存在变化，将前24位的县（市、区）归为 A 类。本书在121个县（市、区）分为A、B、C、D 四大类中，仅对 A 类县（市、区）的分类完全列举,而 B、C、D 三类则仅仅列举部分(首尾各 4 个)县(市、区),如表 5-27 所示。

表 5-27　　　　2011 年全省县(市、区)促进
经济发展绩效评价指数(K_1)分类结果

分类	指数区间	县(市、区)	数量(个)
A 类	0.640—0.740	从化市、越秀区、龙门县、龙岗区、福田区、荔湾区、南山区、惠阳区、番禺区、罗湖区、潮南区、海珠区、天河区、惠东县、濠江区、宝安区、盐田区、黄埔区、博罗县、白云区、徐闻县、潮阳区、始兴县、新丰县	24
B 类	0.590—0.640	乐昌市、增城市、花都区、香洲区……清新县、佛冈区、云安县、顺德区	36
C 类	0.560—0.640	斗门区、惠来县、鼎湖区、南澳县……普宁市、榕城区、龙川县、金平区	33
D 类	0.460—0.660	茂南区、蓬江区、和平县、霞山区……湘桥区、清城区、赤坎区、麻章区	28

资料来源:郑方辉:《中国地方政府绩效评价(2012)》,新华出版社 2012 年版,第 136 页。

2011 年广东省促进经济发展绩效指数 A 类县(市、区)的具体情况如表 5-28 所示。从地域分布来看,促进经济发展 A 类县(市、区)中有 18 个集中在珠三角,其余分别是东翼 3 个、山区两个、西翼 1 个。从类型来看,主要是区的指数较高:有 17 个区,6 个县级市,1 个县。从指数分布来看,高的绩效指数不多:主要集中在 0.640—0.780 之间;其中,0.700—0.740 的 2 个,0.680—0.700 的 3 个,0.650—0.680 的 10 个,0.640—0.650 的 9 个。从与上年度排序比较来看,各地排名变化幅度较大:从化市在总排名上虽然比上年度下降两名,仅居 20 位,但是,促进经济发展指数上升了 48 位,高居全省榜首;[①] 其他 A 类县(市、区)的排名上升的居多,总体上升

---

① 从化市在维护社会公正(K_2)、保护生态环境(K_3)、节约政府成本(K_4)和实现公众满意(K_5)等指数都略低于 A 类县(市、区)的平均水平。

幅度较大；其中濠江区、潮阳区和潮南区分别上升98位、82位和80位，成为上升最快的区（市、县）。

表5-28　　2011年广东省促进经济发展绩效指数A类县（市、区）的具体情况

县（市、区）	促进经济发展 指数 K1	全省排序	与上年排序相比	总体指数 K_0	社会公正 K_2	生态环境 K_3	政府成本 K_4	公众满意 K_5
从化市	0.736	1	48	0.655	0.639	0.704	0.655	0.526
越秀区	0.712	2	10	0.674	0.668	0.717	0.705	0.576
龙门县	0.697	3	56	0.653	0.632	0.772	0.637	0.537
龙岗区	0.695	4	-1	0.675	0.665	0.809	0.708	0.541
福田区	0.685	5	-4	0.681	0.675	0.802	0.694	0.585
荔湾区	0.676	6	11	0.670	0.674	0.708	0.717	0.631
南山区	0.675	7	-3	0.663	0.694	0.809	0.683	0.466
惠阳区	0.670	8	54	0.660	0.603	0.806	0.784	0.535
番禺区	0.666	9	13	0.667	0.607	0.738	0.730	0.652
罗湖区	0.665	10	8	0.693	0.696	0.812	0.693	0.639
潮南区	0.665	11	80	0.610	0.615	0.685	0.690	0.426
海珠区	0.662	12	12	0.653	0.632	0.724	0.716	0.576
天河区	0.661	13	-4	0.680	0.655	0.711	0.728	0.686
惠东县	0.657	14	-4	0.679	0.667	0.772	0.729	0.625
濠江区	0.651	15	98	0.629	0.604	0.718	0.684	0.527
宝安区	0.649	16	-14	0.694	0.709	0.810	0.704	0.643
盐田区	0.649	17	11	0.672	0.700	0.796	0.709	0.553
黄埔区	0.648	18	34	0.681	0.676	0.711	0.712	0.691
博罗县	0.647	19	16	0.675	0.661	0.779	0.717	0.615
白云区	0.645	20	-4	0.639	0.623	0.711	0.737	0.541
徐闻县	0.644	21	55	0.624	0.585	0.762	0.697	0.504
潮阳区	0.643	22	82	0.635	0.591	0.719	0.656	0.601
始兴县	0.641	23	33	0.612	0.583	0.735	0.644	0.497
新丰县	0.640	24	36	0.624	0.594	0.735	0.669	0.526
平均值	0.666	…	…	0.658	0.644	0.752	0.700	0.572

资料来源：郑方辉：《中国地方政府绩效评价（2012）》，新华出版社2012年版，第137页。

总体上讲，广东省政府整体性评价对全省21个地级及以上城市及121个县级政府的绩效表现从第三方角度进行了全面系统的评价，本书仅仅从有利于理解评价体系的开发为主线进行粗线条的勾画。

参考文献

[1]［美］艾尔弗雷德·D. 钱德勒：《战略与结构：美国工商企业成长的若干篇章》，孟昕译，云南人民出版社2002年版。

[2]包国宪、［美］道格拉斯·摩根：《政府绩效管理学——以公共价值为基础的政府绩效治理理论与方法》，高等教育出版社2015年版。

[3]［美］保罗·R. 尼文：《政府及非营利组织平衡计分卡》，胡玉明译，中国财政经济出版社2004年版。

[4]［美］彼得·德鲁克：《管理：使命、责任与实务（使命篇）》，王永贵译，机械工业出版社2009年版。

[5]陈天祥等：《社会建设与政府绩效评估研究》，东方出版中心2010年版。

[6]邓小平：《邓小平文选》第二卷，人民出版社1983年版。

[7]［美］戴维·奥斯本、彼得·普拉斯特里克：《再造政府》，谭功荣、刘霞译，中国人民大学出版社2010年版。

[8]方振邦、冉景亮：《绩效管理》，科学出版社2016年版。

[9]方振邦：《战略性绩效管理》，中国人民大学出版社2014年版。

[10]方振邦、葛蕾蕾：《政府绩效管理》，中国人民大学出版社2012年版。

[11]［美］古贝、林肯：《第四代评估》，秦霖、蒋燕玲译，中国人民大学出版社2008年版。

[12]葛荣晋：《中国管理哲学导论》，中国人民大学出版社2007年版。

[13]［美］菲利普·科特勒、凯文·莱恩·凯勒：《营销管理》，卢

泰宏等译，上海人民出版社 2009 年版。

[14]［比］弗雷德里克·莱卢：《重塑组织：进化型组织的创建之道》，进化组织研习社译，东方出版社 2017 年版。

[15]［美］尼古拉斯·亨利：《公共行政与公共事务》，张昕等译，中国人民大学出版社 2011 年版。

[16]［美］赫尔曼·阿吉斯：《绩效管理》，刘昕、柴茂昌、孙瑶译，中国人民大学出版社 2013 年版。

[17]［加拿大］亨利·明茨伯格：《战略过程：概念、情景、案例》，徐二明等译，中国人民大学出版社 2012 年版。

[18]［美］雷蒙德·A. 诺伊、约翰·R. 霍伦贝克、巴里·格哈特、帕特雷克·莱特：《人力资源管理：赢得竞争优势》，刘昕译，中国人民大学出版社 2001 年版。

[19]［美］罗伯特·卡普兰、戴维·诺顿：《战略中心型组织》，上海博弈企业管理咨询有限公司译，中国人民大学出版社 2004 年版。

[20]［美］罗伯特·卡普兰、大卫·诺顿：《战略地图：化无形资产为有形成果》，刘俊勇、孙薇译，广东经济出版社 2005 年版。

[21]［德］马克斯·韦伯：《经济与社会》（上卷），阎克文译，商务印书馆 1998 年版。

[22] 马俊：《中国公共预算改革：理性化与民主化》，中央编译出版社 2005 年版。

[23]［澳］欧文·E. 休斯：《公共管理导论》，彭和平等译，中国人民大学出版社 2001 年版。

[24]［美］帕特里夏·基利、史蒂文·梅德林等：《公共部门标杆管理：突破政府绩效的瓶颈》，张定淮译，中国人民大学出版社 2002 年版。

[25] 冉景亮：《公共服务项目评价体系：基于创造公共价值视角的研究》，中国社会科学出版社 2017 年版。

[26]［美］史蒂文·凯尔曼：《发动变革：政府组织再造》，扶松茂译，上海人民出版社 2013 年版。

［27］［美］威廉·邓恩：《公共政策分析导论》，谢明等译，中国人民大学出版社 2002 年版。

［28］伍彬：《政府绩效管理：理论与实践的双重变奏》，北京大学出版社 2017 年版。

［29］伍彬：《综合考评与绩效管理——杭州的实践与探索》，人民出版社 2012 年版。

［30］袁娟：《日本政府绩效评估模式研究》，知识产权出版社 2010 年版。

［31］尹贻林、杜亚灵：《基于治理的公共项目管理绩效改善》，科学出版社 2010 年版。

［32］［加拿大］詹姆斯·C. 麦克戴维、劳拉·R. L. 霍索恩：《项目评价与绩效测量：实践入门》，李凌艳、张丹慧、黄琳译，教育科学出版社 2011 年版。

［33］赵曙明：《绩效管理与评估》，高等教育出版社 2004 年版。

［34］［新加坡］郑永年：《中国的"行为联邦制"：中央—地方关系的变革与动力》，东方出版社 2013 年版。

［35］［新加坡］郑永年：《中国模式：经验与困局》，浙江人民出版社 2010 年版。

［36］郑方辉：《中国地方政府绩效评价（2012）》，新华出版社 2012 年版。

［37］郑方辉、李文彬、李少抒：《广东省地方政府整体绩效评价（2009）》，华南理工大学出版社 2010 年版。

［38］郑方辉、尚虎平：《中国地方政府绩效评价（2011）》，新华出版社 2011 年版。

［39］［美］珍妮特·V. 登哈特、罗伯特·B. 登哈特：《新公共服务：服务，而不是掌舵》，丁煌译，中国人民大学出版社 2010 年版。

［40］中共青岛市委市直机关工作委员会：《高绩效机关之路：世界银行评价的中国金牌城市——青岛市的实践》，人民出版社 2008 年版。

[41] 卓越：《政府绩效管理概论》，清华大学出版社 2007 年版。

[42] 包国宪、周云飞：《英国全面绩效评价体系：实践及启示》，《北京行政学院学报》2010 年第 5 期。

[43] ［美］布莱恩·E. 亚当斯：《美国联邦制下的地方政府自治》，王娟娟、荣霞译，《南京大学学报》（哲学·人文科学·社会科学版）2012 年第 2 期。

[44] 陈振明：《战略管理的实施与公共价值的创造——评穆尔的〈创造公共价值：政府中的战略管理〉》，《东南学术》2006 年第 2 期。

[45] 陈振明：《公共管理的学科定位与知识增长》，《行政论坛》2010 年第 4 期。

[46] 陈小钢、夏洪胜：《标杆管理方法在政府管理中的运用——以广州市黄埔区政府为例》，《开放导报》2005 年第 3 期。

[47] 丁薛祥：《深化党和国家机构改革是推进国家治理体系和治理能力现代化的必然要求》，《人民日报》2018 年 3 月 12 日。

[48] 方振邦、罗海元：《政府绩效管理创新：平衡计分卡中国化模式的构建》，《中国行政管理》2012 年第 12 期。

[49] 范柏乃：《政府绩效评估与管理》，复旦大学出版社 2007 年版。

[50] 傅世春：《日本国家公务员制度改革从"年功序列制"到"能力绩效主义"》，《人才开发》2010 年第 2 期。

[51] 高小平、贾凌民、吴建南：《美国政府绩效管理的实践与启示——"提高政府绩效"研讨会及访美情况概述》，《中国行政管理》2008 年第 9 期。

[52] 蒋悟真、李其成、郭创拓：《绩效预算：基于善治的预算治理》，《当代财经》2017 年第 1 期。

[53] 金仁淑：《日本政治制度演化与经济绩效》，《日本学刊》2005 年第 6 期。

[54] 蓝志勇、胡税根：《中国政府绩效评估：理论与实践》，《政治学研究》2008 年第 3 期。

[55] 李瑛、杜逢明：《通用评估框架的价值理念——基于组织学角度

的分析》,《兰州学刊》2010年第1期。

[56] 李文钊:《政策过程的决策途径:理论基础、演进过程与未来展望》,《甘肃行政学院学报》2017年第6期。

[57] 廖昆明:《英国的政府绩效管理体制和几点启示》,《公共管理高层论坛》2007年第1期。

[58] 梁耀盛:《得克萨斯州战略规划与绩效预算体系研究》,《地方财政研究》2009年第1期。

[59] 罗双平:《政府组织平衡计分卡绩效考评应用技术之二——如何将战略目标转化为关键绩效指标》,《中国人才》2010年第10期。

[60] 马佳铮、包国宪:《美国地方政府绩效评价实践进展评述》,《理论与改革》2010年第4期。

[61] [美]马克·霍哲:《公共部门业绩评估与改善》,《中国行政管理》2000年第3期。

[62] 渠敬东:《项目制:一种新的国家治理体制》,《中国社会科学》2012年第5期。

[63] 孙迎春、周志忍:《欧盟通用绩效评估框架及其对我国的启示》,《兰州大学学报》(社会科学版)2008年第1期。

[64] 孙景森:《杭州市综合考评的实践与探索》,《中国行政管理》2007年第9期。

[65] 孙庆国:《英国推行综合区域评估框架的动因、方向及启示》,《国家行政学院学报》2008年第4期。

[66] 田红云、田伟:《论中国政府部门目标责任管理的得与失》,《统计与决策》2011年第5期。

[67] 姚洋、张牧扬:《官员绩效与晋升锦标赛——来自城市数据的证据》,《经济研究》2013年第1期。

[68] 姚刚:《国外公共政策绩效评估研究与借鉴》,《深圳大学学报》(人文社会科学版)2012年第4期。

[69] 阎波、吴建南:《目标责任制下的绩效问责与印象管理——以乡镇政府领导为例的分析》,《中州学刊》2013年第12期。

[70] 王英毅：《新加坡绩效审计》，《审计月刊》2006年第2期。
[71] 王绍光、马骏：《走向"预算国家"——财政转型与国家建设》，《公共行政评论》2008年第1期。
[72] 吴春波：《一切以创造价值为核心》，《中外管理》2001年第5期。
[73] 吴春波：《全力创造价值、科学评价价值合理分配价值——〈基本法〉辅导报告之二》，《中国人力资源开发》2014年第6期。
[74] 吴建南、阎波：《政府绩效：理论诠释、实践分析与行动策略》，《西安交通大学学报》（社会科学版）2004年第31期。
[75] 曾令发：《合作政府：后新公共管理时代英国政府改革模式探析》，《国家行政学院学报》2008年第2期。
[76] 张梦茜：《标杆管理：推进地方政府绩效评估改进的有效途径》，《科技管理研究》2009年第4期。
[77] 张康之：《公共行政：超越工具理性》，《浙江社会科学》2002年第7期。
[78] 张再生、白彬：《基于范式分析的公共管理学科身份危机与发展路径》，《国家行政学院学报》2015年第6期。
[79] 郑方辉、廖逸儿、卢扬帆：《财政绩效评价：理念、体系与实践》，《中国社会科学》2017年第4期。
[80] 郑方辉、李振连：《评地方政府整体绩效：社会经济转型背景下的"广东试验"》，《当代世界与社会主义》2008年第5期。
[81] 郑方辉：《第三方评价地方政府整体绩效的实证研究——以广东省市、县两级政府为例》，《中国行政管理》2008年第5期。
[82] 中国行政管理学会课题组、贾凌民：《政府公共政策绩效评估研究》，《中国行政管理》2013年第3期。
[83] 周飞舟：《锦标赛体制》，《社会学研究》2009年第3期。
[84] 周飞舟：《财政资金的专项化及其问题兼论"项目治国"》，《社会》2012年第1期。
[85] 周志忍：《公共组织绩效评估：中国实践的回顾与反思》，《兰

州大学学报》（社会科学版）2007年第1期。

[86] 左才：《地方领导干部激励机制的运作与绩效》，《学海》2017年第3期。

[87] 杭州考核网：http：//kpb. hz. gov. cn。

[88] Anne Ketelaar et al. , Performance – based Arrangements for Senior Civil Servants OECD and Other Country Experiences, OECD Working Papers on Public Governance, OECD Publishing, 2007, p. 5.

[89] Cabinet Office, Performance Management arrangements for the Senior Civil Service 2013/14.

[90] Fitzgerald, L. , Johnston, R. , Brignal, S. , Silvestro, R. and Voss, C. , "Performance Measurement in Service Businesses", The Chartered Institute of Management Accountants, Unwin, Surrey, 1991.

[91] John Benington, Mark H. Moore, *Public Value：Theory and Practice*. Palgrave Macmillan, 2011, p. 5.

[92] Ostrom Elinor, *Understanding Institutional Diversity*. Princeton, NJ：Princeton University Press, 2005, p. 15.

[93] Richard A. D'Aveni, Hyper – Competition：Managing the Dynamics of Strategic Maneuvering, Hanover：Simon and Schuster, 1994.

[94] Richard C. Kearney, Evan Berman, *Public Sector Performance：Management, Motivation, and Measurement*, Colorado：Westview Press, 1999, p. 5.

[95] Suchman, E. A. , *Evaluation Research：Principles and Practice in Public Service and Action Programs*, N. Y. Ressell Sage Foudation, 1967, p. 61.

[96] U. S. Government Accountability Office, *Managing for Results：GPRA Modernization Act Implementation Provides Important Opportunities to Address Government Challenges*, 2011.